BAYERNS SPRUNG IN DIE GESCHICHTE

Von Johannes Freutsmiedl

Johannes Freutsmiedl

BAYERNS SPRUNG IN DIE GESCHICHTE

ibidem-Verlag
Stuttgart

Bibliografische Information der Deutschen Nationalbibliothek
Die Deutsche Nationalbibliothek verzeichnet diese Publikation in der
Deutschen Nationalbibliografie; detaillierte bibliografische Daten sind im
Internet über http://dnb.d-nb.de abrufbar.

Bibliographic information published by the Deutsche Nationalbibliothek
Die Deutsche Nationalbibliothek lists this publication in the Deutsche Nationalbibliografie;
detailed bibliographic data are available in the Internet at http://dnb.d-nb.de.

∞

Gedruckt auf alterungsbeständigem, säurefreien Papier
Printed on acid-free paper

ISBN-10: 3-89821-962-3

ISBN-13: 978-3-89821-962-4

© *ibidem*-Verlag
Stuttgart 2009

Printed in Germany

Vorwort

In offiziellen Feierstunden wird gerne die 1500-Jährige staatliche Tradition Bayerns gerühmt. Diese eineinhalb Jahrtausende beruhen zwar auf einer recht großzügigen Schätzung, aber dass Bayern zu den europäischen Staaten mit der am weitesten zurückzuverfolgenden staatlichen Tradition gehört, unterliegt keinem Zweifel.

Die (selbst-)bewusste Betrachtung der eigenen Geschichte hat in Bayern gute Tradition: Schon in den Klöstern des Mittelalters entstanden beeindruckende Chroniken, die Werke des Münchner Hofhistoriographen Johannes Turmair – besser bekannt unter dem Namen „Aventinus" – markierten einen Höhepunkt im Zeitalter des Humanismus, und heute gibt es kein deutsches Bundesland, in dem die Landesgeschichte einen vergleichbaren Stellenwert innehätte. Besonders erfreulich ist dabei, dass sich die Pflege der Geschichte unseres Landes nicht nur auf den akademischen Sektor beschränkt, sondern dass es über das ganze Land verstreut eine Vielzahl an historischen Vereinen, Heimatpflegern, Geschichtslehrern oder interessierten Privatleuten gibt, die als wichtige Multiplikatoren für ein gewachsenes historisches Bewusstsein fungieren.

Von König Ludwig I. stammt der Satz: „Der historische Boden ist ein fester". Die politische Stabilität Bayerns, die Heimatverbundenheit des bayerischen Volkes und die Attraktivität, die Bayern auf Menschen aus aller Welt ausübt – das alles ist auch eine Folge davon, dass wir in Bayern Zukunft mit Herkunft zu verbinden wissen.

Deshalb ist es sehr zu begrüßen, dass Johannes Freutsmiedl mit seinen Veröffentlichungen dazu beiträgt, uns unsere Herkunft näher zu bringen. Ich wünsche deshalb seiner Broschüre „Bayerns Sprung in die Geschichte" viele interessierte Leserinnen und Leser.

Alois Glück, Präsident des Bayerischen Landtags

Inhaltsverzeichnis

Einleitung

Vom Sprung Bayerns in die Geschichte ist die Rede. So leise und samtpfotig war dieser Sprung, dass er von der damaligen Hautevolee gar nicht wahrgenommen, im riesigen Durcheinander und Geschrei der damaligen Zeit gar nicht gehört, von den Berichterstattern als kaum aufschreibungswürdig befunden und deshalb von den wenigen Schreibkundigen nur nebenbei notiert wurde. Andererseits war er so kraftvoll und dauerhaft, dass dieses Bayern inzwischen mit seinen 1.500 Jahren als der älteste Staat Europas gilt. Sogar der genaue Zeitpunkt des Starts ist schon unklar und noch viel mehr sein Anlass und die Motivation der Beteiligten. Die Wurzeln Bayerns liegen also keinesfalls offen und frei für jedermann sichtbar vor uns und müssen erst mühsam ergraben werden.

Was versteht man unter Bayern im Zusammenhang mit seinen Wurzeln? Das moderne Bayern besteht ja offiziell aus 4 Stämmen, davon 3 in Regierungsbezirke eingeteilt: die Alt-Bayern in den Bezirken Ober- und Niederbayern und der Oberpfalz, die Franken in Ober-, Mittel- und Unterfranken und die Schwaben im Bezirk Schwaben. Der Bezirk Oberpfalz, der frühere Nordgau wurde von Baiern, Franken, Thüringern und Slawen besiedelt und ist im Laufe des Mittelalters zu Bayern gekommen und ist ein Teil „Altbaierns". Die Landesteile der Franken und Schwaben wurden vor 200 Jahren im Machtpoker Napoleons zu Bayern geschlagen und seit dieser Zeit sind sie ein integraler Bestandteil Bayerns, ohne größere Probleme, friedlich – gleichberechtigt – respektiert. Dazu kam nach dem 2. Weltkrieg noch der 4. Stamm ohne einen eigenen Bezirk und verstreut über das ganze Land, nämlich die Sudetendeutschen, also zuerst die Vertriebenen aus Tschechien, vom allgemeinen Verständnis her jedoch alle die vielen Flüchtlinge, Vertriebenen, Aussiedler, Umsiedler aus dem Osten, die im oder nach dem Zweiten Weltkrieg ihre Heimat verloren hatten. Sie alle wurden im Freistaat Bayern aufgenommen und integriert.

Ganz am Anfang der Geschichte Bayerns ging es um den Siedlungsbereich der Baiuwaren - Baiern, aus dem sich das Stammesherzogtum entwickelte und das ungefähr so groß wie Altbayern südlich der Donau war und noch einen beträchtlichen, ja vermutlich den größten Teil Österreichs umfasste, nicht aber die Gebiete der Franken und Schwaben und auch nicht die Oberpfalz. Nach der Konsolidierung des Herzogtums wurden noch die ganzen restlichen Gebiete Österreichs (im 8. Jh.) im Osten bis zur Donau und im Süden ungefähr bis zu den Grenzen Kärntens und Südtirols von Baiern in Besitz genommen und besiedelt. In Österreich sind nur Vorarlberg und ein kleiner Teil des westlichen Tirol alemannisch, und das Burgenland gemischt deutsch besiedelt. Allerdings erfuhr die gesamtbayerische Bevölkerung, dass Gebiete abgespalten wurden, wie eben schon immer die Mächtigen ein Stück Land einschließlich seiner Bewohner als persönliches Eigentum und als Spielball ihrer Macht betrachteten und hin- und her geworfen wurden. Besonders gravierend und einschneidend war die Teilung Baierns vor rund 850 Jahren (1156), als ein großer Teil des alten Herzogtums zusammen mit den neu besiedelten Gebieten im Osten und Süden von Baiern abgetrennt wurde, aus dem sich dann allmählich Deutsch - Österreich entwickelte. Bis 1866 war jedoch Österrreich immer ein Teil von „Gesamt-Deutschland". Eine weitere Abtrennung erfolgte dann nach dem ersten Weltkrieg mit der Ausgliederung Südtirols an Trient / Italien, dazu gleichzeitig die Angliederung des deutschbesiedelten Burgenlands von Ungarn an Österreich, so dass jetzt der bayerische Siedlungsraum in die drei Länder Bayern, Österreich und Südtirol / Italien aufgeteilt ist.

Aussehen und Mentalität der Menschen und Dörfer, Sprache und Brauchtum und nicht zuletzt Musik, Tanz und Tracht zeigen aber noch immer deutlich die ursprüngliche Zusammengehörigkeit, auch wenn im Osten und Süden Österreichs noch slawische, awarische, ungarische und romanische Volkssplitter im Laufe der Zeit dazukamen und so die Vielfarbigkeit der ursprünglichen bairischen Bevölkerung noch mehr bereicherten.

Bayern und auch Österreich gehören zu den Regionen Europas und der Welt, die in ihrer Geschichte nie einen radikalen Wechsel in ihrer Bevölkerungsstruktur erfahren, aber auch nicht betrieben haben. Nie wurde die ursprüngliche, ansässige Bevölkerung vernichtet oder vertrieben, doch immer kamen neue Zuwanderer, wanderten auch auf natürliche Weise ab, und alle Neuen waren nach einigen Generationen Bayern oder Österreicher. Bayern ist wie Österreich auch kein Land „hinter den Bergen" oder durch natürliche

Grenzen eingeengt, sondern es ist trotz der Alpen schon immer ein offenes Land, offen nach allen Seiten. Wie Bayern war auch Österreich über Jahrhunderte ein Land der Integration von vielen Völkern, bis dann in Folge des 1. Weltkriegs die verschiedenen, im Laufe des Mittelalters dazugekommenen nichtdeutschen Völker Österreichs zu selbständigen Staaten wurden wie Tschechien, Ungarn, Kroatien usw. Das war nur möglich, weil die nichtdeutschen Völker Jahrhunderte lang ihr Eigenleben führen konnten und nicht gewaltsam germanisiert worden waren. So kann Bayern wie auch Österreich ein Vorbild in Europa für die friedliche, respektvolle Integration von Völkern darstellen!

Die wichtigsten, bei der Stammwerdung der Bayern beteiligten Völker waren die Kelten, Römer und Germanen, also die Bevölkerung vor den Baiuwaren und dann die ominösen Baiuwaren selbst. Bevölkerungssplitter wie Karantanen / Slawen, Awaren / Kroaten, Hunnen und Ungarn färbten die Bevölkerung regional etwas ein, sollen aber nur erwähnt werden, da sie nicht die maßgebliche Rolle bei der Volkwerdung spielten. Alle zusammen bildeten im Laufe der Zeit den Staat und das Volk der Bayern, Österreicher und Südtiroler, jeweils in regional etwas unterschiedlicher Zusammensetzung.

Zum Schluss stellt sich die Frage: Was ist von unseren vielen Gründervätern, was ist von den Anfängen Bayerns noch übrig geblieben, was und warum wirkt der Sprung Bayerns in die Geschichte bis zum heutigen Tag? Wie ist das Erbe der Baiuwaren zu beurteilen und was ist ihr Vermächtnis?

In einem besonderen Abschnitt sollen einige Ortsnamen vorgestellt werden, die alle Völker widerspiegeln, die zum „Bayern-Mix" beigetragen haben, also die keltischen, die römisch – lateinischen und die germanischen. Die in bestimmten Gegenden Österreichs und in der Oberpfalz vorkommenden slawischen, ungarischen oder anderssprachigen Ortsnamen mögen Sprach - Spezialisten vorbehalten bleiben.

DIE VÖLKER VOR DEN BAIUWAREN IM BAYERISCHEN KULTURRAUM

Die Kelten der Hallstatt- und Latène-Zeit

Das erste geschichtlich fassbare Volk im nördlichen Europa war das der Kelten, das wie alle indogermanischen Völker aus der gemeinsamen Urheimat vor Jahrtausenden zugewandert ist. Wann dies geschah und wo genau die Urheimat lag, wird seit langem mit Leidenschaft diskutiert. Sie haben die längst Ansässigen vorindogermanischen Völkerschaften, im Ostalpenraum vor allem die Illyrer, nicht aus ihren Wohnsitzen vertrieben, sondern in ihre Stammesverbände integriert. Manche Forscher nehmen sogar an, dass die Hallstattkultur von den Illyrern getragen war. Einen dauerhaften Eindruck auf unsere Kultur haben erst die Kelten durch die dichte Besiedlung, durch Ackerbau und Viehzucht und vor allem durch ihr Kunsthandwerk und ihr Wissen vom Eisen hinterlassen. Viele Elemente der keltischen Kultur wurzeln noch in der späten Bronzezeit, sind darüber hinaus auch noch mit einigen Vorstellungen der Jungsteinzeit verwoben. Die Bronzezeit neigte sich um 800 vor Chr. dem Ende zu und begann der Eisenzeit, dem Zeitalter der Kelten, zu weichen. Sie trat zuerst in der Hallstattzeit, der ersten geschichtlichen Epoche, benannt nach dem Fundort Hallstatt am Hallstattersee bei Salzburg in Erscheinung.

Es gab also keinen Traditionsbruch zu den Vorgängerkulturen, doch erlebte Europa tief greifende Veränderungen als Ergebnis verschiedenster religiöser, materieller und völkischer Umwälzungen, die in den Steppen Asiens, in der Urheimat aller Indogermanen ihren Anfang nahm und in der Folge ganz Europa mitriss und die sich in der Herausbildung der Völkerschaften der Kelten manifestierte. Als Kernland, in dem die Kelten zuerst geschichtlich fassbar wurden, betrachtet man derzeit den Raum von Burgund über Süd- und Mitteldeutschland bis nach Österreich und Böhmen.

Die Landwirtschaft und die Handwerkskunst der Kelten in der Hallstattzeit waren hoch entwickelt und wurden wegen der großen Phantasie und der vieldeutigen Ornamentik sehr bewundert. Mit großer Wahrscheinlichkeit bestand Kontakt mit den Skythen in Osteuropa. Und mit dem neuen harten Metall Eisen einhergehend wuchsen die Macht und der Reichtum der keltischen Fürsten und ihr Bedürfnis zu Machtdemonstrationen und Kriegen. Das von Kelten besiedelte Gebiet der Hallstattzeit war noch nicht übermäßig groß, doch das änderte sich ab ca. 380 vor Chr., in der Laténe-Zeit, als die lose verbundenen Volksgemeinschaften der Kelten ihre Wander- und Kriegszüge begannen und ganz Europa das Fürchten lehrten. Der Anstoß für die Wanderbewegung, die „keltische Völkerwanderung" liegt noch völlig im Dunklen und wird deshalb von jedem Archäologen anders zu deuten versucht.

Ein großes, schreckliches Naturereignis wie ein Kometeneinschlag im zentralen Siedlungsbereich (z.b. im Chiemgau) wäre nicht auszuschließen; jedenfalls gaben die Kelten, die nach Griechenland vorgedrungen waren, Alexander dem Großen zur Antwort, sie würden sich vor nichts fürchten, außer dass ihnen der Himmel auf den Kopf falle. Das berichtete Strabo kurz nach Christi Geburt. Frankreich, Norditalien (Poebene), Spanien und Portugal wurde von den Kelten erobert und mit Integration aller schon ansässigen Völker oberflächlich besiedelt und zuletzt um das Jahr 100 vor Chr. auch noch England und Irland. Sogar in den Balkan, nach Griechenland und in die Türkei wanderten keltische Stämme und gründeten mehrere noch heute bekannte Städte und kleine Reiche. In der jetzigen Türkei existierte mehrere Jahrhunderte lang das „Königreich der Galater" mit ihrer Hauptstadt Ankara, der jetzigen türkischen Hauptstadt. Bekannt blieben die Galater auch noch um Christi Geburt durch den Brief des Apostels Paulus „an die Galater".

Die ursprünglichen Siedlungsgebiete der Kelten wurden durch diese riesigen Wanderbewegungen zwar nicht entvölkert, doch ausgedünnt. Das keltische Land war in der Laténe-Zeit (ca. 4. Jahrhundert vor Chr. bis 15 vor C.) flächendeckend mit Einzelgehöften und kleinen Dörfern besiedelt und mit einfachen Wegen und Straßen erschlossen. Häufig siedelten die Kelten in einzelnen Bauernhöfen (Einödhöfen) und nicht in Dörfern. Später errichteten sie auch einige Städte. Die bisher größte „bayrische" uns bekannte Keltenstadt lag in Manching bei Ingolstadt, ist aber mit ihrem Namen nicht bekannt.

Keltischer Kopf (St. Donat)

Keltisches Ehepaar mit Diener (Flavia Solva)

Jüngling vom Magdalensberg

Keltisches Liebespaar (Flavia Solva)

Die anderen größeren Keltenstädte (oppida) lagen im 1. / 2. Jh. vor Chr. weiter im Norden und vor allem im Westen. Häufig finden sich etwas abseits der keltischen Dörfer so genannte Viereckschanzen, ungefähr mit den Maßen 70 bis 90 m im Quadrat oder auch im Rechteck, die vermutlich für Versammlungen zu politischen oder kultischen Zwecken, vermutlich auch mit Menschenopfern, eventuell auch für den frühen keltischen Ortsadel, jedoch nicht zur Verteidigung gebaut worden waren. In Süddeutschland sind viele bekannt. Sie beweisen die flächendeckende, wenn auch dünne Besiedlung des gesamten Voralpenlandes, die allerdings durch riesige zusammenhängende Waldgebiete unterbrochen war.

Ein Reich der Kelten mit einem starken Fürsten an der Spitze und einem Zentralort hat es nie gegeben. Ebenso wenig dürfte es eine gesamtkeltische Sprache gegeben haben. Strabo schreibt um die Zeitenwende:

„Der ganze Volksstamm, den man jetzt den gallischen oder galatischen nennt, ist kriegerisch und mutig und rasch zum Kampfe bereit, im Übrigen aber aufrichtig und nicht bösartig. Deshalb laufen sie, zum Zorne gereizt, scharenweise zum Kampfe zusammen, und offen und ohne Vorsicht, so dass sie denen, die sie durch Kriegslist überwinden wollen, leicht besiegbar werden..... Überredet geben sie aber leicht dem Nützlichen nach..." „Zu ihrer Geradheit und Leidenschaftlichkeit aber gesellt sich viel Torheit, Prahlerei und Putzsucht." „Zu ihrer Torheit gehört auch der barbarische und fremdartige Brauch, der meist den nördlichen Völkern eigen ist, dass sie aus der Schlacht heimkehrend die Köpfe der getöteten Feinde über den Hals der Pferde hängen, mit sich nehmen und vor der Haustüre annageln". „Auch das wird allgemein behauptet, dass alle Kelten streitsüchtig sind...".

Auch wenn ihre Gesellschaftsordnung als patriarchalisch angesehen wird, tradierte sie auch noch matriarchalische Elemente aus früheren Zeiten und war damit etwas gleichberechtigter als die der Römer und Germanen, genauso wie ihre Götterwelt. Sie verehrten ihre weiblichen und männlichen Götter ziemlich gleichberechtigt, mit Vorliebe an besonders phantasievollen, geheimnisumwitterten und exponierten Stellen wie in Berghöhlen, an Quellen und Moorlöchern, auf Inseln in einem See, auf Berggipfeln und Bergvorsprüngen, auf oder an großen Steinen (Findlingen), isoliert liegenden Hügeln und auf Waldlichtungen usw., die auch heute noch unsere Phantasie anregen. Sie schufen jedoch keine Skulpturen von den Göttern, da ihre Naturreligion sie nicht benötigte. Eine größere Anzahl von Götternamen, meistens aus der römischen Epoche und häufig erweitert um eine römische Götterbezeichnung, sind erhalten, wenn auch manchmal in sehr abgeschliffener und kaum noch wahrnehmbarer Form.

Den Aussagen von Strabo und Tacitus ist zu entnehmen, dass der keltische Mensch stark von seiner Stimmung geprägt und leicht beeinflussbar war; er konnte als eigenbrötlerisch, nicht obrigkeitshörig und damit leicht anarchisch, traditionsbewusst, offen und hinterhältig zugleich, kunstsinnig und phantasievoll, lebhaft und schwermütig, emotional und begeisterungsfähig, musik- und farbenfreudig gelten. Von vorne herein war er eher unkriegerisch, konnte sich aber bei Erfordernis sehr tapfer und wagemutig, ja tollkühn verteidigen, jedoch weniger Gebiete und fremde Völker erobern. Er ließ sich demnach vielfach von seinen Gefühlen leiten und erschien manchmal zwiespältig und oft irrational in seinen Entscheidungen, die er nach Zeugnis römischer Schriftsteller bis zur „Raserei" und Selbstvernichtung durchziehen konnte.

Diese kurze, zwangsläufig etwas abstrakte Beschreibung des Kelten erscheint uns Bayern recht geläufig, nicht gerade fremd und wurde besonders vom bayrischen Schriftsteller Ludwig Thoma sehr drastisch dargestellt.

Das keltische Königreich Noricum

Der bairische Kulturraum war am Ende der Laténe-Zeit in viele keltische Stammesgebiete aufgeteilt, die dann in der Römerzeit zusammengefasst in die beiden großen Provinzen Noricum und Raetien eingeteilt wurden. Alle Kelten waren jedoch damit nicht erfasst.

Noricum reichte im Osten anfangs von der Donau bei Wien, später vom Wienerwald, bis zum Inn im Westen, vom Südrand der Alpen bis zur Donau im Norden und vermutlich weit darüber hinaus. Im Osten schloss Pannonien an Noricum an, in dem viele verschiedene, germanische, illyrische und auch mehrere Stämme von Kelten siedelten. Ihre Geschichte ist allerdings noch schlechter dokumentiert als die von Noricum. Der Inn war die westliche Grenze zu Raetien; der Chiemgau zwischen Inn und Salzach war damit ein Teil des keltischen Königreichs Noricum. Neueste Ausgrabungen brachten an den Tag, dass das keltische Noricum flächendeckend besiedelt war und dass außer der ersten Hauptstadt Noreia und der bereits stark römisch geprägten späteren Hauptstadt (Alt-) Virunum auf dem Magdalensberg noch andere Städte (Oppida) und dazu noch zahlreiche dörfliche Zentren mit Handwerksbetrieben und Kaufmöglichkeiten existierten. Im Chiemgau sind einige wenige Dörfer, das von Stöffling bei Seebruck am Anfang der Alz und bei Marktl an der Einmündung der Alz in den Inn und das in Sondermoning nachgewiesen; auch lag mit großer Wahrscheinlichkeit auf den Inseln im Chiemsee und auch im Bereich des Klosters Baumburg an der mittleren Alz ein Heiligtum der Kelten, das in der Römerzeit durch einen Weihestein bekannt geworden ist.

Noricum bestand aus vielen, mindestens aus 8 bis 13 unabhängigen Stämmen, und war vielleicht einem Staatenbund ähnlich, mit einem vermutlich nur zu Cäsars Zeiten gemeinsamen König an der Spitze. Ptolemaios überliefert 13 norische „Städte" (poleis) und aus dem Sitzungssaal, dem „Repräsentationshaus" mit Sitz des „norischen Landtags" in (Alt-) Virunum auf dem Magdalensberg sind acht norische Stämme aus der Zeit zwischen 11 und 2 vor Chr. bekannt, nämlich die Norici (Zentralkärnten), Ambilinei (? evtl. Oberkärnten), Ambidravi (Drautaler), Uperaci (?), Saevates (? evtl. Volk an der Save), Laianci (? evtl. Volk bei Lienz), Ambisontes (? evtl. Volk am Isonzo oder im Pinzgau) und Elveti (? evtl. ein Teilstamm der Helvetier in Flavia Solva). Der Name wie die Zuordnung ist bei den meisten Stämmen unsicher. Die keltischen Völker im Donauraum, in den nördlichen Alpentälern und im Chiemgau fehlen bei dieser Aufstellung, weswegen nicht von einer kompletten Repräsentation aller Völker und Stämme im Sitzungssaal ausgegangen werden kann.

Das erste keltische Verwaltungszentrum von Noricum hieß wie ihre Hauptgöttin „Noreia". Es war keine Stadt in unserem Sinn, sondern bestenfalls ein befestigtes keltisches Oppidum, vermutlich aber nicht einmal das, sondern mehr die Bezeichnung für den Siedlungs- und Wirtschaftsraum des norischen Eisenbergbaus im Bereich des heutigen Hüttenberg, nahe bei St. Veit in Kärnten. Sehr früh schon, 113 v. Chr., wurde Noreia erstmals durch die „Schlacht von Noreia" bekannt. Die Römer kämpften damals als Verbündete der Noriker gegen die eingedrungenen germanischen Stämme der Kimbern und Teutonen von der Nordseeküste (Dänemark) – und unterlagen überraschenderweise. Es war die erste bekannte Auseinandersetzung zwischen dem südlichen und dem nördlichen Kulturkreis Europas. Die Schlacht selbst fand, wie von Strabo beschrieben, *„im Umkreis von Noreia",* dem damals einzigen geographischen Anhaltspunkt im Ostalpenraum, *„1200 Stadien von Aquileia"* entfernt, statt.

Das Königreich Noricum kam durch intensive Handels- und Kulturverbindungen schon vor der Schlacht von Noreia ca. 150 Jahre v. Chr. in den römischen Einflussbereich, der dann nach der Schlacht von Noreia noch intensiviert wurde. Trotz der starken römischen Handelsbeziehungen wurde anscheinend erst ca. 50 vor Chr. ein König über die Stammesfürsten gesetzt,

König Voccio von Cäsars Gnaden. Womöglich war er der einzige König der Noriker in ihrer Geschichte. Seine Schwester war mit dem Germanenfürsten Ariovist verheiratet, sollte also vorsichtshalber gute Beziehungen auch zum Nachbarvolk der Germanen im Norden herstellen. Wie lange hat aber Noreia als frühes Wirtschafts- und Verwaltungszentrum existiert? Laut Caesar haben die Boier im Jahre 58 vor Chr. Noreia vergeblich belagert; war also noch sehr stark befestigt. Vermutlich schon bald nach 58 vor Chr. wurde es als Verwaltungszentrum aufgegeben, existierte jedoch als Wohnort von Bergknappen weiter. Erst Plinius der Ältere, der 79 nach Chr. beim Ausbruch des Vesuvs ums Leben kam, schrieb, dass Noreia untergegangen sei. Die neue „Regierungsmetropole Noricums" von König Voccio war dann die schon größtenteils römische Stadt (Alt-) Virunum auf dem Magdalensberg, die ca. 50 vor Chr. mit römischen Fachleuten als Königsstadt gegründet und dann, ca. 50 nach Chr., zu Gunsten der vollständig römischen Nachfolgestadt der Provinz Noricum, Virunum bei Maria Saal im Glantal verlassen wurde.

Die Kelten in Raetien - Vindelicien

Die Ostgrenze von Raetien war wie gesagt, der Inn, die Südgrenze auch wie in Noricum der Südrand der Alpen und die Westgrenze ungefähr die Donauquelle. Die Nordgrenze war anfangs die Donau. Die Hauptvölker von Raetien waren die Raeter in den Westalpen, (die Breonen in den Zentralalpen) und die Vindeliker im Voralpenland. Die Stammesgebiete der Raeter, (Breonen) und Vindeliker, wie Strabo schreibt, existierten ohne gemeinsame Regierung, vermutlich sogar ohne gemeinsame Sprache und hatten auch keine gemeinsame Hauptstadt. Meist werden die im Hochgebirge lebenden Raeter und Breonen nicht als Kelten, sondern eher als Illyrer, Etrusker oder allgemein als alpine Altvölker angesehen. Die keltischen Vindeliker im Alpenvorland zerfielen nach Strabo in die Unterstämme der Estionen mit ihrem Zentrum Kambodunum / Kempten, die Brigantier mit Brigantio / Bregenz am Bodensee, die Likatier mit der „Akropolis Damasia" am Lech (nach Lica = der Lech) und die unbekannten Klantenatier und Vennonen. Ob die Namen und ihre Aufteilung tatsächlich so wie geschildert, richtig waren, ist nicht sicher. Das Zentrum der Estionen könnte noch vor Kambodunum das Dorf Escone, eventuell auch Estione geschrieben, also das Dorf auf dem Auerberg gewesen sein. Auch wenn dort bis jetzt - mit noch ungenügender Erforschung - nur römische, aber keine keltischen Überreste gefunden werden konnten, ist eine keltische Besiedlung als sicher anzunehmen. Die Likatier sind vom Flussnamen Lech her eher im Bereich von Augsburg und auf der Lechebene bis zur Donau zu vermuten, und die „Akropolis Damasia" könnte auch weiter im Süden, evtl. bei Füssen gelegen haben, wäre aber auch am Peißenberg gut vorstellbar, denn östlich vom Peißenberg lag Urusa (von urus = Auerochse) und westlich der Auerberg, was auf eine „Auerochsengegend" hinweist, und ungefähr dasselbe besagt ja auch „Damasia". Hatten die Vennonen eventuell ihren Zentralort in Vemania / Wangen im westlichen Allgäu? Und wo saßen dann die Klantenatier? Vielleicht im Bereich der beiden Glonn- (Glan-) -Flüsse im Osten Raetiens westlich und südöstlich von München. Sicher greift diese Aufzählung der Stämme und Zentren viel zu kurz, aber mehr Informationen aus dieser Zeit existieren nicht und beweisen lässt sich nichts mehr.

Zusammenfassend kann gesagt werden, dass ganz Süddeutschland und Österreich von Kelten, (vermischt mit Altvölkern) besiedelt war.

Kelten außerhalb des römischen Reiches

Bevor die Römer kamen, war die Grenze zwischen Germanen und Kelten fließend, ja manche römische Schriftsteller können gar keine feststellen und keltische und germanische gibt es bekanntermaßen nicht. Die Grenzziehung der Römer (wie im 19. Jh. die der Engländer) erfolgte nicht nach irgendwelchen Volks- oder Stammeszugehörigkeiten, sondern allein nach strategischen Gesichtspunkten, weshalb sowohl südlich als auch nördlich der römischen Reichsgrenze an der Donau, ab 75 nach Chr. am Limes, Kelten siedelten.

Ab der Einverleibung Noricums und Raetiens ins Römerreich hört man weder innerhalb noch außerhalb der Reichsgrenzen etwas von keltischen Stämmen. Was geschah nun mit den vielen keltischen Stämmen nördlich und östlich der Donau, des Limes, damit außerhalb des römischen Einflussbereiches? Das keltisch besiedelte Land reichte ja ursprünglich auf alle Fälle bis zum Main, möglicherweise bis zum Harz, der auf Keltisch so viel wie Grenze bedeuten soll. Große und bedeutende Städte lagen dort, besonders an Donau und Main (= Menos), die sogar mit Namen bekannt sind wie Menosgada, Devona,

Meliodunum, Kalamantia, Alkimoenis etc. und zum Teil archäologisch nachgewiesen wurden.

Einige römische Schriftsteller legen Zeugnis von den Kelten ab:

Caesar berichtet in „de bello gallico" (ca. 60 bis 50 v. Chr.):

„Es gab einst eine Zeit, da die Gallier die Germanen an Tapferkeit übertrafen, sie aus freien Stücken bekriegten und wegen der Größe ihrer Bevölkerung und des Mangels an Ackerland Kolonien über den Rhein schickten. So besetzten die tectosagischen Volker die fruchtbarsten Landschaften Germaniens um den hercynischen Wald, den schon Eratosthenes (aus Cyrene 275 – 196 v. Chr.) und andere Griechen unter dem Namen Orcynischen vom Hörensagen kannten. Jene Tectosagen leben bis auf den heutigen Tag in diesen Wohnsitzen und genießen wegen ihrer Gerechtigkeit und Tapferkeit hohes Ansehen."

Caesar nennt also die Tectosagen einen Unterstamm des großen keltischen Stammes der Volcae, was nach Meinung der Archäologen vermutlich nicht vollkommen den Tatsachen entsprach.

Livius (59 vor bis 17 nach Chr.) berichtet, dass der Keltenkönig Ambigatus zur Zeit des Tarquinius Priscus seinen Neffen mit Kolonisten in den Hercynischen Wald geschickt habe.

Tacitus (55 bis ca. 120 nach Chr.) schreibt in seinen Annalen:

„Näher ... der Donau zu wohnt die Völkerschaft der Hermunduren, den Römern treu ergeben, weshalb sie ... selbst in der glänzendsten Koloniestadt der Provinz Raetia (Augusta Vindelicorum / Augsburg) Handel treiben." ... *„Im Land der Hermunduren entspringt die Elbe."* (also in Böhmen)... *„Neben den Hermunduren wohnen die Naristen und dann die Markomannen und die Quaden",* (also 4 Stämme, teils Kelten, teils Germanen). *„Ausgezeichnet ist der Markomannen Ruhm und Stärke, und selbst ihren Wohnsitz haben sie sich, nachdem sie einst die Boier vertrieben hatten, erst durch Tapferkeit errungen. Auch die Naristen und Quaden sind nicht entartet, und so bilden diese alle gewissermaßen die Vormauer Germaniens an der Donau entlang."*... *„Weiter rückwärts schließen sich hinten an die Markomannen und Quaden die Marsigner, die Cotiner, Osen und Burer an."* *„Unter diesen verraten die Marsigner und Burer durch Sprach- und Lebensweise suebische Abkunft. Bei den Cotinern beweist die gallische, bei den Osen die pannonische Mundart, dass sie keine Germanen sind."* ... *"Die Cotiner ge-*

winnen ... aus Bergwerken auch Eisen. Überhaupt bewohnen alle die-se Völker nur wenige ebene Gegenden, im übrigen Waldgebirge, Berghöhen und den Gebirgszug (Hercynischen Wald)."

Die Hermunduren siedelten demnach nördlich von Donau und Limes, im nördlichen Teil von Altbayern und in der Oberpfalz und im Bereich der böhmischen Elbe. Die Heimat der germanischen Markomannen war ebenfalls der böhmische Kessel, eventuell auch Sachsen oder Schlesien und irgendwo zwischen den beiden Völkern waren noch die Naristen beheimatet. Die Quaden waren auch noch wesentlich später, zu der Zeit von Severin 480 nach Chr. in Österreich nördlich der Donau (Wald- Mühl- Weinviertel) ansässig und lieferten sich südlich der Donau Gefechte mit den Resten des Römerheeres. Die Stämme der Marsigner und Burer waren suebische Germanen, sind aber zu wenig bekannt, um sie genau einordnen zu können und archäologisch sind sie alle zusammen nicht nachgewiesen. Vielleicht gingen sie im Stamm der Markomannen auf. Diese hatten durch die Vertreibung der Boier ihre Heimat gefunden. Reste der Boier in den unwegsamen Randbereichen werden aber sicher auch noch existiert haben. Die Cotiner siedelten in den östlichen Mittelgebirgen, vermutlich im Riesengebirge, in der Tatra, in den Karpaten und waren als Eisenschmiede bekannt.

Wie man vor allem von Caesar und Tacitus erfährt, waren die Kelten sehr wohl noch existent, nur nicht so stark im Bewusstsein der Römer, weil sie nach den verheerenden Niederlagen gegen die Römer im Gegensatz zu den Germanen ausschließlich friedliche Ackerbauern und in keine größeren Kriege mit den Römern verwickelt waren, oder aber, weil sie sich bereits einem Germanenstamm angeschlossen hatten und von den Germanen nicht mehr unterschieden wurden. Während der Römerzeit hat es keine klare Zuordnung der Stämme zu den Völkern der Kelten oder Germanen gegeben. Nur Tacitus versucht eine Unterscheidung, jedoch nur im Ansatz und Caesar versucht es nicht einmal. Das muss nicht unbedingt am geringen Unterscheidungsvermögen der Römer gelegen haben, sondern am tatsächlichen geringen Unterschied der zwei Völker vom Aussehen her.

Immer wieder wird der „Hercynische Wald" genannt, angeblich (keltisch) der Eichenwald, in dem offensichtlich seit alter Zeit Kelten und nicht Germanen ansässig waren. Er zieht sich *„von den Grenzen der Helvetier ... (Schwarz-*

wald) in paralleler Richtung zum Donaustrom bis zum Gebiet der Daker" hin, ist damit der Gesamtname für alle bewaldeten mitteleuropäischen Mittelgebirgszüge ohne detaillierte Unterscheidung, also der Schwarzwald, die Schwäbische Alb, die Fränkische Alb, der Bayrische Wald, der Böhmerwald, der Sauwald, das österreichische Wald- und Weinviertel, aber auch der Wienerwald, der östliche Teil der Ostalpen und ebenso das Mittelgebirge von der Tatra bis zu den Karpaten, eventuell sogar das Erzgebirge und die Sudeten.

Ausschlaggebend für die Unterwerfung der Kelten von Spanien über Frankreich und Süddeutschland / Österreich bis Großbritannien und die Eingliederung ins römische Weltreich war damals die Unfähigkeit der Kelten zu Zusammenschlüssen, zur Integration, zur Unterordnung der eigenen unter nationale Interessen und zur planmäßig durchdachten Durchführung von gemeinsamen Aufgaben. Auch der Aufstand von Vercingetorix musste trotz der enormen Breite und der Vielzahl der beteiligten Stämme ins Leere laufen. Die Situation der zwischen dem Römerreich und den germanischen Stämmen eingekeilten Keltenstämme dürfte nicht anders ausgesehen haben. Den Römern sind nur die kriegerischen Germanen aufgefallen. Die germanischen Stämme der Cherusker, Alamannen, Chatten, Markomannen, Suaven und Thüringer, in der Spätzeit noch die Goten, Skiren und Rugier und andere, vergrößert und bereichert durch die altansässigen Keltenstämme, waren in wechselnder Folge die kriegerischen Nachbarn des Römerreiches. Diese entwurzelten, Land suchenden Völker waren in der römischen Literatur als Grenzverletzer und germanische Räuberbanden beschrieben worden. So war ab der römischen Zeit Noricums und Raetiens von Kelten nördlich des Limes keine Rede mehr, sondern nur noch von Germanen. Später dann, in der Völkerwanderungszeit gibt es dem Anschein nach keine Kelten mehr, zumindest wird von den Römern weiter nichts über sie berichtet, doch niemals hört oder liest man von Vernichtungsaktionen der Römer oder Germanen gegen die Kelten.

Es ist deshalb zu vermuten, dass sich alle zwischen dem Römerreich und dem freien Germanien siedelnden Kelten, ob als Sippen oder als Kleinstämme sei dahingestellt, zeitweise dem jeweiligen germanischen Nachbarvolk angeschlossen, angepasst und ihre Sprache übernommen haben, ohne jedoch die Wanderungen und Eroberungskämpfe der Germanen mit zu tragen und ohne ihre eigene keltische Identität ganz aufzugeben. Meines Erachtens beweist all das die langsame Assimilation der Kelten an die Germanen. Nach der Besetzung Noricums und Raetiens durch die Römer waren die südlich der Grenze lebenden Kelten romanisiert und die nördlich des Limes isolierten, zwischen den Germanen und den Römern eingekeilten Keltenstämme langsam germanisiert worden. Sie hatten traditionell keine Könige oder Herzöge, sondern nur Sippen- oder Kleinstammesführer.

Wie aus den Berichten der antiken Autoren zu entnehmen ist, waren die ansässigen keltischen, romanischen und anderen Völker für die kämpferischen, eingewanderten Germanen, z. B. die Ostgoten, Westgoten, Vandalen, Burgundern, Langobarden keine Kampfpartner, weswegen sie auch nicht vertrieben oder getötet wurden. Im Gegensatz zu den wandernden Germanen verließen sie ihre Heimat nicht, sondern mussten sich als friedliche Ackerbauern und Viehzüchter, verstreut über das ganze Land, den jeweiligen germanischen Besatzern unterordnen, diese wohl auch versorgen, gaben aber ihre eigene Identität mit Ausnahme der Sprache auch nicht vollständig auf. Für die Römer waren die Kelten als Unterworfene eines germanischen Stammes von den Germanen nicht zu unterscheiden und als friedliche Ackerbauern auch nicht erwähnenswert. Dagegen nahmen die eingewanderten Germanen als Krieger das Land für ihre Machtdemonstration und als Ausgangspunkt für ihre Eroberungen in Besitz. So dürfte ziemlich sicher noch in den ersten 500 Jahren nach der Zeitenwende im Römerreich und auch nördlich der römischen Grenze, besonders in den weniger fruchtbaren Randbereichen der Mittelgebirgslagen nach wie vor keltisch, für die Römer aber germanisch besiedelt gewesen sein. Archäologische Nachweise sind kaum möglich, da diese nur die materiellen Hinterlassenschaften in Gräbern darstellen und schriftliche Zeugnisse gibt es nicht.

Strabo beschreibt sehr anschaulich die Praxis der Römer bezüglich der Volkszugehörigkeit von verschiedenen Völkern am Beispiel *„der Osker, die ausgestorben sind, weil sie jetzt Latiner sind"*. Die Osker waren aber für unser Verständnis keineswegs ausgestorben, sondern waren nur „latinisiert" worden, und genauso ist die Romanisierung der Kelten innerhalb der römischen Grenzen und der Germanisierung der Kelten außerhalb der Grenzen anzusehen.

Die Römerzeit in Noricum und Raetien

Die Bevölkerung der römischen Provinzen

Die Gallier / Kelten im jetzigen Frankreich wurden von Caesar unterworfen und verloren durch den Aufstand von Vercingetorix vor der Stadt Alesia 52 vor Chr. vollkommen ihre Eigenständigkeit, sogar ihren Überlebensmut als eigenständiges Volk. Caesar hat diesen Krieg in seinem Buch „De bello Gallico" sehr anschaulich und vermutlich ziemlich wahrheitsgetreu beschrieben. In der Folgezeit wurden die Gallier sehr schnell romanisiert. Sie nahmen die lateinische Sprache und Kultur der Römer an und dienten als angesehene Soldaten bis in die höchsten Ränge im römischen Militär. Der Wille zur Selbständigkeit, gepaart mit flächengreifenden ernsthaften Aufständen war in den folgenden Jahrhunderten nicht mehr erkennbar.

Die Expansionspolitik von Kaiser Augustus sah ursprünglich die Eroberung und Romanisierung von ganz Süddeutschland und Norddeutschland bis zur Elbe vor. 14/15 vor Chr. beauftragte er Drusus und Tiberius mit der Eroberung der Alpenpässe und der Gebiete bis zur Donau im Norden, die spätere Provinz Raetien. Zur selben Zeit wurde das Königreich Noricum ohne Krieg und Zerstörung und unter Beibehaltung vieler keltischer Rechte eine römische Provinz. Später, ca. 9 nach Chr., sollte Varus dann das freie Germanien vom Rhein bis zur Elbe für das Reich erobern, doch durch dessen Niederlage im Teutoburger Wald fand die römische Expansion im Norden Europas dauerhaft ihr Ende und wurde auf die Rhein- und Donaulinie zurückgeworfen.

Die römische Provinz Raetien reichte ursprünglich vom Inn im Osten bis zu den Quellen der Donau im Westen und wie Noricum vom Südrand der Alpen bis zur Donau im Norden. Der Aufbau der Verwaltung in den beiden eroberten Gebieten dauerte nach den Erkenntnissen der Archäologen einige Zeit, auch bedingt durch die Nachfolgestreitereien nach Augustus. Vermutlich war anfangs noch nicht entschieden, ob der Name dieser westlichen Provinz Raetia oder Vindelicia heißen und wo die Hauptstadt gebaut werden sollte. Die Entscheidung fiel dann für Raetia als Provinzname und als Hauptstadt wurde zuerst Camboduno / Kempten und dann um 100 nach Chr. die seit der Eroberung vorhandene Militärstation Augusta Vindelicu / Augsburg gewählt. Wie bei den antiken Völkern allgemein üblich, wurden durch den starken Widerstand größere Teile der raetischen Stämme umgesiedelt, so dass die Entwicklung von Raetia am Anfang stark gehemmt war und weit hinter der von Noricum zurückblieb, zumindest auf dem Lande, weniger in den paar Städten.

Schon ca. 75 / 80 nach Chr. wurde die Grenze bzw. die Verbindungsstraße zum Rhein bei Straßburg und Mainz von der Donau bei Kelheim weg etwas weiter nach Norden verschoben und im Laufe von mehreren Jahrzehnten immer stärker befestigt: Der vor kurzem zum Weltkulturerbe ernannte Limes entstand. Dieses neue, ursprünglich von Kelten besiedelte römische Gebiet, Dekumatland genannt, wurde schon ca. 260 nach Chr. von den Alamannen, einem Zusammenschluss von meist suebischen Stämmen, besetzt und dauerhaft besiedelt. Für eine lange Zeitspanne konnten die Alemannen als Föderierte des Römischen Reiches gewonnen werden mit der Aufgabe, das Reich und vor allem die Raetische Grenze gegen die Germanen zu verteidigen. Donau und Iller bildeten in der ausgehenden Römerzeit ab 260 die Grenzen Raetiens. Das Schicksal der dort lebenden keltischen und keltoromanischen Bewohner ist nicht näher bekannt, das heißt, sie wurden aller Wahrscheinlichkeit nach nicht vernichtet, wechselten aber ihre romanische oder noch keltische Sprache und gingen im Volk der Alemannen auf.

Ab dem 4. Jahrhundert wurde Raetia durch Kaiser Diokletian in die zwei Teilprovinzen aufgeteilt, in Raetia prima (Curiensis) mit der Hauptstadt Curia / Chur in der jetzigen Schweiz im Kanton Graubünden und Raetia secunda (Vindelicia) mit der Hauptstadt Augusta Vindelicorum / Augsburg. Mit dem Zusammenbruch der römischen Herrschaft trennten sich die Schicksale der beiden Provinzteile. Die Tradition und der Name, ja sogar auch ihre Sprache blieben im alpinen Bereich erhalten bis zum heutigen Tag. Die Sprache in Graubünden wird das Rätoromanische genannt. Dagegen geriet das Alpenvorland, das ursprüngliche Vindelicien, in den Strudel der Völkerwanderungszeit und verlor seinen Namen.

Noricum wurde friedlich ohne Krieg ins Römerreich eingegliedert und noch vor 50 nach Chr. von den Römern auch verwaltungsmäßig endgültig übernommen. Vom Schicksal des norischen Königs ist nichts überliefert.

Da das im Osten anschließende Pannonien schon längst römisch war, lag nunmehr die Donau von den Quellen bis zu ihrer Mündung ins Schwarze Meer im Römischen Reich. Bei der friedlichen Bergbau- und Ackerbauernkultur der norischen Stämme, die bereits mit allen möglichen Alt- und Alpinvölkern, Venetern und Illyrern vermischt waren, hatte sich wegen der geringen Homogenität vermutlich ein „norisches Nationalbewusstsein" nicht ausbilden können. Auch hatten sie aus ihrer langjährigen Kenntnis der Römer kein Bedürfnis nach einer sinnlosen Machtdemonstration mit dem in jeder Beziehung überlegenen römischen Weltreich. Jedenfalls blieben dadurch das Eigenleben und die Kultur der Noriker mit allen möglichen Privilegien zum größten Teil erhalten.

Noricum wurde wie Raetien um 300 aufgeteilt, in die beiden Provinzen Noricum Ripense = Ufernoricum, benannt nach dem Donauufer, und Noricum Mediterraneum, also Binnennoricum. Die Grenzlinie war ungefähr der Alpen-Tauern-Hauptkamm, weshalb Salzburg und der Chiemgau zu Ufernoricum mit der Hauptstadt Ovilia / Wels gehörte. Die Unterhauptstadt Ivavo / Salzburg stellte einen bedeutenden städtischen Mittelpunkt einer Region dar, mit einer beachtlichen römischen Provinzialkultur, mit Villen und gepflasterten Straßen, mit Handwerk, Gewerbe und Industrie, als Zentrum einer Region mit Abbau von Eisenerz und dessen Verarbeitung zu norischem Stahl, mit Salzgewinnung und Landwirtschaft, allgemein mit einem für die damalige Zeit kulturellen und industriellen Landesmittelpunkt und einem lebhaften Handel.

Die Kelten in Raetien wie in Noricum konnten in der Römerzeit in abgelegeneren Gebieten sicher so weiterleben wie sie es gewohnt waren, ohne romanisiert zu werden. In den städtischen Zentren und an den römischen Straßen zeigten sie allerdings sehr schnell die Bereitschaft, ihre keltische Sprache aufzugeben, nicht aber unbedingt ihre eigene Kultur und Lebensweise und sie wurden dazu auch nicht gezwungen. Die Kelten wurden durch den Zuzug vieler Menschen aus dem ganzen riesigen Römerreich ziemlich schnell romanisiert. Verwaltungsbeamte, altgediente Soldaten, Handwerker und Kaufleute aus allen Teilen des Römischen Reiches haben sich in den bevorzugten Gegenden dieser Provinzen und vor allem in den neu geschaffenen Verwaltungszentren und Lagerstädten niedergelassen. Sie schufen große landwirtschaftliche Güter und bauten fast palastartige Gebäude mit allen Annehmlichkeiten. Durch die Heirat mit keltischen Frauen blieben sie im Lande „hängen" und färbten allmählich die keltische Bevölkerung romanisch, zumindest südländisch ein, da vermutlich nur wenige echte „Italiener aus Italien" darunter waren.

Die Besiedlung und Bodenkultivierung in Noricum und Raetien erreichte in langen Friedenszeiten einen ersten Höhepunkt. Mit einer steigenden Bevölkerungszahl wuchsen Handwerk, Handel, Kunst und damit auch viele Dörfer und Kleinzentren. Nicht zuletzt hatten die großen Römer - Fernstraßen mit dem ganzen Netz von Zubringerstraßen zu dieser Entwicklung beigetragen.

Das bedeutete andererseits, dass das ganze Land, die beiden Provinzen während der Römerzeit an Bevölkerung zunahm und mit mehr oder weniger großen Ortschaften und Gütern flächendeckend besiedelt war. Zahlreiche Ortschaften, vor allem aber römische Landgüter (villae rusticae) aus der Römerzeit sind in Noricum und Raetien bekannt und viele mehr würden es noch bei intensiver Forschung sein. In Seebruck, Tacherting, Erlstätt, Tittmoning, Kay, Kraiburg am Inn, überall wurden schöne Mosaiken oder andere Zeugnisse aus der Römerzeit ausgegraben, die auf eine verfeinerte Lebensart der zugewanderten Bevölkerung hinweisen.

Auch in der Nähe von Eggstätt konnte erst vor kurzem wieder ein großes römisches Landgut mitten in einem Feld mit herrlicher Aussicht auf den Chiemsee und die Chiemgauer Berge geortet werden. Die Namen der römischen Güter und Ortschaften sind freilich nicht mehr bekannt, mit Ausnahme der auf der Tabula Peutingeriana eingetragenen Namen, die aber keineswegs die größten oder gar die einzigen Ortschaften dieses Landstrichs gewesen sein müssen; sie lagen nur am nächsten zur Römerstraße und hatten manchmal wichtige Versorgungsaufgaben zu erfüllen. Diese erste Blüte wurde nach wenigen Jahrhunderten, lange vor dem Untergang des Reiches durch die Einfälle von germanischen Stämmen wie den Markomannen, später den Alemannen geknickt, so dass die Bevölkerung danach immer stärker zentralisiert in Städten siedelte. Viele Landgüter wurden in ihrer alten Pracht nicht wieder aufgebaut, doch das bebaubare, schon kultivierte Land wurde anscheinend nicht aufgegeben und von der Urbevölkerung weiter bewirtschaftet.

Die Religion der romanisierten Kelten in den Provinzen Noricum und Raetien war genauso vielfältig wie im gesamten römischen Reich. Überall wurden die römischen Götter, mit einer gewissen Vorliebe der orientalische Mithras, aber auch Jupiter, Merkur und so weiter verehrt, doch sehr häufig mit einem keltischen Gott (z.B. Apollo Grannus) vermischt. Die Kelten mischten also ihre angestammten Götter, mit denen sie sich identifizieren konnten, kräftig unter die römischen und so entstand im Laufe der römischen Jahrhunderte ein bunter, aber friedlicher keltisch– römisch– orientalischer Götterhimmel.

Nach dem Edikt von Konstantin vom Jahre 313, in dem die christliche Religion zur Staatsreligion erklärt wurde, waren auch Christen in den Provinzen, vermutlich mit einiger Verzögerung präsent, doch genaue Kenntnis haben wir davon nicht.

Die bekannten frühen Märtyrer wie die hl. Afra in Augsburg und der hl. Florian bei Linz und die Christen der Salzburger Katakomben machen dazu eine Ausnahme. Dass dann zum Ende der Römerzeit schon ein ziemlich lebendiges Christentum römisch– katholischer und sicher auch arianischer Prägung mit einer gewissen Organisation vorhanden war, zeigt die Lebensbeschreibung des hl. Severin. Um diese Zeit war das arianische Bekenntnis ungefähr gleich stark mit dem katholischen. In den Stürmen der Völkerwanderung sind dann diese ersten Organisationsformen größtenteils wieder untergegangen, doch mit Sicherheit nicht die Idee des Christentums in den verbliebenen römischen und keltoromanischen Gemeinden.

Gotische Wulfila– Bibel   **Arianisch - Ostgotische Kirchen Hemmaberg**

Während die nicht romanisierten Kelten in geschlossen keltisch besiedelten Gebieten sicherlich in ihrem keltischen Heidentum verhaftet blieben, sind im 5. Jahrhundert die romanisierten Kelten und die germanischen Söldner und Foederaten nicht mehr zum Heidentum zurückgekehrt, sondern haben sich das römische oder arianische Christentum zumindest rudimentär erhalten, je nachdem, wie lange sie in römischen Diensten und als Siedler bereits im Lande ansässig waren. Die Ostgoten, Westgoten, Langobarden, Burgunder und Vandalen waren Arianer und sie haben dieses Bekenntnis noch Jahrhunderte, meistens bis zu ihrem Untergang oder bis zur kirchlichen Neuorganisation im Mittelalter behalten. Die nicht wandernden Germanen, die Franken, Hessen und Alemannen, später die Sachsen und Friesen, und dazu mit großer Wahrscheinlichkeit auch die sesshaften germanisierten Kelten blieben noch längere Zeit „Heiden" (oder Arianer) und wurden dann erst allmählich römisch-katholische Christen.

Die erste Übersetzung der Bibel in eine germanische Sprache, die berühmte Wulfila– Bibel, war das Werk des arianischen Bischofs Wulfila (Ulpila) aus dem Volk der Kleingoten (nach Jordanes in der Mommsen - Fassung). Die Katholiken lasen dagegen die Bibel nur in der lateinischen Sprache. Vermutlich waren die Arianer verhältnismäßig tolerant gegenüber den Katholiken, den alten keltischen und germanischen Sitten und Gebräuchen und auch den alten Göttern. Vor wenigen Jahren konnte auf dem Gipfel des Hemmaberges im südlichen Kärnten ein Pilgerzentrum mit 2 großen arianischen und 3 katholischen Kirchen, alle gleichzeitig im 5 - 6. Jh. von den Ostgoten gebaut, ausgegraben werden. Kirchen der Arianer sind in Bayern nicht bekannt und nicht erforscht, obwohl es welche gegeben haben musste, vermutlich an der Stelle von jetzigen katholischen Kirchen.

Germanische und keltische Zuwanderer

Die Untersuchungsergebnisse der römischen Gräber deuten an, dass schon lange, zwei bis drei Jahrhunderte vor dem Zusammenbruch der römischen Macht, sich ein merklicher Wandel in der Volkszusammensetzung durch den immer stärkeren friedlichen Zuzug von Germanen, Kelten oder germanisierten Kelten von außerhalb der Reichsgrenze vollzogen hatte. Rein keltisch sprechende Stämme wird es zu dieser Zeit nur noch in kleineren, geschlossen keltisch besiedelten Gebieten in abseits gelegenen Gebirgsregionen der Alpen und der Mittelgebirge gegeben haben, mit abnehmender Tendenz zu Gunsten der romanisierten und der germanisierten Kelten. Die ersten Gruppen dürften germanische und keltische Individualisten ohne Stammes- und Sippenverband, vor allem viele pensionierte Soldaten in römischen Diensten gewesen sein, die sich mit Erlaubnis der römischen Verwaltung im Reichsgebiet niedergelassen und sich dauerhaft angesiedelt hatten. Eine Unterscheidung zwischen keltischen, eventuell schon germanisierten und germanischen Zuwanderern ist nicht möglich. In vielen Fällen werden diese Individualisten einheimische keltische Frauen geheiratet haben. Auch verbündete, kleine Teilstämme, so genannte Foederaten, waren ins Reich gekommen und hatten sich dauerhaft niedergelassen.

Die Anzahl der Zuwanderer war vom 3. bis zum 6. Jahrhundert merklich angestiegen, wie die Archäologen in den größten Städten des Landes, in Regensburg, Straubing, Augsburg und anderen Grenzkastellen anhand der Grabbeigaben nachweisen konnten. Sie stellten am Ende der Römerzeit schon bis ca. 20 % der Bevölkerung dar, was vermutlich durch neuere Untersuchungen wieder schnell zu ändern wäre. Stammesmäßig lassen sie sich anhand der Grabbeigaben nicht einordnen, da sie buchstäblich aus allen germanischen oder auch keltogermanischen Stämmen außerhalb des Reiches gekommen waren, und eine Einordnung ist noch nicht mit letzter Klarheit möglich, wurde wohl auch noch nicht versucht.

Die Römer in den Provinzen Noricum und Raetien verhalfen in beinahe 500 Jahren den einheimischen Kelten und den vielen Zuwanderern unter der viel beschworenen und propagierten „Pax Romana" (Römischer Frieden) zu einem beachtlichen Entwicklungssprung und gaben dem Leben in den beiden Nordprovinzen einen Hauch von römischer Kultur und Lebensart, sicher aber nicht den extremen Luxus wie er in anderen Teilen des Römerreiches üblich war. Durch Einfälle von kriegerischen Germanen, verbunden mit entsetzlichen Gräueln war auch immer wieder ein wirtschaftlicher Niedergang zu verzeichnen. Aus den Kelten wurden langsam keltische Römer, Romanen, Keltoromanen und aus den Germanen romanisierte Germanen, germanische Römer, die nach kurzer Zeit kaum noch zu unterscheiden waren.

Am Ende der römischen Verwaltung

Das Ende der römischen Verwaltung oder auch der „Untergang des Römischen Reiches" wird üblicherweise mit der Absetzung des letzten, kaum legitimen, römischen Kaisers Romulus Augustulus im Jahre 476 durch Odoaker, einem Germanen als „Reichsverweser", festgesetzt. Nur wird dieses Ereignis von den betroffenen Provinzbewohnern sicher nicht als ein Ende, überhaupt nicht als ein denkwürdiger Vorgang wahrgenommen worden sein, denn das Römische Reich, genauer gesagt das Römische Westreich, musste in den letzten Jahrhunderten mit wenigen Ausnahmen viele kurzlebige, schwache Kaiser ertragen. Die Organisationsform des spätrömischen Kaisertums konnte auf die Anforderungen der Zeit keine hinreichenden Antworten mehr geben. Das weströmische Reich dürfte entsprechend der Wahrnehmung für die Bevölkerung noch mindestens bis zum Tode des gotischen Königs Theoderich des Großen 526, wahrscheinlich aber bis zum Untergang der Ostgotenherrschaft im Jahre 553 weiter existiert haben. Erst um diese Zeit stellte sich die Frage, ob West- und Ostrom unter dem oströmischen Kaiser in Konstantinopel wieder zu einem Reich verschmelzen würde oder ob die neu entstandenen kraftvollen Germanen-Reiche im Westen die Oberhand gewinnen würden. Wie wir wissen, ging die Entwicklung in die zweite Richtung.

Die Ausdünnung der Verwaltung und der römischen Verteidigungskräfte in den Nord-Provinzen dürfte tatsächlich schon Anfang bis Mitte des 5. Jahrhunderts anzusetzen sein, so dass bereits um diese Zeit die Städte und Siedlungen die Selbstverteidigung übernommen haben werden. Nachdem die Alemannen ihren Foederaten- Status gekündigt hatten, wann ist nicht genau bekannt, war die Westgrenze Raetiens an der Iller und die Nordgrenze an der Donau wieder akut gefährdet, weshalb 430 und nochmals 457 römische Truppen die Alemannen von Raetien abwehren mussten; es waren vermutlich die letzten Verteidigungsanstrengungen des Weströmischen Reiches in den Provinzen Noricum und Raetien.

Die Zeit des römischen Rückzugs aus Noricum und Raetien in das heutige Friaul wird am anschaulichsten von Eugippius in der Lebensbeschreibung des hl. Severin, des Apostels von Noricum geschildert, eines ehemaligen römischen Beamten, allerdings ziemlich ausschließlich unter dem Aspekt der neuen katholischen Religion. Wie wir aus der Severinsvita erfahren, sollte auf

Anordnung Odoakers 488 die von Rom bzw. Ravenna gesteuerte zentrale Verwaltung und Landesverteidigung in Noricum (und Raetien) eingestellt und die Provinzbevölkerung unter Zurücklassung ihres gesamten Hab und Guts nach Italien ins heutige Friaul evakuiert werden.

Durch die dauernden Überfälle entmutigt und demoralisiert und kaum willens und fähig, sich selbst zu verteidigen, machte sich 488 dann vielleicht tatsächlich ein gewisser, vermutlich sehr kleiner Teil der mehr oder weniger „echten Römer" aus den Provinzen auf den Weg nach Friaul / Italien. Die Auswanderergruppe umfasste maximal die zu dieser Zeit schon recht kleine Gruppe der Beamten und Soldaten, dazu die sehr dünne Schicht der Intellektuellen und der wohlhabenden römischen Gutsbesitzer. Dem Italientreck wird sich auch der größte Teil der christlich katholischen Amtsträger und die zum Gewaltverzicht verpflichteten Mönche und Nonnen angeschlossen haben, wie die Severinsvita vermuten lässt. Nur dadurch ist der starke Niedergang der kirchlichen katholischen Institutionen in den Provinzen zu erklären.

Es ist verständlich, dass nur die traditionell mit Italien verbundenen, meistens etwas gebildeteren Römer für sich und ihre Familien in Italien eine bessere Zukunft als in den Provinzen sahen, in der sie ungeschützt den germanischen Räuberbanden ausgeliefert waren. Sie wollten römisch bleiben und gingen in ihre, zumindest geistige und kulturelle Heimat Italien „zurück". Die Germanisierung der Provinzen hatte sich ja schon längst abgezeichnet und konnte nicht mehr aufgehalten werden. Der lange Marsch nach Italien im Jahre 488 war das allerletzte organisierte Unternehmen von Römern nördlich der Alpen.

Das Ereignis ist vermutlich in der Provinz Noricum gar nicht besonders aufgefallen und der Bevölkerungsverlust in den Provinzen Noricum und Raetien dürfte nur sehr gering gewesen sein und ist auch archäologisch nicht nachweisbar. Nicht einmal die Zerstörung ihrer Städte und Landgüter zu diesem genauen Zeitpunkt ist deutlich fassbar. Umso gravierender dürfte allerdings der Verlust dieser wenigen, vorzugsweise städtischen geistigen Elite und der Mönche als Kulturträger für die Zurückgebliebenen zu erfahren gewesen sein. Die einst blühenden Verwaltungsmetropolen Noricums und Raetiens wie Ivavo, Ovilia, Castra Regina und auch Augusta Vindelicorum und andere, von Germanen schon teilweise zerstörte Städte, blieben sich selbst überlassen und mussten nun allein für ihre Sicherheit sorgen, existierten aber fast al-

le als Gemeinschaftswesen weiter, bis sie nach den wirren Zeiten wieder auf-
blühten und zu neuen Zentren heranwuchsen. Nur wenige Städte wie Aquileia in Friaul, Viruno, Teurnia und Aguntum in Noricum / Kärnten, auch Car-
nunto in Pannonien / Niederösterreich sind im 5.-6. Jh. vollkommen untergegangen und sind nicht mehr aufgebaut worden.

Was ist aus den Rückwanderern geworden? Eine interessante Frage, wenn
man bedenkt, dass bereits spätestens ein Jahr nach der „Odoaker- Rückwanderung", 489, die Ostgoten von Pannonien nach Oberitalien, und dann
wieder nach einigen Generationen, 568 die Langobarden in dieselben Gebiete Italiens einrückten und dort ihre Macht ausübten. Sie wurden also auch in
Oberitalien von Germanen regiert, wobei sich allerdings dort die romanische
Sprache, Religion, Kultur und Lebensweise dadurch kaum änderte.

Die große Mehrheit der bäuerlichen Mischbevölkerung in den beiden Nordprovinzen aus romanisierten Kelten und aus den mehr oder weniger gemisch-
ten germanischen und keltogermanischen Legionären und Foederaten blieb
im Lande, weshalb archäologisch von einem Abzug nichts festzustellen ist.
Sie fühlten sich nach 500 Jahren Zugehörigkeit zum römischen Reich als
Bürger Roms und waren keineswegs feindlich zur „Kolonialmacht Rom" eingestellt, sahen aber für ihre Familie in den Provinzen eine bessere Existenzgrundlage im Vergleich zum Dasein von mittellosen Flüchtlingen in Italien.
Wegen der anhaltenden Unsicherheit im Lande sammelten sie sich in bestimmten, noch heute erkennbaren Regionen und vor allem in den noch
halbwegs intakten Städten und organisierten sich in Gruppen und Sippen.
Noch Jahrhunderte lang, weit über das Jahr 1000 hinweg, konnten die Romanen auch in der neuen Ordnung des „Herzogtums der Baiern" sogar ihre
romanische Sprache und Kultur erhalten. Sie sprachen selbstverständlich das
allgemein verständliche Latein, gespickt mit vielen keltischen und wahrscheinlich auch immer mehr germanischen Ausdrücken - ein richtiges Kau-
derwelsch, das Provinzlateinische oder besser bekannt als das Keltoromanische, das in schriftlicher Form gänzlich unbekannt ist. Diese Rückzugsgebie-
te der Keltoromanen blieben auch bei der Einwanderung der Baiuwaren erhalten, wurden also keineswegs ausgelöscht, was die friedliche Art der baiuwarischen Einwanderung im Besonderen bestätigt.

Letzte Reste dieser alten Kultursprache, die zwar mit dem Italienischen verwandt, aber für die Italiener dennoch unverständlich ist, haben sich in Norditalien und in der Schweiz erhalten. Es sind dies die Sprachen der Friulaner in Norditalien, der Ladiner im Südtiroler Grödner- und Abteital und der Rätoromanen im schweizerischen Kanton Graubünden. Die Ladiner bekannten sich übrigens früher wie heute immer zu den bairischen Südtirolern und nicht zu den Italienern, genauso wie die Rätoromanen zu den alemannischen Schweizern. Vor tausend Jahren war diese Sprache noch sehr viel weiter verbreitet, auch in Teilen Tirols, im Vintschgau, im Salzburger Flachgau, im Chiemgau an der Mittleren Traun um Traunwalchen, um Obing und in anderen kleinen Gebieten. Viele Beispiele gibt es für die noch Jahrhunderte lang verwendete romanische Sprache, und sogar ein paar schriftliche Dokumente. So ist in Urkunden Salzburgs um die Jahrtausendwende noch immer die Rede von den „Romani ad Truna", also von den Romanen an der Traun um Traunwalchen. Im Salzburger Land konnten die Romanen unter dem Schutz der mächtigen Salzburger Bischöfe ihre selbständige Kultur am längsten erhalten, was in den Ortsnamen gut erkennbar ist. Noch dazu war die Amtssprache wie die Kirchensprache ja sowieso Latein.

Man kann davon ausgehen, dass vor der Einwanderung bzw. genauer gesagt vor der Umsiedlung der Baiuwaren das ganze Land zwar äußerst dünn, doch flächendeckend keltoromanisch besiedelt war, und diese Siedlerschicht wurde von den Einwanderern keineswegs getötet oder unterjocht, sondern in einem sehr lange, über Jahrhunderte andauernden Akkulturationsprozess in das Volk der Baiern integriert.

Das Volk der keltisch– romanischen Mischbevölkerung, die Keltoromanen, war eines der beiden wesentlichen Elemente bei der Volkwerdung der Baiern im „bairischen Raetien und in Noricum", ein bedeutender Teil der baierischen Vorfahren. Eine ähnliche Situation gab es auch im „suavischen- schwäbischen Raetien", also im Gebiet zwischen Iller und Lech, gut bekannt unter der Gebietsbezeichnung „Allgäu".

DIE BAIUWAREN

Das „Ende der römischen Verwaltung" greift bereits die Situation auf, die für das Erscheinen der Baiuwaren auf der Weltbühne verantwortlich war. Es ist nicht streng vom vorigen Kapitel zu trennen. Neben den schon ansässigen Keltoromanen war das zweite Element der Volkwerdung (Ethnogenese) der Baiern die unorganisierte Einwanderung und Sesshaftwerdung der Baiuwaren.

Bekannte Baiuwaren – Theorien und offene Fragen

Nahezu unbemerkt erfolgte der Eintritt der Baiuwaren in die Geschichte, da kaum Dokumente aus der Zeit von 400 bis 700 existieren. Erst zwischen 700 und 800 wird die Dokumentation ihrer Geschichte wieder, freilich noch immer sehr langsam, etwas ausführlicher.

Die Frage nach der Herkunft und Verwandtschaft der Baiern, die so genannte „Bayernfrage", wird seit Jahrhunderten mit Leidenschaft diskutiert und man möchte meinen, sie müsste schön langsam zu einem befriedigenden Abschluss kommen, auch wenn die vorhandenen, sicherlich dürftigen Quellen zur Beantwortung kaum ausreichen sollten. Allgemein wird behauptet, dass es keinen Geschichtsschreiber der Baiuwaren gibt, der ihre Frühzeit überliefert hätte. Der „Fehler" wäre demnach das Fehlen der schriftlichen Dokumente. Das stimmt aber nicht ganz, und umso stärker müssen die wenigen existierenden Schriften gewertet und gewürdigt werden.

Die archäologischen Erkenntnisse aus den Ausgrabungen können in diesem Fall nicht genügen, um die „volle Wahrheit" zu erfahren, doch sollten diese in Verbindung mit den wenigen schriftlichen Dokumenten, der Würdigung aller politischen Ereignisse und Machtverhältnisse, auch mit einer Portion Kombination, gepaart mit gesundem Menschenverstand die Fäden zusammenknüpfen. Für die Beantwortung der wichtigsten Fragen erscheinen die Quellen jedenfalls ausreichend zu sein.

Die gängigen Theorien für die Lösung der Bayernfrage, dem „Heft zur Bayerischen Geschichte und Kultur Band 6 - Die Bajuwaren" entnommen, verfasst von Pankraz Fried, sollen kurz zusammengefasst angemerkt werden.

- Die Keltentheorie: die Baiuwaren seien die Boier aus Böhmen, wurde ohne sprachwissenschaftliche Begründung von den spätmittelalterlichen Chronisten Veit Arnpeck und Aventin vertreten.

- Der Oberfranke Kaspar Zeuss (1806 – 1856) vertrat die Meinung, dass die Baiuwaren die aus dem Lande Baia bzw. Boiohaemum zugewanderten Markomannen gewesen seien.

- Adolf Holbeck erblickte 1937 in den Alemannen infolge teilweiser Übereinstimmung von Ortsnamensbildungen und manchmal auch der Sprache die Vorfahren der Baiern. Heinz Fischer folgte ihm 1974 und nochmals Wolfgang Hartung 1983.

- Für A. Schneider waren die Langobarden die Vorfahren der Baiuwaren.

- Barthel Eberl brachte die Quaden – Sueben aus der Slowakei und aus Ungarn als Ahnen ins Spiel.

- Zibermayr bevorzugte die Goten.

- Kurt Reindel baut seine These folgendermaßen auf: Theoderich habe die noch in Böhmen sitzenden Germanen, die sich nicht der langobardischen Herrschaft unterwerfen wollten, veranlasst, in Noricum und Ostraetien einzurücken. *„Die Baiuwaren sind kein einheitliches Ethnikum gewesen, unter den zahlreichen germanischen Stämmen"* .... *„Der Name der Baiuwaren ist nicht ethnisch bestimmt, sondern territorial, und auch wenn sich über das Herkunftsland (Boiohaemum) keine allerletzte Sicherheit gewinnen lässt, so scheint mir doch aufgrund der philologischen, archäologischen und historischen Gegebenheiten das Baiaheim des böhmischen Kessels noch am meisten Wahrscheinlichkeit zu besitzen. Ethnisch waren die hier wohnenden Germanen offenbar so wenig einheitlich, dass sie nicht den Namen ihrer Wohnsitze mitbrachten."* ...

- Benno Hubensteiner übernimmt ungefähr die Meinung von Reindel. Er schreibt: *„Nach Lage der Dinge dürften die Markomannen nur ein*

Volkssplitter gewesen sein: zu ihnen mussten noch die nordungarischen Sueben stoßen, die illyrischen Osi, ostgermanische Volksreste wie die Rugier oder die Skiren ... Wir können eigentlich nur sagen, dass die Baiwaren ein Volk von Völkern waren; dass sie nicht in einer einzigen großen Wanderung gekommen sind, sondern in einzelnen Schüben; dass sie wohl erst zwischen Donau und Alpen zum eigentlichen Stamm zusammengewachsen sind."

- Diese Möglichkeiten wurden aber dann von Kraus abgelöst durch die Vermutung, die Ahnen der Baiuwaren wären unbekannte, nicht auffindbare „Elbgermanen" gewesen, die jedoch wiederum nichts mit den germanischen Markomannen, (die tatsächlich „Elbgermanen" waren) zu tun gehabt haben, aber ebenfalls aus Böhmen eingewandert sein sollen.

- Karl Bosl kennt überhaupt keine „Einwanderung der Baiuwaren". *„Durch fränkische Herrschaft und Überlagerung ist der Bayernstamm aus alter provinzialrömischer Bevölkerung gebildet worden".* Bayern sei ein *fränkisches (nicht bayerisches) Grenzherzogtum* gewesen. *„Um 530 war das entschieden; damit standen die Franken an der Donau und beherrschten das heutige Nordbayern."* Die Bemerkung des Jonas von Bobbio, dass die Baioarii früher Boier genannt wurden, deutet Bosl so, dass die unter der Römerherrschaft gebildete Mischung aus Kelten, Römern und Germanen in Noricum und Raetien „Boii" genannt worden seien und dass deshalb unter dem neuen – alten Namen „Baioarii" ein neues Stammesbewusstsein ausgebildet worden sei.

Zu diesen „offiziellen" Theorien bezüglich der Volkwerdung der Baiuwaren / Baiern / Bayern (Ethnogenese), die alle, besonders die letzten, mit sehr vielen Hypothesen aufgebaut sind und generell die Franken, allgemein die Germanen in der fraglichen Zeit der Ethnogenese der Baiuwaren überbewerten, gibt es nach wie vor die bekannten offenen Fragen:

- Der Name der Baiuwaren

- Die Abstammung, Sprache und Verwandtschaft der Baiuwaren / Baiern mit den Völkern Europas im 5. und 6. Jh.

- Die Herkunft und Umsiedlung des Grund-Volkes der Baiuwaren und die zeitliche Einordnung anhand der schriftlichen Nachweise

- Die Baiuwaren in Baiern

- Die Führung des Stammes durch das Geschlecht der Agilolfinger

Grundlagen zur Beantwortung

Nur wenige Möglichkeiten zur Beantwortung der aufgeworfenen Fragen stehen zur Verfügung, nämlich

Archäologische Nachweise der Baiuwaren

Archäologische Nachweise der frühen Baiuwaren gibt es inzwischen in einer großen Anzahl und sind doch in ihrer exakten, (fast) zweifelsfreien Analyse als recht dürftig zu nennen. Im Gegensatz zu den außerordentlichen Ergebnissen bei der Rekonstruktion der frühen Kulturen der Ägypter, Babylonier, Griechen und Römer führten die Ausgrabungen bei den Baiuwaren leider nicht zu ähnlichen spektakulären Ergebnissen. Sie können die Wissenslücken über unsere Vorfahren bis jetzt nicht schließen, sondern lediglich einen Teil zur Lösung beitragen. Siedlungsspuren der Baiuwaren aus der Zeit ihrer Einwanderung wurden so gut wie gar keine gefunden und sind auch kaum möglich zu finden, da ja die ersten Behausungen noch immer im Bereich oder zumindest im Umkreis der heutigen Siedlungen standen und damit ausgelöscht oder zumindest unzugänglich geworden sind. Die ersten Behausungen waren ausschließlich aus Holz und nicht aus Stein gebaut und dementsprechend leicht vergänglich.

Es bleiben also für die Forschung der Archäologie nur die Gräber dieser frühesten baiuwarischen Bevölkerung, deren Ergebnisse in den einschlägigen Veröffentlichungen zu erfahren sind. Die reiche Ausbeute der baiuwarischen Reihengräberfelder im ganzen Bayernland mit deren typischen Anordnung und den ihnen beigegebenen persönlichen Gaben und Schmuckstücken ist um so sorgfältiger zu würdigen. Diese so genannten Reihengräberfelder wurden im gesamten Bereich des alten bairischen Stammesherzogtums in großer Anzahl und meist mit vielen Bestatteten aufgedeckt, nicht nur in Regensburg, Straubing, Augsburg, sondern auch in Erding, Petting, Waging, Seeon usw. Die Reihengräberfelder sind der archäologische Nachweis von der zu einer bestimmten Zeit plötzlich einsetzenden ziemlich starken Besiedlung, das heißt von der Landnahme der Baiuwaren. Aus zahlreichen Friedhöfen dieser Zeit ist zu schließen, dass viele Familienverbände, Sippen und kleine Teilstämme ins Land gekommen sind und die von den Römern verlassenen oder noch unbesiedelten Ländereien und Dörfer, manchmal zusammen mit den längst ansässigen Romanen neu besiedelten und sofort bewirtschafteten. Sie lassen keinen Zweifel an dieser Zuwanderung oder auch Umsiedlung offen.

Hubert Fehr schreibt nach der neuesten Analyse der Gräberfelder in dem Buch „Archäologie in Bayern" 2006,

„dass die Reihengräberfelder ihre Wurzeln vor allem im spätrömischen Bestattungswesen haben. Deutlich wird dies etwa bei dem Festhalten an der Körperbestattung und der Ost – West – Orientierung der Toten, aber auch durch die vorwiegende Verbreitung der Reihengräberfelder auf ehemaligem Reichsboden."

Dies besagt, dass die Toten der Reihengräber, der Baiuwaren also, in römischer Tradition standen und damit vermutlich aus den bekannten Provinzen Noricum, Raetia und Pannonien, Mösien, eventuell auch noch aus anderen Teilen des Römischen Reiches zugewandert waren und für Außenstehende wie für Altansässige als Provinz - Römer erkennbar waren.

An anderer Stelle schreibt Fehr:

„Bei manchen südbayrischen Bestattungen des 5. und frühen 6. Jh. grub man zudem eine Nische in die Wand der Grabgrube, in die meist ein Keramikgefäß gestellt wurde - eine Eigenheit, die entweder auf spätrömische Vorbilder im Rheinland zurückgeht oder im 5. Jh. aus südöstlichen Siedlungsgebieten übernommen wurde."

Demnach zeigt das aufgedeckte Bestattungswesen der Baiuwaren generell an, dass es von Bewohnern des römischen Reiches ausgeübt wurde, und der Grabbrauch mit der Nische deutet im besonderen dessen Herkunft aus den römischen Provinzen Pannonien und Moesien an, die in der fraglichen Zeit des 5. Jahrhunderts unter vielen anderen Völkern auch von den Ostgoten und Boiern besiedelt waren.

Die ältesten Reihengräberfelder sind nach neuesten archäologischen Erkenntnissen in der letzten Hälfte bis zum letzten Drittel des 5. Jh. entstanden, die Masse stammt dann aus dem hohen und späten 6. Jahrhundert und die Friedhöfe wurden mit abnehmender Tendenz bis ins 8. Jh. belegt. Im 8. Jh. dann wurden die Reihengräberfelder im Zuge der fortschreitenden Christianisierung von kirchlichen Friedhöfen, meist direkt an der Kirche liegend, abgelöst. Die erste Einwanderergeneration starb also zwischen 450 und 500, und demnach musste ihre Einwanderung ebenfalls in dieser Zeit erfolgt sein. Die Masse der ersten Einwanderer und deren Kinder dürfte mit ca. 40 bis 60 Jahren in der ersten Hälfte des 6. Jh. gestorben sein.

In einigen Baiuwaren- Gräbern wurden Skelette mit sog. Turmschädeln entdeckt, also mit künstlich deformierten Schädeln, ein Schönheitsideal wie es aus Innerasien bekannt ist und bei den Hunnen (und seltsamerweise auch in Mexiko und Peru) praktiziert wurde. Waren diese Menschen nun versprengte Hunnen, an die Hunnen assimilierte Goten oder im Bereich von Hunnen und Goten wohnende Boier / Baiuwaren? Nur tief greifende Untersuchungen an den Knochen könnten die Antwort geben. Jedenfalls zeigt dieser Brauch einen starken Zusammenhang der ersten Baiuwaren mit den Bewohnern von Pannonien, Mösien und eventuell des Karpatenbeckens an, wo der Großteil der Hunnen siedelte.

Nach der typischen Keramik einer mit Namen unbekannten Gruppe von Foederaten, die sowohl in Böhmen als auch an der Donau, nicht aber in Süddeutschland gefunden wurde, wird dieser Kleinstamm von den Archäologen die „Friedenhain – Prestovice - Gruppe" genannt. Dieser vermutlich nicht unbedeutende Föderatenstamm war in den letzten Jahrzehnten der Römerherrschaft in den Garnisonsstädten an der Donau, in Regensburg, Passau und Straubing heimisch geworden; darüber hinaus, also im übrigen Bayern ist er allerdings nicht nachweisbar. Er gehörte anscheinend zu den Kleinstämmen, die nicht zur Zeit der Ostgotenherrschaft umgesiedelt, sondern noch in der Römerzeit eingewandert sind. So soll er nach Ansicht der Forscher zur Stammwerdung der Baiuwaren wesentlich beigetragen haben, weil sie am Ende des 5. / Anfang des 6. Jahrhunderts im sehr stark befestigten und deshalb noch weitgehend intakten Lager Regensburg ansässig waren, so dass sich dort auch die Residenz des ersten bairischen Herzogsgeschlechts der

Agilolfinger etablieren konnte. Ihre Volkszugehörigkeit ist nicht geklärt. Offiziell - ohne nähere Erklärung und Begründung - werden sie unter die stammesmäßig nicht fassbare Bezeichnung „Elbgermanen" eingereiht, was vielleicht auf die letzten Markomannen hinweist, insgesamt jedoch zu bezweifeln ist. Ihre „Stammheimat", das böhmische Becken, war im Laufe der Zeit von vielen Völkern besiedelt – man sollte besser sagen besucht - worden, so dass daraus nicht auf ihre Volkszugehörigkeit geschlossen werden kann und schriftliche Zeugnisse von ihrem Dasein gibt es weder in „Boiohaemum" / Böhmen noch in Noricum oder Raetia. Ich nehme vielmehr an, dass es ein keltischer Kleinstamm, eventuell ein Rest der Boier war, der bereits unter den Markomannen die germanische Sprache angenommen, im Übrigen aber ihre keltische Identität nicht verloren hatte. Vermutlich hatte diese Gruppe für die gesamtbairische Ethnogenese nicht die überragende Bedeutung, die ihnen manchmal zugewiesen wird, sondern nur im engen Bereich der bayrischen Donau zwischen Passau und Regensburg.

Einige dieser Friedhöfe waren aber von Anfang an nicht auf die zugewanderten Baiuwaren allein beschränkt, sondern nahmen auch die mit ihnen siedelnden altansässigen Keltoromanen und andere Volksangehörige auf, was ein im großen und ganzen problemfreies Zusammenleben von verschiedenen Volksgruppen bescheinigt. Der Unterschied unter den Bevölkerungsgruppen und oft auch der mitgegebenen Schmuckstücke ist jedoch sehr schwer festzustellen, weshalb die prozentuale Verteilung von Keltoromanen und Zuwanderern ständig von den Archäologen korrigiert wird. Allerdings geben die in letzter Zeit angewandten, völlig neuen Forschungsmethoden Anlass zur Hoffnung, die am „Bayernmix" beteiligten Völker und Stämme und die Zeit dazu irgendwann einmal ziemlich genau bestimmen zu können.

Die zahlreichen Beigaben in den vielen frühmittelalterlichen Reihengräbern sagen aus, dass vielfältige Kunsteinflüsse, besonders häufig ostgotische und langobardische, dazu alemannische und fränkische, praktisch von allen germanischen Stämmen festzustellen sind, jedoch keine „typisch" baiuwarische. Gerade die Vielfalt der Schmuckgegenstände aus den Reihengräbern besagt, dass diese von allen Völkerschaften des damaligen germanischen Europa erworben wurden und damit ein gewisser Kontakt vorhanden war. Meines Erachtens sagen die vielfältigen Kunstobjekte aus, dass die baiuwarischen Zuwanderer (Zuwanderinnen) tatsächlich zum Teil aus dem Umkreis der genannten germanischen Stämme gekommen sind, dass aber der größere Teil der Schmuck- Gegenstände erworben wurde, eventuell zu einem wesentlich früheren Zeitpunkt als zum Begräbnis der Toten. Die Zeitangabe der Toten sollte nicht ausschließlich über den Schmuck definiert werden, sondern durch absolute Datierungen, z.B. mit der Radiokarbonmethode und der Isotopenanalyse.

Es stellt sich die Frage, inwieweit bei Völkern auf Wanderschaft oder allgemein im Umbruch von der Grabbeigabe auf den volksmäßigen Besitzer der Gabe geschlossen werden kann. Für Archäologen ist jeder Fund eines stilistisch zuzuordnenden Schmuckstücks oder einer Keramik ein Segen, wird aber gerade wegen des Fehlens anderer Relikte überbewertet. Die Ähnlichkeit oder Gleichheit eines Schmuckstücks oder eines Keramikgefäßes sagt nicht zwangsläufig aus, dass ihre Hersteller, Träger oder Besitzer auch biologisch eng verwandt waren. Es deutet lediglich auf einen irgendwie gearteten Austausch zwischen den Populationen hin. Zu bedenken ist, dass der Schmuck der Toten die Stammes- oder Volkszugehörigkeit nur ansatzweise, nur sehr begrenzt nachweisen kann, denn eine Grabbeigabe war besonders in unruhigen Wanderungs- und Umsiedlungs- Zeiten, anders als in den Zeiten des beständigen Reifens auf heimischer Scholle, entweder ein (altes) Erbstück, eine Kriegs- Diebes- oder Raubbeute oder als Handelsobjekt in den Besitz der Toten gekommen und war nur ausnahmsweise ein Produkt aus der Zeit und dem Umfeld der Toten. Viel zu wenig wird in Erwägung gezogen, dass in Wanderungszeiten alle solche materiellen Dinge nicht unbedingt mit dem Besitzer und seiner Zeit zusammenstimmen müssen. Auch werden sich die baiuwarischen Goldschmiede bei allen Nachbar - Stämmen umsehen und sich von ihnen inspirieren haben lassen.

Beachtet werden muss außerdem, dass der Schmuck zu allen Zeiten vorrangig von Frauen getragen und ihnen ins Grab mitgegeben wurde. Es wäre also zu prüfen, inwieweit die Männer und Frauen der Baiuwaren miteinander verwandt waren oder unterschiedlichen Völkern angehörten, also sich in ihren Genen unterschieden haben. Die Schmuckstücke und damit der weitaus überwiegende Anteil der Grabbeigaben ist den Frauen der Volksgruppe zuzuweisen, sicher damals schon als Geschenke ihrer Männer. Deren Beigaben sind kaum unterscheidungsfähig; praktisch nur Dolche, Saxe und Schwerter und ähnliches Kriegswerkzeug wurde den Männern mit ins Grab gegeben, das damals schon ziemlich uniform bei allen Stämmen war und sehr wenig über die Differenzierung der Völker und Stämme aussagt. In den damaligen wirren Zeiten wäre aber die unterschiedliche Herkunft von Männern und Frauen sehr gut vorstellbar und untersuchenswert.

Die neuesten genauen archäologischen Erkenntnisse aus den Reihengräberfriedhöfen sind schon sehr viel versprechend, doch fehlt bei vielen noch der tatsächliche zeitliche Nachweis anhand von Radiokarbon- Untersuchungen, von Genanalysen, Isotopenanalysen und Strontiumanalysen. Die seltene und nur sporadische Untersuchung der Toten auf ihr Alter und die überraschende Feststellung ihres Alters ergibt zwar dieselbe Zeit wie sie von Jordanes mitgeteilt wurde, aber noch wird eine Verbindung kaum hergestellt. Die Grab - Schmuckstücke werden zwar mit bekannten Gegenständen der jeweiligen Stämme verglichen und ihnen dann zugewiesen, doch sagt dies sehr wenig über das Alter der Toten, den Zeitpunkt des Begräbnisses und die Zugehörigkeit zu einem bestimmten Volk oder Stamm aus.

Die ersten schriftlichen Erwähnungen der Baiuwaren

Die Andeutungen von Ptolemaios und des Geographen von Ravenna über die „Baianoi" sind leider nicht allgemein zugänglich. Ich vermute, dass sie unbedingt in die Überlegungen von der Herkunft der Baiuwaren einbezogen werden sollten, und dass die Baianoi bei sorgfältiger Untersuchung wesentlich genauer lokalisiert werden könnten. Ich bin ziemlich sicher, dass die Heimat der Boier dort gefunden werden kann, wo sie bei Jordanes erwähnt bzw. durch die Angabe der Schlacht von 462/64 angedeutet wird.

Die 1. Erwähnung in der Gotengeschichte des Jordanes

Die erste Erwähnung der Baiuwaren steht, fast möchte man sagen selbstverständlich, in der Gotengeschichte des Jordanes. Das in Deutschland hauptsächlich verwendete Manuskript, das so genannte Heidelberger Manuskript, vermutlich im 8. Jh. entstanden, wurde 1880 bei einem Wohnungsbrand im Hause des Forschers Theodor Mommsen vernichtet, so dass in erster Linie nur noch die Übertragung und Bearbeitung von Mommsen (Jordanis Romana et Getica) verwendet werden kann.

Es existieren jedoch noch weitere Handschriften, die leider für die Allgemeinheit schwer zugänglich sind und so gut wie nicht oder nur sehr oberflächlich miteinander verglichen worden sind. Die Bamberger Handschrift wurde nach Forschungsergebnissen um 1000 geschrieben und unterscheidet sich von der Mommsen – Bearbeitung in erheblichem Umfang, wie vermutlich auch die anderen Manuskripte, weshalb die Mommsen - Ausgabe als alleinige Quelle mit einiger Skepsis betrachtet werden muss. Der Codex 226 aus Wien ähnelt anscheinend der von Mommsen benutzten Handschrift wesentlich stärker als die Bamberger Handschrift. Besonders aufschlussreich ist die Bamberger Handschrift in Bezug auf die Kapitel 54 und 55, die für die Bayernfrage von Bedeutung sind. Die Bamberger Handschrift erscheint, ohne detaillierte Untersuchung, ursprünglicher, älter als die Mommsen – Bearbeitung. Die vatikanische Handschrift und auch noch andere sind zurzeit leider nicht zugänglich.

Viele durch die einseitige Berücksichtigung der Mommsen – Bearbeitung heute „feststehende unzweifelhafte Jordanes – Aussagen" könnten durch die Berücksichtigung auch der anderen Handschriften ergänzt, erweitert, korrigiert werden, wieder insbesondere die Geschehnisse des letzten Jahrhunderts der Getica. Ich denke, dass alle Jordanes – Handschriften miteinander verglichen und eventuell gegenseitig ergänzt werden sollten. Dass die Jordanes - Bücher nicht im Original, sondern nur in Abschriften mit allen möglichen Änderungen und Schreibfehlern auf uns gekommen sind, trifft auf alle alten Schriften aus der Antike zu. Trotzdem dürfte das Original durch einen Vergleich der noch vorhandenen Handschriften ziemlich genau herauszuarbeiten sein, wenn dies ein Fachmann wagen würde, und mit Sicherheit würde dies noch einige unbekannte Details offen legen. Es ist ja keineswegs gesagt, dass die älteste Abschrift aus dem 8. Jh. dem Original am nächsten kommt; es kann bereits die 25. Abschrift sein; dagegen ist vielleicht eine Handschrift des 10. Jh. erst die zweite Abschrift vom Original oder der 1. Abschrift.

Die „Getica", die Gotengeschichte also, wurde von Jordanes mit großer Wahrscheinlichkeit um 551 (bis 554) in Konstantinopel geschrieben bzw. fertig gestellt, doch da sie bereits mit König Witigis aufhört, wird sie Jordanes schon kurz nach 540 begonnen haben. Woher Jordanes all sein Wissen hatte, ist nicht mehr zu eruieren. Nach seiner eigenen Bekundung erfuhr er die uralte Geschichte der Goten von Cassiodor, einem hohen Beamten Theoderichs des Großen, doch wie er im letzten Kapitel selbst schrieb, alle neueren Ereignisse und damit in etwa die der letzten 100 Jahre vor seiner Niederschrift (Kapitel 48 bis 60) stammen aus eigener Recherche bzw. von glaubhaften Gewährsmännern. Während Cassiodor, dessen Bücher verloren gegangen sind, ein „römischer Grieche in ostgotischen Diensten" war, gehörte Jordanes selbst nach seinem eigenen Verständnis zum Stamm der Goten, noch genauer, er war ein „romanisierter Gote alanischer Abstammung", aber das gehört schon eher zu den Vermutungen. Mit großer Wahrscheinlichkeit bekleidete er ein höheres kirchliches Amt, vermutlich als Bischof, doch wo ist unbekannt, und lebte zur Zeit der Niederschrift seiner Bücher in Konstantinopel.

Warum aber hat Jordanes überhaupt seine „Gotengeschichte" geschrieben, wenn kurze Zeit vor ihm Cassiodor auf Anordnung Theoderichs ein gleiches oder vielleicht sogar umfangreicheres Werk über dieses Volk verfasst hatte? Die Geschichte Cassiodors lief sicher nur maximal bis zum Ende der Regierungszeit Theoderichs 525. Ebenfalls dürfte feststehen, dass für Jordanes und seinen Auftraggeber das Werk des Griechen Cassiodor zu viele Fehler enthalten hat, die Jordanes der Gote, auf Veranlassung eines unbekannten Auftraggebers richtig stellen sollte. Zudem dürfte Jordanes einen kundigen Vermittler der jüngeren Geschichte der Ostgoten in Konstantinopel getroffen haben, denn zu Beginn oder auch während des Schreibens und nur zehn Jahre vor der Fertigstellung seiner Niederschrift, 540, legte der Ostgotenkönig Witigis seine Ämter nieder und lebte – wie Jordanes – in Konstantinopel, noch immerhin zwei Jahre bis zu seinem Tode. Für Jordanes war Witigis der letzte König der Ostgoten, und die nachfolgenden Könige Totila und Teja erwähnt er nicht mehr. Ein Zusammentreffen und ein gegenseitiger Erfahrungsaustausch zwischen den beiden Goten Jordanes und Witigis in Konstantinopel während der Entstehungszeit der Gotengeschichte scheint selbstverständlich gewesen zu sein, auch wenn er dies nicht ausdrücklich erwähnt. Es wäre schlüssig, wenn der Ostgotenkönig Witigis selbst oder einer seiner Getreuen der Auftraggeber und zugleich der Gewährsmann der Gotengeschichte von Jordanes gewesen wäre, der die Gotengeschichte von Cassiodor nicht für richtig hielt und verbessert haben wollte. Bei Erscheinen des Buches war das Schicksal der Ostgoten bereits besiegelt, doch zeigt die Form der Abdankung von König Witigis, dass er schon damit gerechnet hatte und die richtige Geschichte seines Volkes vor dem Vergessen bewahren wollte.

Auch wenn die Getica von Jordanes in keiner Weise dem klassischen Latein entspricht, und die Lateinexperten sich darüber heftig beschweren, ist sein Buch vor allem in den letzten Kapiteln 48 bis 60, welche die letzten ca. 100 Jahre, von ca. 440 bis ca. 540 umfassen, und von Jordanes mit großer Wahrscheinlichkeit von Augenzeugen übermittelt worden waren, als besonders authentisch zu werten. Wahrscheinlich war Jordanes einer der ersten „germanischen Ausländer", der es wagte, in der Bildungssprache Latein ein Buch zu verfassen. Es kann schon sein, dass er - nach Auffassung und Einteilung der Archäologen - mit der ganz alten Geschichte der Goten, also mit ihrer Herkunft aus Skandinavien und ihrem Jahrhunderte langen Zug nach Süden, auch mit den verwandtschaftlichen Zusammenhängen der germanischen Völker, die er von Cassiodor abgeschrieben hatte, eventuell nicht immer ganz richtig liegt, was aber auch erst zweifelsfrei zu untersuchen wäre, und doch ist der Bericht des Jordanes die wichtigste Quelle für die Geschichte der Ostgoten, aber auch für die frühe Geschichte der Baiuwaren und der Schwaben, da hierbei ausschließlich die letzten Kapitel zur Sprache kommen.

Eine chronologische Kurzfassung der Kapitel 48 bis 60:

Die Übersetzung hier wurde wie in der Jordanes - Forschung allgemein üblich dem Werk von Dr. Wilhelm Martens (1913) „Jordanis Gotengeschichte", auf der Grundlage der Forschungen und der Niederschrift von Theodor Mommsen entnommen. Die in der Bamberger Handschrift (B.H.) abweichenden

Wörter von Bedeutung und ihre Übersetzung habe ich dazu erwähnt und mit einem Latein-Experten durchgesprochen.

Im Kapitel 48 schreibt Jordanes:

„Da ich, solange beide Völker, Ostrogoten und Wesegoten vereinigt waren, so gut ich konnte, die Berichte der Väter entrollt und über die von den Ostrogoten getrennten Wesegoten eingehend genug erzählt habe, so müssen wir nun zu ihren alten skythischen Wohnsitzen zurückkehren und der Ostrogoten Geschlechtstafel und Taten auf gleiche Weise vorführen.....“

Das Kapitel 49 handelt von der prachtvollen Vermählung des Hunnenkönigs Attila mit dem Germanenmädchen Ildiko im Jahre **453**, seinem plötzlichen Tode durch einen Blutsturz nach der öffentlichen Feier und seiner glanzvollen Beerdigung.

Kapitel 50:

„Darnach brach unter den Nachfolgern Attilas ein Streit um das Reich aus, und da sie töricht alle zu herrschen begehrten, verloren sie alle zugleich die Herrschaft.“

Jordanes schreibt von dem bald nach der Beerdigung Attilas ausbrechenden Zwist unter den Nachfolgern, und von dem anschließenden großen Kampf am Flusse Nedao (in der B.H. „Néoda" genannt) in Pannonien, vermutlich an der Leitha, zwischen den Hunnen und einem Verbund aller unterworfenen Germanenstämme, den Gepiden, den Goten, den Rugiern, Suaven, Alanen und Herulern. Die Gepiden, ein mit den Goten verwandter Stamm, waren die Anstifter zum Abfall von der hunnischen Oberherrschaft. Sie trugen den Sieg davon und in ihrem Gefolge auch die Ostgoten und die anderen unterjochten Völker. Der Untergang der Hunnen war perfekt. Die Gepiden, die Sieger, erhielten mit Zustimmung von Ostrom ganz Dakien / Rumänien, das bisherige Gebiet der Hunnen, worauf die Ostgoten, deren eigene ursprüngliche Wohnsitze in Skythien von den Hunnen besetzt waren, das Römische Reich um Land baten.

„Sie bekamen Pannonien, eine weithin sich erstreckende Ebene mit dem Obern Mösien (Bulgarien) im Osten, Dalmatien im Süden, Noricum im Westen, der Donau im Norden, ein Land, das mit sehr vielen

Städten geziert ist, von dem die nächste Syrmis (Sirmium), die letzte Vindomina (Vindobona / Wien) ist."

Alle Gebiete innerhalb des Römischen Reiches wurden also offiziell vom Römischen Kaiser in Konstantinopel vergeben, nicht vom Kaiser des Westreiches in Rom bzw. in Ravenna, obwohl die genannten Gebiete Provinzen des Römischen Westreiches waren. Heute umschließt dieses, den Ostgoten zugesprochene, oben beschriebene Gebiet annäherungsweise die östlichen Gebiete von Nieder-Österreich und der Steiermark, Burgenland, die westlichen Teile von Ungarn und Serbien und östliche Gebiete von Kroatien, alle rechts der Donau mit ungefähr folgenden Grenzen: von Traismauer an der Donau (nördlich von St. Pölten) im Norden, die Donau entlang abwärts (im Norden und Osten) bis zur Einmündung der Save in die Donau bei Belgrad, dann die Save entlang aufwärts bis Zagreb an der Save. Die Westgrenze könnte eine ungefähre Linie von Zagreb bis Traismauer gebildet haben, selbstverständlich ohne die Bergländer.

Kapitel 51:

„Es gab auch noch andere Goten, die so genannten Kleingoten, ein unzähliges Volk. Ihr Priester und oberster Bischof war Wulfila, der ihnen auch die Buchstaben erfunden haben soll. Heutzutage bewohnen sie in Mösien (Bulgarien) die Gegend von Nikopolis am Fuß des Emimontus, ein zahlreiches, aber armes und unkriegerisches Volk, das an nichts reich ist als an Herden aller Art, an Tristen für das Vieh und an Holz im Wald; das Land hat wenig Weizen, ist aber reich an anderen Fruchtarten. Von Weinpflanzungen aber wissen sie nicht einmal, dass es anderswo solche gibt, und sie kaufen sich den Wein aus der Nachbarschaft. Meist aber trinken sie Milch."

In der Bamberger Handschrift (B.H.) ist nicht die Rede von „Kleingoten", sondern von dem *„Volk von Klein-Skythien",* das in der Gegend von Nikopolis am Fuße des Emimontus in der benachbarten Provinz Moesien siedelte. Diese wie auch viele andere Passagen dieser Handschrift dürften richtiger als die von Mommsen benutzte sein.

Es gab zwar mehrere Städte mit dem Namen Nikopolis, zwei davon im jetzigen Bulgarien und eine im jetzigen Nordgriechenland, doch war das hier erwähnte Nikopolis durch die Lage am „Emimontus", am jetzigen Balkangebirge in Bulgarien, eindeutig die antike Stadt „Nikopolis ad Istrum" nördlich der jetzigen Stadt Veliko Tarnovo am nördlichen Fuße des Balkangebirges.

Außer an dieser Stelle der Gotengeschichte gibt es noch eine andere Kunde von diesem „zahlreichen, sehr armen und unkriegerischen Volk", nämlich bei Strabo, der allerdings bereits um Christi Geburt, also ca. 500 Jahre früher seine „Geographica" geschrieben hat. Strabo beschreibt die „Geten", ein angeblich mit den Dakern und Skythen verwandtes Volk, das von alters her in Klein-Skythien siedelte, fast genauso wie Jordanes, nämlich als *„Rossemelker, Milchesser und Habelose, die rechtlichsten Menschen"*, die freiwillig den Weinanbau aufgegeben haben. Deshalb ist sehr zu bezweifeln, dass dieses Volk von Klein-Skythien tatsächlich germanische (Ost-)Goten oder Kleingoten waren, wie es bei Mommsen heißt. Die Geten, die bei Strabo noch die gleiche Sprache wie die Daker und die Skythen verwendeten, dürften mit großer Wahrscheinlichkeit den früher in Skythien siedelnden Goten angegliederte Stämme gewesen sein, die schon immer in Klein-Skythien im rumänisch – bulgarischen Bereich gesiedelt hatten und zu irgendeiner Zeit von den Goten die germanische Sprache angenommen hatten.

Mir erscheint dieses Volk sehr bemerkenswert, auch wenn es später nicht wieder auftaucht, oder doch? Vermutlich hatten sie sich also schon viel früher den Goten angeschlossen, hatten die germanische Sprache von den Goten übernommen und wurden deshalb zu den Goten gezählt. Bekanntlich hat Jordanes die Geten und die Goten in einen Topf geworfen und vielleicht waren sie es, die ihn dazu verleitet haben, seine Gotengeschichte „Getica" zu nennen. Auch der herausragende arianische Bischof Wulfila (in B.H. Ulpila) stammte aus diesem Volk und hat durch seine Übersetzung der Bibel ins Gotische unsterblichen Ruhm erworben. Nach Jordanes dürfte also Ulpila / Wulfila ein gotisch sprechender Gete und kein Ostgote gewesen sein.

Dieses Volk von Klein-Skythien hatte seine germanische Sprache offensichtlich erst vor relativ kurzer Zeit von den Ostgoten gelernt, da die Bibelübersetzung von Wulfila (Ulpila), das erste germanisch - gotische Sprachzeugnis überhaupt, ein makelloses Gotisch (wie von einem Sprach – Gelehrten) wiedergibt. Leider hören wir vom Schicksal dieses zahlreichen und fleißigen Volkes, das zu einem Teil der Ostgoten wurde, nichts mehr. Sind sie in ihrer alten Heimat geblieben? Sind sie mit den Ostgoten nach Italien ausgewandert?

Sind sie von den Ostgoten in andere Teile des römischen Reiches umgesiedelt worden? Waren sie ein Teil der Baiuwarischen Umsiedler? Jedenfalls waren sie wie die Ostgoten auch Arianer, und wie die Boier altansässig.

Allerdings kann aus der Geographica von Strabo auch nicht ausgeschlossen werden, dass das Volk der Geten in Wirklichkeit ein schon sehr früh, vor Christi Geburt, aus Skandinavien ausgewanderter Teilstamm des Gotischen Volkes war und sich vor der Zeit Strabos bereits in Skythien dauerhaft niedergelassen hatte. Immerhin waren sie Ackerbauern und nicht Nomaden wie die „echten" Skythen. Ob Strabo sich dann hinsichtlich der Sprache irrte oder das Volk die skythische Sprache als „lingua franca", als reine Umgangssprache mit Fremden verwendete, ist wohl nicht mehr festzustellen. Was aus den Geten geworden ist, wissen wir nicht.

Im Kapitel 52 schreibt Jordanes von den drei ostgotischen Königsbrüdern und Teilkönigen Walamir, Thiudimir (B.H. Thiudimer) und Widimir (B.H. Fiudimer) und deren getrennte Wohnsitze: die nächste Stadt war Sirmium, das Gebiet von König Walamir zwischen den Flüssen (?) Scarniunga (B.H. Skarnium) und Aquanigra, der von Thiudimer in der Gegend des Pelsodis-Sees (B.H. Pellois), des Plattensees also, und der von Widimir/Fiudimer dazwischen. Leider sind die Flüsse Scarnium/Scarniunga und Aquanigra (= schwarzes Wasser) nicht identifiziert; ich vermute darunter eher Landschaftsbezeichnungen, eventuell kleine Flüsse oder kleine Städte zwischen den Flüssen Save und Drau im Süden Pannoniens, jetzt Kroatiens. Daran nach Norden anschließend ist das Plattenseegebiet (Pelsodis bzw. Pellois) von Thiudimir zu finden und dazwischen das Gebiet von Widimir/Fiudimer. Anscheinend wurde der nördliche Bereich von Budapest bis Wien weniger intensiv in Besitz genommen oder es waren dort andere Stämme ansässig.

Jordanes schreibt von einem Überfall der Söhne Attilas auf Walamir (im Süden bei Sirmium) und dessen siegreicher Abschlagung.

„Darnach schickte Walamir an seinen Bruder Thiudimir einen Freudenboten; als aber derselbe in den Palast Thiudimirs kam, fand er hier an diesem Tag eine noch viel größere Freude. Diesem war nämlich gerade am selben Tage ein Söhnlein Theoderich, ein hoffnungsvolles Knäblein, wenn auch von einer Beischläferin, Erelieva geboren."

.... „Der Kaiser....erhielt von ihnen den oben erwähnten Theoderich, das Söhnlein Thiudimirs, als Geisel für den Frieden. Dieser war schon zu einem Knaben von sieben Jahren herangewachsen und in das achte Jahr getreten."

Theoderich, der spätere König der Ostgoten wurde demnach erst unmittelbar nach der Schlacht von Nedao (B.H. Néoda) geboren, also vermutlich noch ca. **453** oder **454,** und wurde mit sieben bis acht Jahren und damit 460/461

„als Geisel nach der Stadt Konstantinopel zum Kaiser Leo geführt, und da er ein schöner Knabe war, erfreute er sich der kaiserlichen Gunst."

Historiker geben die Geburt Theoderichs mit dem Jahre 451 an, was aber mit Jordanes nicht ganz übereinstimmen kann.

Im Kapitel 53 schildert Jordanes, dass die Goten ihre Nachbarn ausplündern und als erstes bei den Sadagen (B.H. Satagi), einem nichtgermanischen Stamm im Innern Pannoniens beginnen wollten, dass sie aber den Kriegszug abbrechen und gegen ein gefährliches Heer der (Rest-) Hunnen vorgehen mussten. Weiter heißt es:

... „und jagten sie (die Hunnen) so schmählich aus dem Land hinaus, dass von dieser Zeit an ... die übrig gebliebenen Hunnen sich vor den Waffen der Goten fürchten. Als die Hunnen vor den Goten endlich Ruhe hatten, zog der Suavenherzog Hunimund aus, um Dalmatien zu plündern, und raubte dabei auch die Herden der Goten, die auf den Triften (Wiesen) weideten. Suavien ist nämlich Dalmatien benachbart und auch nicht weit von Pannonien entfernt, besonders von dem Teil, wo damals die Goten wohnten."

... „als Hunimund mit seinen Suaven nach Verwüstung Dalmatiens heimkehrte, passte ihm Thiudimir, der Bruder des Gotenkönigs Walamir, den nicht so sehr der Verlust der Herden schmerzte, als er befürchtete, die Suaven möchten, wenn sie ungestraft sich solches erlauben dürften, sich noch weitere Frechheiten herausnehmen, scharf beim Übergang auf. In einer stürmischen Nacht, als sie schliefen, griff er sie (die Suaven) am See Pelsodis (B.H. Pellois = Plattensee) an ... und unterwarf sie den Goten." ...

Nach einem Aufstand der Skiren und Suaven und anderer *„erhob sich unverhofft ein Krieg",* in dem Walamir, der Bruder von Thiudimir und König der Ostgoten getötet wurde. Den Stamm der Skiren rieben die Ostgoten nahezu vollständig auf.

In diesem Kapitel wird die vernichtende Schlacht gegen die Hunnen und unmittelbar anschließend die Raubzüge der Suaven bei den Ostgoten mit dem darauf folgenden Strafgericht geschildert. Die hier genannte Suavengruppe war anscheinend auch beim Aufstand der Germanen gegen die Hunnen beteiligt und damit wie die anderen Stämme frei geworden. Sie ließ sich für einige Zeit zwischen Dalmatien und Pannonien, vermutlich an der oberen bis mittleren Save und damit benachbart zu den Ostgoten im Osten nieder und trieb wie alle diese entwurzelten Germanenstämme in der Nachbarschaft ihr Unwesen. Die räuberischen Suaven werden am Plattensee von den Goten unterworfen, behalten zwar ihre Könige, verlieren aber ihre volle Selbständigkeit. Der gefangene Suavenherzog Hunimund wird sogar von Thiudimir an Sohnes statt angenommen. Doch dieser hetzte die Skiren von der Donau, die in der gleichen Situation steckten wie die Suaven und die Ostgoten selbst, gegen die Ostgoten auf, und beide Stämme zogen gemeinsam gegen sie. Die Ostgoten entschieden das Scharmützel zwar für sich, doch wurde ihr König Walamir getötet. Die mit den Suaven verbündeten Skiren wurden nahezu ausgelöscht. Das ist insofern zu beachten, weil der spätere Gegner Theoderichs, der weströmische „Reichsverweser" und König von Italien, Odoaker ein Skire war und vermutlich zu dieser Zeit auch in Pannonien dabei war. **Ungefähr 460/61** oder ein paar Jahre später könnte der Waffengang stattgefunden haben

Das Kapitel 54 hat eine besondere Bedeutung, weshalb es auch mit dem lateinischen Text von Theodor Mommsen aufgeführt werden soll:

Quorum exitio Suavorum reges Hunimundus et Halaricus vereti, in Gothos arma moverunt freti auxilio Sarmatarum, qui cum Beuca et Babai regibus suis auxiliarii ei advenisset, ipsasque Scirorum reliquias quasi ad ultionem suam acrius pugnaturos accersientes cum Edica et Hunuulfo eorum primatibus habuerunt simul secum tam Gepidas quam ex gente Rugorum non parva solacia, ceterisque hinc inde collectis ingentem multitudinem adgregantes ad amnem Bolia in Pannoniis castra metati sunt. Gothi tunc Valamero defuncto ad fratrem eius Thiudimer confugerunt, qui quamvis dudum cum fratribus regnans, tamen auctioris potestatis insignia sumens, Vidimer fratre iuniore accito et cum ipso curas belli partitus, coactus ad arma prosiluit; consertoque proelio superior pars invenitur Gothorum, adeo ut campus inimicorum corruentium cruore madefactus ut rubrum pelagus appareret armaque et cada-

vera in modum collium tumulata campum plus per decem milibus oppleverunt. quod Gothi cernentes, ineffabili exultatione laetantur, eo quod et regis sui Valameris sanguinem et suam iniuriam cum maxima inimicorum strage ulciscerentur. de vero innumeranda variaque multitudine hostium qui valuit evadere, perquaquam effugati vix ad sua inglorii pervenerunt.

Die Übersetzung nach Martens lautet.

„Ihr (der Skiren) Untergang erweckte Furcht in den Herzen der Suavenkönige Hunimund und Alarich. Sie zogen gleichfalls gegen die Goten im Vertrauen auf die Unterstützung der Sarmaten, die ihnen mit ihren Königen Beuka und Babai zu Hilfe gekommen waren; auch die Reste der Skiren mit ihren Häuptlingen Edika und Hunwulf riefen sie herbei, die, wie sie hofften um sich zu rächen, mit großer Erbitterung kämpfen sollten; dazu hatten sie noch Gepiden bei sich, sowie nicht unbedeutende Verstärkungen von den Rugiern und noch anderen, die sie aus allen Gegenden zusammenlasen, und brachten eine gewaltige Menge zusammen. Am Fluss Bolia in Pannonien schlugen sie ihr Lager auf." .... „Als sich der Kampf entspann, behielten die Goten die Oberhand"... „Wer von der unzähligen, bunten Menge der Feinde zu entrinnen imstande war, kam mit Mühe und Not ruhmlos durch die Flucht nach Hause."

Hier wird von einem entscheidenden Waffengang der Ostgoten in Pannonien gegen einen Verbund aller entwurzelten germanischen Stämme der Suaven, Skiren, Gepiden und Rugier, auch der nichtgermanischen Sarmaten, und noch vielen anderen (Stämmen), sowie vom Sieg der Ostgoten über alle diese Völker berichtet, vom „pannonischen Vielvölkerkrieg" also, und von der „Flucht dieser Stämme nach Hause", vermutlich Anfang der 60er Jahre, **ca. 462/464** oder etwas später.

Anstatt bei Mommsen **„ad amnem Bolia in Pannoniis castra metati sunt"**, übersetzt „am Fluss Bolia bei den Pannoniern schlugen sie das Lager auf", steht in der Bamberger Handschrift **„ad amnem boriam in pannonia castra metati sunt"**, übersetzt „am nördlichen Strom in Pannonien schlugen sie das Lager auf".

Da der Fluss Bolia bisher nicht identifiziert werden konnte, gibt vermutlich die Bamberger Handschrift den Text richtiger als die Mommsen - Bearbeitung wieder. Meines Erachtens sind jedoch beide zu verbinden:

„ad amnem boriam bolia in pannoniis castra metati sunt = am
nördlichen Strom wurde das bei den Pannoniern liegende boli-
sche Lager errichtet."

Im Kapitel 55 kommt Jordanes auf die Baiern zu sprechen:

Nach der Mommsen – Bearbeitung:

„Nach einiger Zeit,...als die Donau wie gewöhnlich fest zugefroren war,
denn dieser Fluss gefriert so fest, dass er hart wie Stein ein ganzes
Heer zu Fuß trägt ...- da führte der Gotenkönig Thiudimir... sein Heer
zu Fuß darüber und erschien unerwartet im Rücken der Suaven. Denn
*jenes Gebiet der Suaven (Schwaben) hat im Osten die **Baibaros,** im*
Westen die Franken, im Süden die Burgunder, im Norden die Thürin-
ger (als Nachbarn). Mit diesen Suaven waren damals auch die Ala-
mannen verbunden, die ganz auf den Gipfeln der Alpen wohnten, von
wo einige Flüsse mit großem Getöse herabstürzend der Donau zu-
strömen. Hierher an einen hochgeschützten Ort führte der König Thiu-
dimir zur Winterzeit das Heer der Goten und besiegte Suaven und A-
lamannen, die miteinander verbündet waren, verheerte ihr Land und
unterwarf sie nahezu. Von hier kehrte er siegreich in seine Heimat
nach Pannonien zurück und empfing mit großer Freude seinen Sohn
Theoderich, den er als Geisel nach Konstantinopel gegeben hatte und
der nun reich beschenkt vom Kaiser Leo zurückgeschickt worden war.
Dieser Theoderich, der schon das Knabenalter zurückgelegt hatte und
in das des Jünglings eingetreten war – er zählte 18 Jahre (471) – nahm
......"

Statt „Baibaros" bei Mommsen steht in der Bamberger Handschrift „**báioras**".

Der Winter- Kriegszug der Ostgoten unter ihrem König Thiudimir fand allein
gegen die Suaven und die mit ihnen verbündeten Alemannen statt. Die Suaven und die mit ihnen verbündeten Alemannen wurden von den Ostgoten
„nahezu" unterworfen, das heißt, sie behielten zwar ihre Oberhäupter, waren
aber bei Kriegen den Ostgoten und ihrem König verpflichtet. Ab dieser Zeit,
471, standen die Alemannen / Schwaben in einem Abhängigkeitsverhältnis
zu den Ostgoten, bis zum Vertrag mit den Franken 536, zehn Jahre über den
Tod Theoderichs hinaus und damit insgesamt über ein halbes Jahrhundert
lang.

Als der König nach dem Sieg im Winterkrieg nach Hause kam, fand er seinen
Sohn Theoderich mit 18 Jahre vor, also **ca. 471,** weniger als zehn Jahre nach

dem pannonischen Vielvölkerkrieg an der Donau in Pannonien von Kapitel 54, und genau aus dieser Zeit stammt die Beschreibung der Nachbarn der Suaven und damit die Ersterwähnung der Baiuwaren in Bayern, im jetzigen Süddeutschland.

Kapitel 56:

„Später, als da und dort bei den Nachbarvölkern die Ergebnisse der Raubzüge spärlicher ausfielen, fehlte es auch den Goten allmählich an Nahrung und Kleidung, und es war ihnen, Leuten, denen schon lange der Krieg die einzige Erwerbsquelle gewesen war, der Friede unbequem...."

Zur Zeit des Kaisers Glycerius 473/74 zog ein Teil der Ostgoten unter König Widimir, dem jüngeren Bruder Thiudimirs nach Italien und nach dessen baldigem Tod dort sein Sohn Widimir II. dann weiter nach Gallien und Spanien und vereinigte sich mit den dortigen Westgoten. Thiudimir selbst zog über die Save und bedrohte die Sarmaten und die römische Besatzung und zog danach gleich nach Illyrien, von da nach Moesien und Thessalien weiter. Jordanes schildert dann die weiteren Raubzüge und die Eroberung vieler Städte durch Thiudimir und Theoderich. Nach der Belagerung von Thessaloniki siedelten sie einige Zeit friedlich in verschiedenen Städten Makedoniens, als sich die baldige tödliche Krankheit Thiudimirs in der Stadt Cerrus ankündigte:

„Er berief deshalb eine Versammlung der Goten und bezeichnete seinen Sohn Theoderich als Erben; kurz nachher starb er."

(ca. **474/76** und damit zeitgleich mit dem Militärputsch Odoakers)

Kapitel 57: Die Erhebung Theoderichs zum König wurde von Kaiser Zeno freudig begrüßt. In Konstantinopel nahm er ihn als Waffensohn an, ernannte ihn zum Konsul und ließ ein Reiterstandbild für ihn errichten. Zu dieser Zeit siedelten die Ostgoten in Illyrien. **488/89** ließ sich Theoderich von Kaiser Zeno von Konstantinopel den Auftrag erteilen, mit seinem ganzen Volk nach Italien überzusiedeln, was er nach dem Sieg an der „Sontusbrücke" (am Isonzo südlich von Gorizia in Friaul) gegen Odoaker in einem dreijährigen Krieg auch durchsetzte.

„Im dritten Jahr nach seinem Einrücken in Italien gab er auf den Rat des Kaisers Zeno die Tracht eines Untertans und die Kleidung seines Volkes auf, nahm die Zeichen königlichen Schmuckes an als König der

Goten und Römer, schickte eine Gesandtschaft an den Frankenkönig Lodoin und bat ihn um seine Tochter Audefleda zur Ehe. *Gern und bereitwillig gab sie ihm derselbe, da er glaubte, dass seine Söhne Celdebert, Heldebert und Thiudebert durch diese Verbindung in freundschaftliche Beziehungen zum Gotenvolke kämen. Aber dieses Verhältnis half wenig zur Wahrung des Friedens, weil sie oft wegen gallischer Landstriche schwere Kämpfe miteinander hatten."*

„Nie wich der Gote vor dem Franken, so lange Theoderich lebte".

Kapitel 58: Jordanes schreibt von den Töchtern Theoderichs und deren Verheiratung, von Kämpfen in Sirmium und im Illyrikum und dem wachsenden Ansehen Theoderichs und dann auch noch von den Regierenden der Westgoten in Spanien.

„Nicht weniger Siegesruhm erwarb er mit der Besiegung der Franken durch seinen Grafen Ibbas in Gallien, da mehr als 30.000 Franken im Kampf erschlagen wurden." .....

„Im ganzen Abendland gab es kein Volk, das nicht dem Theoderich, so lange er lebte, in Freundschaft oder in Untertänigkeit gedient hätte."

Kapitel 59:

„Als er aber im Greisenalter stand (525) und sah, dass er bald von hier scheiden werde, rief er die Grafen und Vornehmen seines Volkes zusammen und setzte den Athalarich, ein kaum zehnjähriges Kind, den Sohn seiner Tochter Amalawintha, der seinen Vater Eutharich verloren hatte, zum König ein."

Theoderich starb demnach im Alter von 73 Jahren. Mit 18 Jahren starb sein Enkel, der König Athalarich, und dessen Mutter Amalawintha, die Tochter Theoderichs, erhob ihren Vetter Theodahad auf den Königsstuhl. Dieser missachtete jedoch die Verwandtschaft, verbannte sie auf eine Insel und ließ sie bald danach erwürgen, was Zwietracht im Gotenvolk hervorrief und die Feindschaft Ostroms eintrug und damit letztendlich den Untergang des Volkes herbeiführte.

Kapitel 60: Im letzten Kapitel schildert Jordanes die folgenden Jahre bis zur freiwilligen Aufgabe von Ravenna und der Unterwerfung der Goten unter Kaiser Justininan durch den Gotenkönig Witigis im Jahre 540. Witigis war der erste, anscheinend ziemlich unfähige König, der nicht aus dem Königshause der Amaler stammte und deshalb großen Wert auf die Vermählung mit der königlichen Amalerin Matheswintha, der Enkelin Theoderichs legte, die ihn aber wegen seines hohen Alters nicht besonders schätzte. Dieser lebte dann noch zwei Jahre in Konstantinopel, und danach wurde seine Frau Matheswintha mit Germanus, dem Bruder des Kaisers Justinian vermählt.

„So besiegte der Kaiser Justinian, der Besieger so mancher Völker, das berühmte Reich, das tapferste Volk, das so lange geherrscht, endlich, nachdem es fast 2030 Jahre gewährt, durch seinen getreuen Konsul Belesar."

„Der du dies liest, wisse, dass ich den Schriften der früheren gefolgt bin, dass ich auf ihren weiten Wiesen wenige Blumen gepflückt habe, um daraus dem Forscher nach dem Maße meiner Kräfte einen Kranz zu flechten. Und nicht soll man glauben, dass ich zugunsten des erwähnten Volkes, weil ich von ihm selbst meinen Ursprung ableite, etwas hinzugefügt habe, außer was ich gelesen oder erfahren habe. Aber auch so habe ich nicht alles aufgenommen, was über sie geschrieben oder erzählt wird, da ich nicht sowohl zu ihrem Ruhm als zu dem des Siegers dies darstelle."

Gerade der allerletzte Satz von Jordanes im Kapitel 60 beweist, dass er nur wenige Blumen, also nicht viel von anderen Schriftstellern abgeschrieben hat, sondern dass er nur das geschrieben hat, was er gelesen oder erfahren hat! Seine Ausführungen beanspruchen ein hohes Maß an Korrektheit!

Für Jordanes endet das Ostgotenreich mit Witigis 540, obwohl nach Procop sofort nach dessen Resignation der neue König Ildebad gewählt wurde. Nach Ildebads Tod nach kurzer Zeit wurde der Rugier Erarich zum König der Ostgoten gewählt und nach dessen baldiger Ermordung der Ostgote Totila, der nach Mario Bauch in Wirklichkeit Badwila oder Badua hieß. Totila war ein sehr fähiger Mann, eroberte viele Städte zurück, hatte aber durch die sehr begrenzten Ressourcen an Menschen und Material keine echte Chance mehr gegen den oströmischen Kaiser Theodosius, der sich die völlige Zerstörung des ostgotischen Reiches auf die Fahne geschrieben hatte. 552 und noch ein letztes Mal 553 unter seinem Nachfolger Teja fanden die alles vernichtenden Schlachten zwischen Ostrom und den Ostgoten statt. Nach Teja wählten die Ostgoten keinen König mehr und das Volk zerstreute sich.

Die 2. Erwähnung bei Venantius Fortunatus

Ca. **576**, also nur 25 Jahre nach der Niederschrift von Jordanes werden die Baiern beim Poeten Venantius Fortunatus (ca. 530 bis 600) das zweite Mal in der Geschichte genannt, im Zusammenhang mit seiner Reise 565 von Gallien über Alemannien, Schwaben und Baiern nach Italien:

Venantius Fortunatus

„Wenn dir das Überschreiten der Barbarenströme gestattet wird, so dass du ruhig über Rhein und Donau gehen kannst, so gelangst du nach Augsburg, wo Wertach und Lech (zusammen)fließen. Dort wirst du die Gebeine der heiligen Märtyrerin Afra verehren. Wenn die Straße offen ist und dir nicht der Baier (= baiovarius) entgegentritt, dort wo in der Nähe die Orte der Breonen liegen, ziehe durch das Gebirge, beim Eintritt wo der Inn sich in reißendem Strudel dahinwälzt. Dann besuche die Kirche des gnadenreichen Valentin (Mais bei Meran) auf dem Wege in die norischen Gefilden, wo der Byrrhus (Fluss Rienz) sich dahinwindet: die Straße führt dann über die Drau: Wo sich Befestigungen an den Hang lehnen, dort liegt auf dem Berghügel das solze Aguntum.“

Wo hat Fortunatus wahrscheinlich die Donau überschritten? Vermutlich zwischen Ulm und Günzburg, auf der alten Iller-Grenze, da er anschließend in das „schwäbische" Augsburg kam. „Der Baier" kommt auf der weiteren Reise von Westen nach Osten und Süden gleich hinter Augsburg nach der Überschreitung der Stammesgrenze ins Spiel, und diese Grenze war offensichtlich von den Baiuwaren scharf bewacht. Fortunatus querte nach Augsburg den Lech und lief weiter nach Westen ungefähr bis Wasserburg oder Rosenheim, bog dort in das Inntal nach Süden ein und erreichte im Bereich von Innsbruck die Gebiete der Breonen (– Brenner). In Südtirol besuchte er anscheinend zuerst die Kirche in Mais zwischen Bozen und Meran, um den hl. Valentin zu verehren und wendete sich dann wieder Eisack aufwärts nach Norden, um nördlich von Brixen den Fluss Rienz und das Pustertal zu erreichen. Pustertal aufwärts musste er den Toblacher Sattel überwinden und kam dann bei Innichen zur Drau. Im Drautal erreichte er die römische Stadt Aguntum in Binnennoricum, im jetzigen Osttirol bei Lienz.

Um diese Zeit, ca. 565, stehen die Baiern bereits zehn Jahre unter dem eigenen Herzog / König Garibald I., und besitzen die definierte Stammes- Herzogtumsgrenze im Westen am Lech. Eine weitere Stammes- bzw. Landesgrenze erwähnte Fortunatus auf seinem Weg nach Aguntum nicht mehr. Offensichtlich waren also die Baiuwaren mit ihrem neuen König/Herzog nach dem Untergang der Ostgoten als deren einzige organisierte überlebende Untertanen „automatisch" in die Machtposition als Herrscher über Ostraetien und Noricum nachgerückt.

Auch diese Erwähnung des Venantius Fortunatus schließt aus, dass Schwaben und Baiuwaren aus demselben Stamm hervorgegangen sind und lässt bereits die noch heute zwischen den beiden Stämmen definierte Grenze am Lech „gleich hinter Augsburg" erahnen. Von Franken ist nicht die Rede.

Die 3. Erwähnung bei Jonas von Bobbio

Der Abt Jonas von Bobbio in Oberitalien schrieb folgenden Satz vermutlich **595** (nach 591 bis spätestens 615), also nur 20 Jahre nach Fortunatus, bereits unter der Regierung des Nachfolgers von Garibald, dem Herzog Tassilo:

> *„hos ad fidem conversos ad Boias, qui nunc Baioarii vocantur, tendit .... plurimos eorum ad fidem convertit". - in Deutsch „zu den Boiern, die jetzt Baiuwaren heißen...von denen er die meisten zum Glauben bekehrte"*

Er erwähnte sie in der Lebensbeschreibung des hl. Columban von Luxeuil (543 – 615), dass dessen Schüler Eustasius nach der Bekehrung der Warasken (?) weiter gezogen sei, um „den Boiern, die jetzt Baiuwaren genannt werden", zu predigen. Anscheinend hat er die meisten davon auch bekehrt.

Die Baiuwaren werden also ganz selbstverständlich als eigener Stamm bezeichnet, ohne Franken oder Schwaben etc. und müssen mit den Boiern etwas zu tun gehabt haben. Jonas von Bobbio stellt die einwandfreie und klare Verbindung zwischen den Boiern und Baiuwaren her. Nur ca. 125 Jahre (ca.

470 - ca. 595) nach der Inbesitznahme Baierns durch die Baiuwaren ist diese Aussage sehr glaubwürdig. Das Leben Columbans gilt als eines der am besten bezeugten dieser Epoche. Die „Baiuwaren, die früher Boier hießen", besagt einwandfrei, dass das Volk der Boier und das Volk der Baiuwaren identisch war und dass lediglich der Name dieses Volkes durch bestimmte Gründe von „Boii" zu „Baioarii" leicht verändert wurde. Für die Behauptung Bosls, dass die altansässige keltoromanische Bevölkerung in Raetien als Boier bezeichnet worden sei, gibt es keine Belege, weder früher noch später.

Das 4. Zeitdokument von Eugippius über das Leben des heiligen Severin

Weiter oben wurde diese Schrift schon erwähnt. Obwohl der Hl. Severin zur Zeit der „Einwanderung" der Baiuwaren in Noricum und dem anschließenden Raetien tätig war, kommen die Baiuwaren mit keinem Wort in der „Severinsvita" vor. Trotzdem soll sie hier erwähnt werden, da sie eigentlich das einzige Zeugnis aus dieser Zeit der „Einwanderung der Baiuwaren" ist, das wir in Händen haben.

Eugippius beschreibt den Lebensabschnitt des hl. Severin, den er in Noricum bis zu seinem Tod zugebracht hatte. Der „Apostel von Noricum", ein ehemaliger römischer Beamter, hatte sich um ein möglichst friedliches Zusammenleben zwischen den Romanen und Germanen in Noricum bemüht und auch viel erreicht, doch zum Ende seines Lebens hat er resigniert und für die Auswanderung nach Italien geworben, war aber dann noch vor der Evakuierung im Jahre 482 gestorben. Der dritte Abt des Severinordens, Eugippius lebte von ca. 465 bis 533. Beim Tode Severins war er also erst 17 Jahre alt und vielleicht auch noch sein Schüler; vermutlich aber hat er Severin selbst und Noricum gar nicht mehr persönlich kennen gelernt. Er hat die Severinsvita erst viel später in seinem Kloster in (Castrum) Lucullanum bei Neapel in Unteritalien aus der Erinnerung als Römer oder auch aus der Erzählung eines alten Mitbruders heraus aufgeschrieben und wird dabei einige Begebenheiten vergessen und andere wieder stark übertrieben haben. Seine aktive Zeit fiel in die Zeit des arianischen Ostgotenkönigs Theoderich des Großen, der in Italien und auch in Noricum und Raetien König war, jedoch mit dem arianischen Glauben und damit nicht „rechtgläubig".

Nur von Eugippius erfahren wir vom Befehl Odoakers, im Jahre 488 die von Ravenna gesteuerte zentrale Verwaltung und Landesverteidigung in Noricum und Raetien einzustellen und die Provinzbevölkerung unter Zurücklassung ihres gesamten Hab und Guts nach Italien ins heutige Friaul zu evakuieren. Im gleichen Jahre 488 begann auch die Einwanderung der Ostgoten in Norditalien und damit in dasselbe Gebiet wie die Auswanderung der Noriker. Höchst zweifelhaft, diese Evakuierung!

König Theoderich war Arianer und König Odoaker vermutlich Katholik. Nur aus diesem Grunde wurde der Rückzugsbefehl vom katholischen Abt für aufschreibungswürdig befunden und nur deswegen wird sich dem Italientreck von 488 auch der größte Teil der christlich katholischen Amtsträger und die zum Gewaltverzicht verpflichteten Mönche und Nonnen, also die ganzen Mitbrüder Severins, angeschlossen haben, aber kaum ein Zivilist. Dieser Aderlass dürfte Auswirkungen auf die religiöse Zukunft der Provinz gezeitigt haben.

Der Bericht ist eine Heiligenvita und eine Erlebnisgeschichte mit dem Schwerpunkt des Lebens von Severin, aber kein Geschichtswerk mit genau wiedergegebenen Fakten, Orten und Jahreszahlen. Doch durch die Einzigartigkeit dieses Berichts zu dieser Zeit wird ihm auch in geschichtlicher Hinsicht eine zu große Bedeutung beigemessen, die ihm sicher nicht zusteht.

Eine 5. Fundgrube: die Germanischen Heldensagen

Ein weiterer, fast bis zum heutigen Tag vernachlässigter, aber ebenfalls aussagekräftiger Nachweis für die frühe Existenz und die Ethnogenese der Baiuwaren sind die Germanischen Heldensagen und Heldenepen aus der Frühzeit Deutschlands. Die neuen Erkenntnisse resultieren aus den umfangreichen, sehr detaillierten und größtenteils überzeugenden Untersuchungen von Mario Bauch, publiziert unter „Wer waren die Nibelungen wirklich – Die historischen Hintergründe der germanischen Heldensagen". Er schreibt:

„Trotz der großen Bedeutung der Heldensage für die Literatur aller germanischen Völker, ist es bis jetzt kaum jemandem gelungen, die wirklichen historischen Hintergründe und hiervon ausgehend, die Entwicklung zur Sage aufzuzeigen. Der Grund hierfür dürfte in der zu starken Trennung von Geschichts- und Literaturwissenschaft liegen. Wäh-

*rend die Historiker kaum Interesse an den Heldensagen zeigten, küm-
merten sich die Literaturwissenschaftler wenig um die Geschichte."*

*„Auffallend bei meinen Untersuchungen ist, dass wir im Ergebnis von
den Ostgoten Überlieferungen besitzen, die vom Reiche Ermanarichs
bis zu den letzten Widerständlern gegen Narses reichen. Hinzu tritt,
dass sich die ostgotische Überlieferung nicht nur auf ein Lied, wie bei
den Westgoten im Waltharius, sondern auf viele verschiedene Lieder
erstreckt. Die Frage ist nun zu klären, weshalb uns eine solch reiche
ostgotische Sagenwelt überliefert wurde."*

Die bairische Stammessage umfasst nach Bauch das Annolied aus dem 11.
Jh., die anonyme Kaiserchronik um 1150, bestehend aus der Dietrichüberlie-
ferung, der Adelgerüberlieferung, Überlieferungen mit Herzog Theodo statt
Adelger, die Theoderichsage Fredegars und die Aligernsage der Kaiserchronik, sowie Volker, der Spielmann.

Als Fazit schreibt Bauch:

*„Sicher ist, dass die ostgotische Heldensage durch die Bayern übermit-
telt wurde, ja durch diese zum großen Teil sogar erst gebildet wurde.
Träger der Sage war vor allem das einfache Volk."* ... *„Fraglich ist allerdings, ob die Bayern selbst Nachfahren der Ostgoten sind."* ... *„Aus
den Sagen (der Bayern) ist ersichtlich, dass hier Überlieferungen vor
allem der Ostgoten und der Rugier vorhanden sind."*

Sein Resümee lautet, dass die Baiuwaren ganz offensichtlich von Anfang ihrer Geschichte an bis zum Untergang der Ostgoten unter dem dominierenden
Einfluss der Ostgoten gestanden haben.

Noch 6.: Weitere frühe Nachweise

Natürlich gibt es noch ein paar andere Erwähnungen aus dem 7. und 8. Jahrhundert, wie die Papstbriefe, Procop, Martin von Tour, Arbeo von Freising,
die Chronik des Fredegar, Beda Venerabilis, Paulus Diaconus und andere,
die aber von der Umsiedlung, allgemein von der Volkwerdung (Ethnogenese)
der Bayern schon zu weit entfernt sind, um das „Geheimnis Bayerns" wirk-
sam lüften zu können. Außerdem sind sie alle tendenziös fränkisch gefärbt.
Allerdings sind alle Werke der Spätantike bzw. des Frühmittelalters für die
großen Zusammenhänge der Geschehnisse bei allen germanischen und romanischen Völkern unerlässlich und können dadurch auch immer auf das
Volk der Baiuwaren durchscheinen.

Als herausragendes Zeugnis aus der Zeit der Konsolidierung des Herzogtums kann das erste Gesetzeswerk Bayerns, die **„Lex Baiuvariorum"** von ca. 635 gelten. Es stellt eine Sammlung der damals angewandten Gesetze und Strafen dar, die sich zu einem wesentlichen Teil mit dem Gesetzeswerk der Westgoten in Spanien decken, die vermutlich wieder unter dem Einfluss der Ostgoten geschrieben wurden und durch deren Vermittlung auf die Baiuwaren gekommen sind. Unmittelbar für die Lösung des Rätsels „Baiuwaren" gibt das Werk wenig Aufschluss. Lediglich der unübersehbare gotische und nicht der fränkische Einfluss ist wieder sehr bemerkenswert. Die Franken dagegen besaßen ein anderes Gesetzeswerk als die Goten und Baiuwaren, die „Lex Salica" und auch die Alemannen mit dem „Pactus Alamannorum", doch alle diese ersten Gesetzeswerke zusammen spiegeln das uralte germanische Volksrecht wider.

Die Machtverhältnisse in Mitteleuropa im 5. und 6. Jahrhundert

Um die Motivation, das auslösende Moment für die Einwanderung der Baiuwaren begreifen zu können, müssen die damaligen Machtverhältnisse intensiv beleuchtet werden, denn im Zuge der „Germanisierung" der Bayernfrage wurde im 19. und auch noch im 20. Jh. bis heute die Rolle der Franken, der späteren Sieger, für die fragliche Zeit von ca. 450 bis ca. 590 wesentlich überbewertet, was zu falschen Schlussfolgerungen führte und hiermit in die richtige Zeit- und Machtfolge gebracht werden soll. Die folgenden Ausführungen stellen selbstverständlich nur einen stark verkürzten und speziell auf die „Bayernfrage" abgestellten kurzen Überblick dar. Zur Vertiefung gibt es eine lange Reihe von Publikationen. Insbesondere möchte ich die in jüngster Zeit herausgegebene, sehr ausführliche Schilderung im Buch „Wer waren die Nibelungen?" von Mario Bauch anführen, in dem die beinahe jährlichen Ereignisse der fraglichen Zeit aufgelistet sind und zwar nicht nur von den Franken, sondern auch von den Burgundern, Westgoten, Langobarden und Ostgoten. Er verwendet hierfür praktisch alle Schriftsteller der Antike und des Frühen Mittelalters, die von den Geschichtlichen Ereignissen berichten, wie Prokop,

Gregor von Tour, Paulus Diaconus, Venantius Fortunatus, Sidonius Apollinaris und vielen anderen.

Sehr bemerkenswert ist die Tatsache, dass im Machtpoker der Germanen des 5. und 6. Jahrhunderts die Baiuwaren praktisch nicht auftauchen. Als Machtfaktor scheinen sie weder in der Geschichte der Goten noch der Franken, Langobarden oder einer der anderen germanischen Stämme auf. Auch ist festzustellen, dass die beiden römischen Provinzen Noricum und Raetien im Gegensatz zu Italien, Gallien, Pannonien und Mösien anscheinend in der heißesten Phase der Völkerwanderungszeit nur durch diverse Durchmärsche von verschiedenen Stämmen berührt wurden, im übrigen aber eher im Windschatten der Ereignisse standen. In allen diesen unendlichen, fast ununterbrochenen Kämpfen, Intrigen und Morden dieser Zeit, dieser Jahrhunderte werden die Baiuwaren kein einziges Mal als Agierende oder als notwendig Reagierende und auch nicht als Verbündete irgendeiner germanischen Macht genannt.

Der Einstieg der Baiuwaren in die Geschichte erfolgte leise, schleichend, allmählich, friedlich und keineswegs kriegerisch – eroberungssüchtig wie bei den Goten, den Franken, den Langobarden, allen bekannten germanischen Stämmen dieser Zeit.

Die Römischen Reiche in West und Ost

Die große Wende, der Anfang vom Ende, des in Westreich und Ostreich geteilten Römischen Reiches ist gekennzeichnet vom Einfall der asiatischen Hunnen um die Mitte des 4. Jh. und deren Untergang im Jahre 453. Was der Anstoß zur Wanderung dieses für damalige römische Begriffe kulturlosen, äußerst grausamen, ohne Moral handelnden Volkes aus Zentralasien war, wird noch heftig und kontrovers diskutiert. Mit großer Wahrscheinlichkeit wurden sie genauso wie schon etwas früher die germanischen Völker der Goten, Sueben, Wandalen, Burgunder usw. durch eine langsame, aber für ein stetig wachsendes Volk stark bemerkbare Klimaverschlechterung in Nordeuropa und Zentralasien und dem daraus entstehenden Verlust ihrer Lebensgrundlagen gezwungen, in klimatisch begünstigte Landstriche im Süden und Westen des eurasischen Kontinents auszuwandern. Sie brachten viele Völker Zentralasiens und Osteuropas, vor allem die erst ein paar Jahrzehnte bis Jahrhunderte dort aus dem Norden eingewanderte Germanenvölker, turkstämmige und iranische Volksgruppen in Bewegung, und diese Bewegung, die Völkerwanderung vom 4. bis zum 6. Jahrhundert, veränderte das gesamte politische Bild Europas und Asiens mit Auswirkungen bis heute.

Die Hunnen waren vermutlich ein zentralasiatisch – nur teilweise mongolisches Volk mit vielen verschiedenen Volkszumischungen, und wie die Namen ihrer Führer verraten, mit einer turkstämmigen Führungsspitze. Ihr durchschlagender Erfolg mit ihren kleinen mongolischen Pferden und dem neuartigen Reflexbogen hielt sich bis zum Auftreten ihres großen Anführers Attila politisch gesehen noch in Grenzen, da sie sich um Geld gerne bei allen möglichen Kontrahenten, auch bei den Römern verdingten. Erst unter Attila, der sich 445 an die Spitze seiner Truppen geputscht hatte, verbreitete das Volk der Hunnen zusammen mit den unterworfenen, kriegsverpflichteten Germanen durch Mord und Zerstörung überall Angst und Schrecken.

451 fand dann die Entscheidungsschlacht auf den Katalaunischen Feldern zwischen dem Römischen (West-) Reich und den Hunnen statt. Auf Seiten der Römer kämpften mehrere germanische Völker wie die Westgoten, auch in bescheidenem Maße die Franken, und auf Seiten der Hunnen mehrere germanische Völker wie die Ostgoten, die (gotischen) Gepiden, die Heruler, Skiren, Rugier und die Ost - Suaven. Die Hunnen mit ihren Verbündeten unterlagen zwar in dieser Schlacht nicht offiziell, doch sie errangen auch keinen Sieg und so war der Mythos ihrer Unüberwindbarkeit und ihrer Kraft gebrochen. Sie zogen daraufhin, alles zerstörend, durch Gallien und Italien, wobei ihnen auch Aquileia zum Opfer fiel, und zogen sich dann langsam in ihr Aufenthaltsgebiet im jetzigen Ungarn / Rumänien, vermutlich in der Theissebene zurück. 453 starb dort Attila unmittelbar nach seiner Vermählung mit dem Gotenmädchen Ildico an einem Blutsturz, und daraufhin zerfiel ihr riesiges Reich in kürzester Zeit. Alle germanischen Völker, die ihnen tribut- und kriegspflichtig waren, lösten sich sofort 453 von ihnen und suchten ihre Freiheit.

Das Römische Westreich konnte sich trotz des Untergangs der Hunnen nicht mehr erholen. Die letzen Kaiser waren zu schwach, die römischen Generäle zu machthungrig, die Interessen der verschiedenen Reichsteile zu unterschiedlich, die Völker der Provinzen zu uneinheitlich. Vor allem aber drängten die Germanen an allen Ecken des römischen Reiches an die Macht, um endlich ihre historische Aufgabe erfüllen zu können. Der römische Offizier Odoaker, ca. 433 als (zumindest halber) Germane aus dem Stamm der Skiren geboren und am Hofe des Hunnenkönigs Attila aufgewachsen, schickte 476, ein Vierteljahrhundert nach dem Untergang der Hunnen, den zwanzigjährigen, kaum legitimierten „Kaiser" Romulus Augustulus, den Sohn des Hunnen – Beraters Orestes nach Hause und setzte sich selbst an die Spitze des Weströmischen Reiches, weshalb mit diesem Datum das offizielle Ende des Weströmischen Reiches bezeichnet wird. Odoaker und Orestes kannten sich also schon aus der Zeit Attilas. Ab 476 nannte er sich „Rex Italiae", also König von Italien und nicht Römischer Kaiser, um sich auf keinen Fall den oströmischen Kaiser zum offiziellen Gegner zu machen. Bis zu seinem Tode 493, als er nach endlosen Schlachten und Scharmützeln von dem Ostgotenkönig Theoderich eigenhändig ermordet wurde, konnte Odoaker durch seine sinnvolle, jedoch nicht eine dem Römischen Weltreich gemäße Politik eine späte Blüte des Römischen Reiches einleiten, die dann unter Theoderich dem Großen erst richtig zum Tragen kam. Odoaker fühlte sich als römischer Offizier und regierte das Römische Westreich ohne den Rückhalt seines skirischen Stammes noch vollständig in der Tradition des Reiches von Ravenna aus, so dass die entscheidende Änderung der Machtverhältnisse im Römischen Westreich in Wirklichkeit erst 493 mit dem Ostgoten-König Theoderich dem Großen zu verzeichnen ist.

„Der Untergang des Römischen Reiches im Jahre 476" fand nicht statt und wurde sicher kaum von jemandem wahrgenommen.

Das griechisch geprägte Römische Ostreich in Konstantinopel war noch Jahrhunderte lang eine der stärksten Mächte in Mitteleuropa und versuchte die zunehmende Schwäche des Westreiches durch die Installierung eines Exarchats in Ravenna auszugleichen und allgemein seinen Einfluss durch Diplomatie und Kämpfe auch auf den Westen auszudehnen, doch gelang dies nicht für längere Zeit. Die Kaiser des Oströmischen Reiches in Konstantinopel hatten durch die Völkerwanderung nicht an Macht und Ansehen verloren, spielten die Germanenvölker gegenseitig aus und vergaben selbstherrlich die von den Hunnen frei gewordenen Gebiete des Westreiches, z.B. Pannonien an die Ostgoten. Sie mischten sich auch nach dem Tod des letzten Kaisers des Westreiches kräftig im Westen ein, waren sie doch die einzigen Römischen Kaiser bis zu Karl dem Großen. So war gerade der oströmische Kaiser für die Entmachtung des Königs Odoaker, auch für den Aufstieg des Königs Theoderich des Großen und die Umsiedlung der Ostgoten nach Italien, aber auch für deren späteren Untergang, dann wieder für die Umsiedlung der Langobarden nach Italien und deren Aufstieg verantwortlich, ob immer klug vorausschauend sei dahingestellt. Die Ostgoten hatten gegen das Ostreich und die zeitweise mit ihm verbündeten Langobarden nicht mehr genügend Erfolg und die Franken hielten sich nach einer kräftigen Abfuhr in Italien immer klug von einer größeren Konfrontation mit Ostrom zurück. Die sehr realpolitisch versierten Franken vermieden tunlichst eine entscheidende Auseinandersetzung mit Ostrom, die sie zu diesem Zeitpunkt sicher nicht hätten durchstehen können. Für eine relativ kurze Zeit nach der Unterwerfung der Ostgoten durch die oströmischen Generäle Belisar und Narses war Kaiser Theodosius von ca. 550 bis 568 Römischer Kaiser des vereinigten Ost- und Westrom und damit der mächtigste Herrscher Europas. Auf längere Sicht gesehen, verloren jedoch die oströmischen Kaiser langsam und unaufhaltsam an Macht und Einfluss in Westeuropa gleichzeitig mit dem Aufstieg des Franken- und dann des Langobardenreiches, dann im Nahen und Mittleren Osten im 7. Jahrhundert durch das Auftauchen der fanatischen islamischen Araber. Immerhin existierte dieses Reich noch, immer kleiner werdend, bis zur Eroberung von Konstantinopel durch die Osmanen / Türken bis 1453, jedoch in einer ganz eigenen, von Westeuropa stark unterschiedlichen Ausprägung.

Die Ostgoten

Wie ging es nach der Entmachtung des letzten weströmischen Kaisers Romulus Augustulus durch den Skiren Odoaker, 476 weiter? Welche Mächte spielten nach dem Tode Odoakers 493 im Machtpoker der Spätantike die wesentliche Rolle? Die Nachrichten stammen vor allem von dem Goten Jordanes, dem in diesem Fall der größte Wahrheitsgehalt zugesprochen werden muss.

Die erste Machtposition nahmen in Mitteleuropa die Ostrogothi / Ostgoten ein. Sie gehörten ein Jahr nach dem Tode Attilas, 453 neben den Gepiden und noch anderen germanischen Stämmen zu den Siegern in der Schlacht am Fluss Nedao gegen Attilas Nachfolger und durften sich mit Erlaubnis des oströmischen Kaisers als Foederaten in Pannonien ansiedeln. In der Folge waren die Ostgoten sehr erfolgreich gegen alle germanischen Konkurrenten in ihrem Siedlungsraum auf dem Balkan und in Pannonien. Nach zum Teil heftigen Kämpfen gegen Suaven, Skiren, Gepiden und andere Stämme in Pannonien entschieden sie die Schlacht mit einer gegnerischen Allianz all dieser Stämme ca. 462/64 für sich. In diesem Zusammenhang berichtet Jordanes von der Flucht aller unterlegenen Völker „in ihre Heimat", und damit auch von der Flucht der Suaven zu den volksverwandten Alemannen.

Theoderich, als Sohn des Teilkönigs Thiudimir ca. 453 (vielleicht auch 454) geboren, wurde mit acht Jahren als Geisel nach Konstantinopel geschickt und kam dann nach zehn Jahren Aufenthalt mit einer ausgezeichneten oströmischen Erziehung und kaiserlichen Freundschaft mit 18 Jahre 471 wieder zurück, nachdem unmittelbar vorher der berühmte Winter- Feldzug seines Vaters Thiudimir gegen die Suaven und Alemannen in ihrem neuen Siedlungsgebiet an der oberen Donau stattgefunden hatte. In diesem Zusammenhang werden die Baiuwaren das erste Mal genannt. Dieser Winterkrieg diente schon eindeutig der Etablierung der ostgotischen Macht in Noricum und Raetien, an der besonders gefährdeten Nordgrenze des weströmischen Reiches, auch der Disziplinierung der Alemannen und Suaven / Schwaben und vermutlich zur Stärkung der hier erstmals genannten neu angesiedelten Baiorischen Stämme als Grenzwächter. Ab diesem Ereignis standen die beiden Nordprovinzen Noricum und Raetien direkt unter der Herrschaft, und die Alemannen mit den verbündeten Schwaben unter dem Protektorat des ostgotischen Königs Thiudimir, später Theoderichs.

Die Schicksale Odoakers und Theoderichs sind eng verknüpft. Anscheinend waren Skiren und Ostgoten seit langer Zeit nicht gut aufeinander zu sprechen. Odoaker war bei den Kämpfen gegen die Ostgoten „am nördlichen Strom" und dem Fast – Untergang seines Skirenvolkes 462/64 beteiligt gewesen, was wiederum seinen Hass gegen Theoderich verständlich macht. Auch die Rugier waren damals in der Allianz gegen die Ostgoten, doch sind sie nach der Niederlage voll auf die Linie der Ostgoten eingeschwenkt. Sie durften sich im nördlichen Niederösterreich ansiedeln und bildeten dort unter den Ostgoten offensichtlich ein fast unabhängiges Stammesgebiet mit der Hauptstadt Krems an der Donau. Von Odoaker wurden sie in den achtziger

Jahren des 5. Jh. – vermutlich zur Schwächung Theoderichs - hinterhältig überfallen und praktisch ausgelöscht, was wiederum Theoderich nicht verzeihen konnte und Odoakers Ermordung bewirkte.

Theoderich wurde schon 473/74, also mit 20 Jahren Teilkönig und 476 nach dem Tode seines Vaters Thiudimir König der Ostgoten. Vermutlich ist der Militärputsch von Odoaker im gleichen Jahr unter diesem Gesichtspunkt neu zu interpretieren. Die Zeitgleichheit kann nicht zufällig gewesen sein. In diesem Jahr hatte der Skirenfürst und jetzt römische Feldherr Odoaker den letzten halbwegs regulären Kaiser Romulus Augustulus in Pension geschickt und sich selbst zum Herrscher Italiens ernannt, schon in Konkurrenz zu Theoderich. Den Kaisertitel hat er nicht angenommen.

Dem Kaiser Zeno schien der Skire Odoaker nicht vertrauenswürdig genug zu sein, weshalb er durch Theoderich ersetzt werden sollte. Von 476 bis 483 war Theoderich Heermeister in Ostrom / Konstantinopel, und 484 wurde er vom Kaiser Zeno sogar zum Konsul ernannt. Die Ostgoten waren zu dieser Zeit äußerst unstet und ließen sich nicht in Pannonien nieder – warum ist unbekannt, sondern zogen durch ganz Südosteuropa mit immer wechselnden Kriegspartnern und ständigen Kriegen, nach Mösien, Thrakien, Thessalien und Illyrien, bis sie sich endlich ca. 488/89 mit der ausdrücklichen Erlaubnis des oströmischen Kaisers in Italien zwischen den Alpen und dem Po niederließen, wiederum zu der Zeit, als Odoaker die Verwaltung von Noricum offiziell aufgab. Theoderich bemühte sich daraufhin Zeit seines Lebens, ein Freund des Kaisers von Ostrom / Konstantinopel zu sein.

Der Befehl Odoakers, des „rex Italiae", die von Ravenna gesteuerte zentrale Verwaltung und Landesverteidigung in Noricum und Raetien im Jahre 488 einzustellen und die Provinzbevölkerung ins heutige Friaul zu evakuieren, konnte streng genommen, nur den „Staatsbeamten" und Soldaten, also wenigen Leuten mit ihren Familien – wenn es überhaupt noch welche gab - gelten. Vermutlich wollte Odoaker nur verhindern, dass Theoderich die römischen, einigermaßen intakten Verwaltungsstrukturen übernehmen und ausbauen könnte.

Thiudimir und dann sein Sohn Theoderich hatten schon ab ca. 471 den ostgotischen Machtradius von Pannonien aus nach Raetien und Noricum erweitert und diesen Anspruch auch bis zum Ende des Ostgotenreiches nicht aufgegeben, jedoch ohne die offizielle weströmische Anerkennung. Der Landhunger, gepaart mit einem starken Machthunger der Ostgoten wurde trotz der kriegerischen Erfolge von 462/64 und 471 und des fruchtbaren Bodens in Pannonien nicht genügend gestillt, auch waren sie für die Sesshaftwerdung noch nicht geeignet, denn sie wanderten noch eine knappe Generation lang im Osten Europas umher bis sie 488/89 endgültig den gefährlichen und unruhigen Osten des Römischen Reiches verließen und unter Theoderich nach Norditalien zogen. Dort erreichten sie die Machtfülle, die schon bei Thiudimir beabsichtigt war. Mit dem Wechsel von Odoaker zu Theoderich war die Anerkennung dann perfekt. Den betroffenen Norikern war der wirkliche Sachverhalt aber sicher nicht unbekannt, und so werden nur vereinzelt einige Noriker und dazu die kulturtragenden katholischen Mönche und Nonnen ihr Besitztum in Noricum verlassen und sich auf den Weg nach Friaul gemacht haben. Archäologisch ließ sich bis jetzt weder in Noricum noch in Friaul bezüglich der Evakuierung etwas feststellen. Der katholische Klerus wird eher dem Katholiken Odoaker und nicht dem Arianer Theoderich seine Gefolgschaft geleistet haben, weshalb Severins Mönche nicht in Friaul blieben, sondern gleich tief nach Unteritalien weitergewandert sind. Noch im gleichen Jahr standen die Noriker auch in Friaul unter dem Befehl Theoderichs.

Der Aufruf Odoakers zur Rückwanderung der Romanen aus Noricum nach Friaul ist unter dem Gesichtspunkt der Konkurrenz von Odoaker und Theoderich zu betrachten und zu verstehen. Die Ernennung Theoderichs zum König und der Militärputsch Odoakers fanden im selben Jahr 476 statt. Odoaker saß um 488 in Ravenna mit einem recht begrenzten Machtradius schon längst auf dem Schleuderstuhl, wie die ganze Gotengeschichte des Jordanes in den Kapiteln 54 und 55 beweist, doch wurde der rechtlose Zustand zu dieser Zeit sofort von den Ostgoten ausgeglichen, als im gleichen Jahre 488 auch die Einwanderung der Ostgoten in Norditalien und damit ungefähr in dasselbe Gebiet wie der ausgewanderten Noriker erfolgte. König Theoderich kämpfte dann ca. fünf Jahre im Auftrag des Kaisers mit wechselnden Erfolgen gegen den „König" Odoaker in Ravenna und übernahm mit dessen Ermordung 493 die Macht. Aus dieser Zeit stammt die Sage von der „Rabenschlacht" = Ravennaschlacht von „Dietrich von Bern" = Theoderich von Verona.

König Theoderich übernahm also offiziell die Verwaltung des Römischen Westreichs: „König der Goten und Römer" nannte er sich. Das Reichsgebiet in der Gotenzeit umfasste – ganz grob nur - Italien, Illyrien mit dem ganzen Balkan, Pannonien, Noricum und Raetien mit der Donau als lange Grenze im Norden und Osten, der Iller im Westen und im Süden der Fuß der Alpen. Diese offiziellen römischen- gotischen Außengrenzen blieben während der gesamten Ostgoten- Herrschaft unangetastet und wurden auch von den Alemannen und Franken halbwegs respektiert. Er stand persönlich auch noch in der Tradition des Römischen Westreichs, kleidete sich entsprechend und ließ sich wie ein König der Antike hofieren, stützte jedoch seine Macht ausschließlich auf sein ostgotisches, nicht auf das weströmische, romanische Volk, während Odoaker in Ravenna seine Machtstellung nur mit dem „römischen", stark mit Germanen durchsetzten Heer behauptete. Theoderich residierte vorzugsweise in Verona / Bern, wo sich in der fruchtbaren Ebene der Großteil seines Volkes niedergelassen haben dürfte. Im Gegensatz zu Odoaker und seinen katholischen romanischen Untertanen war Theoderich mit seinem ganzen Volk ein Arianer, was die Integration der Alt- und Neu- Ansässigen in Oberitalien sehr erschwerte, ja für mehrere Generationen geradezu verhinderte.

Die Ostgoten übten spätestens seit dem Winterkrieg von 471 die übergeordnete Verwaltung mit gotischen Statthaltern und Militärstationen im Innern Noricums und Raetiens aus, wie in den Ausgrabungen in Iuenna / Globasnitz (am Fuße des Hemmaberges) in Noricum mediterraneum (jetzt Unterkärnten) und Teurnia (in Oberkärnten) archäologisch nachgewiesen werden konnte. Dasselbe ist im Innern Raetiens, in Regensburg, Salzburg, Gauting, Freising, Erding, Straubing, und in Noricum, im jetzigen Österreich zu vermuten. Auch in Augsburg dürfte eine Station eingerichtet gewesen sein, die aber nicht im Land der Baiuwaren, sondern im Land der Schwaben angesiedelt war. Die Bedeutung der Ostgoten ist bei der Umsiedlung und Volkwerdung der Baiuwaren wie auch der Suaven nicht hoch genug einzuschätzen.

Statt der Römer mit ihrem Kaiser waren jetzt die Ostgoten mit ihrem König die neuen Herren im Weströmischen Reich. Unter König Theoderich herrschte lange Zeit Frieden und es entstand sogar eine kurze späte Blüte der antiken römischen Kultur mit einer lebhaften Bautätigkeit. Die Innengrenzen zwischen den Provinzen Raetien, Noricum, Pannonien und Oberitalien dürften in der Ostgotenzeit keine Bedeutung gehabt haben. Für Wanderungen von Stämmen waren sie kein Hindernis, auch waren Scharmützel unter den verschiedenen Germanenstämmen sowieso an der Tagesordnung.

Wie der Briefwechsel Theoderichs und die Nachrichten von Prokop zeigen, strebte Theoderich, der in seiner späten Zeit de facto auch König der Westgoten in Spanien war, den Zusammenschluss oder zumindest eine Zusammenarbeit aller germanischen Königreiche in Europa einschließlich der Wandalen in Nordafrika an, was aber vor allem durch den ungestillten Machthunger der Franken und der Konkurrenz von Ostrom / Konstantinopel nicht erreichbar war. 525 übergab Theoderich der Große das Szepter. Bis zu seinem Tode im Jahre 526 war Theoderich der mächtigste und auch von den Franken höchst geachtete Mann in Westeuropa. Jordanes schrieb in der Gotengeschichte:

„Im ganzen Abendland gab es kein Volk, das nicht dem Theoderich, so lange er lebte, in Freundschaft oder in Untertänigkeit gedient hätte."
und dazu *„Nie wich der Gote vor dem Franken, so lange Theoderich lebte".*

So klug Theoderich in seiner Zeit regiert, den Frieden gefördert und eine späte Blüte des Römerreiches herbeigeführt hatte, so schwierig (aus heutiger Sicht) gestaltete sich seine Nachfolge. Unter den Nachfolgern Athalarich (zusammen mit seiner Mutter und Theoderichs Tochter Amalawintha) und Theodahad, Witigis, Totila und Teja entstanden tödliche, zerstörende Streitereien, sowohl untereinander als auch vor allem gegen den oströmischen Kaiser, die dieser mit seinen Generälen Belisar und Narses letztendlich für sich entschied.

Im Jahr 536 überließ einer der Nachfolger Theoderichs, der Ostgotenkönig Witigis nach dem Bericht des byzantinischen Historikers Agathias (ca. 536 bis 582) dem Frankenkönig Theudebert I. offiziell Chur- Raetien, also den alpinen Teil der Provinz Raetien sowie das „Protektorat über die Alamannen und andere benachbarte (verwandte) Stämme." Vermutlich waren darunter die zu den Alemannen verwandten und verbündeten Suaven / Schwaben und die

Bewohner der Schweiz (Helvetier-Alemannen) sowie die Thüringer zu verstehen, über die Theoderich früher seine schützende Hand gegen die Franken gebreitet hatte. Mit diesem Datum waren alle Alamannen, Raeter und Schwaben und dazu die Thüringer unter der fränkischen Herrschaft.

Für König Witigis wie für König Theudebert war offensichtlich die alte römische Grenze von Raetien an Donau und Iller noch die allgemein anerkannte Grenze des Reiches und erst durch einen offiziellen Vertrag trennte Witigis den westlichen schwäbischen Teil zwischen Iller und Lech mit der berühmten rätischen Hauptstadt Augsburg sowie das alemannische Chur- Raetien und die Schweiz davon ab, und verzichtete gleichzeitig auf das seit 471 ostgotische Protektorat über die Alamannen, Suaven und Thüringer. Witigis hatte also bei der Aufteilung der Provinz Raetien noch etwas zu sagen, auch wenn er damit nur die bestehenden Verhältnisse offiziell anerkannte. In Gallien vergrößerten die Franken unaufhaltsam ihre Macht, am Anfang des 6. Jh. auf Kosten der Alemannen in Westdeutschland und der Burgunder in Südfrankreich, dann der Westgoten in Aquitanien und auch der Thüringer in Mitteldeutschland.

Der Rest von Raetien, ganz Noricum und Nordpannonien und damit das Land der Baiuwaren östlich des Lechs wurde nicht genannt und konnte nicht gemeint sein, da diese Provinzen Teile des Ostgotenreiches und nicht Stammesgebiet eines fast selbständigen Stammes wie der Alemannen war, über die lediglich ein Protektorat ausgeübt wurde. Auch war Baiern nicht zu den Alemannen benachbart, sondern Suavien lag noch dazwischen. Zwischen den Alemannen und den Baiuwaren siedelten die bei Jordanes separat genannten, mit den Alamannen nur verbündeten, verwandten Suaven, mit denen die Grenze anscheinend schon nach dem Winterkrieg von 471 ungefähr am Lech festgelegt worden war. Die Franken hatten offensichtlich auch nach 536 im Gebiet der Baiuwaren in Ost- Raetien und Noricum noch nicht viel zu vermelden.

540 erlitten die Ostgoten unter Witigis eine vernichtende Niederlage gegen Ostrom, woraufhin Witigis als König abdankte, nach Konstantinopel übersiedelte und nach zwei Jahren starb. Sein Nachfolger, der gewählte König Totila verlor dann 552 die Schlacht und sein Leben gegen Ostrom, und 553 wurde auch das letzte Ostgotenheer seines Nachfolgers König Teja von den Oströ-

mern und den mit ihnen verbündeten Langobarden im Auftrag von Kaiser Theodosius von Konstantinopel unter der Führung des Feldherrn Narses am Mons Lactarius bei Neapel aufgerieben. Nach Teja wählten die Ostgoten keinen König mehr, kämpften aber mit verzweifeltem Mut noch viele Jahre weiter. Als die letzten Reste der Ostgoten dann 567 nochmals gegen die Langobarden und die verbündeten Awaren unterlagen, war die Kraft dieses berühmten, äußerst tapferen Volkes endgültig gebrochen. Für Jordanes, der sein Werk um 551 fertig geschrieben hat, endete die Gotengeschichte bereits mit König Witigis 540, und die Könige Totila und Teja existierten für ihn schon nicht mehr, obwohl sie sehr fähige Herrscher und Feldherren waren und unter besseren Voraussetzungen den Untergang ihres Volkes hätten vermeiden können. Immerhin siedelten die Ostgoten ca. 2 bis 3 Generationen lang in Oberitalien im Bereich von Verona, dann war ihr Imperium zerbrochen, ihr Volk in alle Winde verstreut.

Grabmal Theoderichs in Ravenna **Kaiser Theodosius in Ravenna**

Es ist bemerkenswert, dass beim Untergang der Ostgoten nicht das Fränkische Reich eine entscheidende Rolle spielte, sondern ausschließlich das Oströmische Reich, zum Ende hin auch noch der Stamm der Langobarden. Theoderich hatte zum Abschied sein Volk auf die Freundschaft mit Ostrom einschwören wollen, doch war offensichtlich der Gegensatz der beiden Völker und sicher auch die unterschiedliche Religionszugehörigkeit auf Dauer stärker und ausschlaggebend für die Differenzen. Der Untergang der Ostgoten war damit vorprogrammiert.

Was aber bedeutet „Untergang eines Volkes"? Vom Verbleib der übrig gebliebenen ostgotischen Bevölkerung wird in keinem der Berichte etwas vermerkt. In Anbetracht der verheerenden Niederlagen innerhalb von ca. 25 Jahren waren sicher kaum noch Männer, sondern nur noch Frauen und Kinder
übrig. Es kann also nur spekuliert werden. Ein Volk ohne Führer zerstreut
sich schnell, hinterlässt aber dennoch Spuren. Was unternahmen also die
Frauen der Ostgoten mit ihren unmündigen Kindern, ohne den Schutz ihrer
gefallenen Männer? Prinzipiell hatten sie mehrere Möglichkeiten, je nach Alter und Familienstand. Die einen werden sich mit der einheimischen romanischen Bevölkerung in Oberitalien offiziell oder auch inoffiziell vermischt haben, was aber durch den Gegensatz von Arianismus zu Katholizismus
schwierig war, die anderen mit den nachfolgenden ebenfalls germanischen
arianischen Langobarden, wieder andere mit den volksverwandten Westgoten in Spanien. Vereinzelt war dies sicher der Fall, aber davon konnten keine
Spuren übrig bleiben.

Als vierte und vermutlich am häufigsten praktizierte Möglichkeit gaben sie als
kleine, aber geschlossene Familienverbände ihre seit circa zwei bis drei Generationen vertraute, aber nicht zu verteidigende Siedlungsweise auf dem
fruchtbaren Voralpenland südlich von Verona auf und zogen sich in die
nächsten noch unbewohnten und unzugänglichen, aber gut verteidigungsfä-
higen Gebirgstäler des heutigen Trentino und Veroneser Gebirges zurück.
Einige Südtiroler Forscher wie Adolf Schiber sehen, im Buch „Die deutschen
Sprachinseln in Oberitalien" von Dr. Bernhard Wurzer ausführlich dargelegt,
die so genannten „Zimbern" Norditaliens als die verbliebenen Ostgoten an
und können dies meines Erachtens durch umfangreiche Untersuchungen
auch belegen. Die Zimbern rodeten und siedelten sehr mühsam in den sehr
schwer zugänglichen Alpen – Hochlagen nördlich von Verona (Bern), Vicenza
(Wisenthain) und Belluno und östlich von Trient, erreichten bis zum 15./16.
Jh. ihre größte Stärke mit über 100.000 Menschen (nach Dr. Bernhard Wurzer) und sind heute nur noch mit ein paar tausend Mitgliedern ganz spärlich
in ein paar Dörfern vertreten. Im Mittelalter hatten sie sogar eine kleine Re-
publik mit Selbstverwaltung und kleiner Armee durchgesetzt und unterhielten
Beziehungen nach Venedig und Wien.

Über die Zimbern und ihre Sprache existiert eine umfangreiche Literatur. Ihre zimbrische Sprache ist angeblich ein alt- und frühmittelhochdeutscher Bairisch-Tiroler Dialekt, wie er vor 800 Jahren gesprochen wurde, mit einigen Zusätzen aus dem Alemannischen und noch anderen Sprachen, so waren jedenfalls die Forschungsergebnisse von J. Andreas Schmeller Mitte des 19. Jh. Die Ähnlichkeit der altdeutschen und frühmittelhochdeutschen Sprache der Baiern und der Ostgoten dürfte, soweit sie überhaupt bekannt ist, mit großer Wahrscheinlichkeit keine großen Unterschiede aufgewiesen haben. Die Abstammung der Zimbern von den Ostgoten ist keineswegs unmöglich, sondern im Gegenteil sinnvoller als alle anderen Theorien.

Ursprünglich lebten die Zimbern nicht in Sprachinseln wie jetzt, sondern ihre Gebiete stellten Sprachkeile ins Italienische hinein dar, die bis zur Reformationszeit Verbindung zum Deutschen Sprachgebiet hatten. Dennoch wollten sie ihre Sprache nicht an die gängige deutsche – bairische Sprache anpassen, was für eine tatsächlich bairische Volksgruppe gänzlich unverständlich gewesen wäre. Die ältesten Erwähnungen stammen schon aus dem 8. und 10. Jh. Nach einer Schrift aus Benediktbeuern von 1050 kamen vom 11. bis 12. Jh. noch kleine Gruppen von bairischen Aussiedlern in das Gebiet von Verona, vermutlich jedoch nicht in größerem Umfang und wohin genau ist auch unbekannt. Die Siedlungsgebiete der Zimbern waren als Siedlungsgebiet von bäuerlichen Zuwanderern aus dem nördlichen Alpenvorland und für Handwerker völlig ungeeignet und nur als Rückzugsgebiet bei starker Bedrohung denkbar.

Die Zimbern bewahrten also über die vielen Jahrhunderte ihre urtümliche Sprache und glichen sie weder dem Mittelhochdeutschen, noch später dem Neuhochdeutschen an, was von Anfang an auf einen Abstand dieses Zimbern - Volkes zu den benachbarten Baiern und den anderen Deutschen hinweist. Für angeblich eingewanderte ursprüngliche Baiern wäre der Kontakt zu ihren relativ nahen unmittelbaren Stammesbrüdern in Südtirol selbstverständlich gewesen, doch immer tendierten die Zimbern nach Verona, Vicenza und Trient. Sie holten sich nur gelegentlich ihre Priester aus dem deutschen Reich, denn bis zur Reformationszeit waren sie keineswegs echt getrennt vom deutschen Sprachgebiet. Erst im 16. Jh. wurde der Kontakt nach Deutschland wegen der gefürchteten Infiltration durch Protestanten abgebrochen und sie lebten dann zunehmend isoliert, verloren den größten Teil ihrer Dörfer durch die Italienisierung und langsam auch ihre eigenständige Identität. Manche Forscher (Ludwig Steub u. a.) denken auch, dass die Zimbern von den Langobarden abstammen, doch gibt es eine Reihe von Gründen, die dem widersprechen, hier jedoch nicht weiter diskutiert werden sollen. Sicher hatten aber die Langobarden auch Kontakt mit den Zimbern und haben Verwaltungs- und Militärzentren in den Tälern aufgebaut oder von den Ostgoten übernommen.

Es ist nicht auszuschließen, dass auch ein wesentlicher Teil der ostgotischen Frauen als letzte, fünfte Möglichkeit für ihr Überleben, in den friedlichen, ursprünglich ostgotischen Teil des Reiches nördlich der Alpen, also nach Baiern weitergewandert sind, wie Mario Bauch dies aus vielen Überlieferungen vermutet, und sich unter die Schirmherrschaft des neuen bairischen Königs / Herzogs stellten. Archäologische Nachweise der Ostgoten anhand von ostgotischem Frauen–Schmuck in den Gräbern gibt es in Bayern sehr viele. Sie kamen in besonders starker Massierung zwischen Lech und Salzach in der kurzen Zeitspanne des ersten Drittels des 6. Jh. vor. Freilich mussten die Trägerinnen nicht alle Ostgoten gewesen sein. Die Flucht in das von den Ostgoten erst geschaffene Siedlungsgebiet der Baiern in Noricum und Raetien, wo erst unmittelbar nach dem Untergang der Ostgoten ab 550 erstmals ein König oder Herzog über das Volkskonglomerat der Baiuwaren gesetzt wurde, kann eventuell durch einige Namen von Dörfern, jedoch ohne jegliche schriftliche Erwähnung, noch kurz aufscheinen.

Zum Beispiel könnte der „Monte Baldo" östlich des Gardasees eventuell von einem „Ewald" (ostgotisch oder langobardisch) seinen Namen bekommen haben. (Die Zimbern sprechen noch heute „W" wie „B" aus.) Ein Nachkomme, vielleicht der Sohn oder Enkel des alten Ewald bzw. Baldo vom Gardasee und damit der kleine Baldo oder romanisch „Baldilo" könnte im südlichen Baiern nahe Salzburg ein Dorf mit Namen „Baldil-inga" (Ersterwähnung vor 800 „ad Baldilingas") gegründet haben, aus dem im Laufe der Zeit der jetzige Name Palling entstanden ist. Auch Gauting, Weihenstephan / Freising, Weichs und viele andere Ortsnamen im südlichen Bayern könnten von ursprünglich ostgotischen Angehörigen gegründet worden sein.

Die gesamte Zeit der Ostgotenherrschaft war die Zeit der Ethnogenese der Baiuwaren / Bayern und ist deshalb besonders beachtenswert.

Die Langobarden

Die Langobarden, der letzte wandernde germanische Stamm von suebischer Herkunft, ursprünglich an der unteren Elbe sesshaft und damit ein „Elbgermanenstamm" und wie alle Ostgermanen mit arianischem Glauben, übernahmen die Nachfolge der Ostgoten, nicht die Franken. Ihre frühe Geschichte gilt als ziemlich sagenhaft, ihre spätere Geschichte, ungefähr ab dem späten 5. Jh. als gut dokumentiert, doch kann sie hier nicht wiedergegeben werden.

Ungefähr 490, als sich bereits eine Konfrontation der Franken mit den Thüringern anbahnte, überquerten die Langobarden die Donau und wanderten aus ihrem Zwischenrefugium Böhmen – Rugiland aus, wahrscheinlich um dem Einflussbereich der Franken zu entkommen, denn zu dieser Zeit hätte eine verlorene Schlacht gegen die Franken den Verlust ihrer Selbständigkeit bedeutet. Ihre neuen Wohnsitze waren nach dem Abzug der Ostgoten deren alte Gebiete, in welchem Umfang ist unbekannt, zuerst in Pannonien – Transdanubien (West-Ungarn etc.), 508 dann in Nordpannonien (Wiener Becken) und nach dem byzantinisch– ostgotischen Krieg von 536 auch in Südpannonien. Bereits 510 hatten die Langobarden das Reich der Heruler vernichtet, und 551 und wieder 567 errangen sie im Auftrag Ostroms / Konstantinopels mit Hilfe der Awaren einen Sieg über die Ostgoten und Gepiden. Um aber dann dem drohenden Einflussbereich der Awaren zu entkommen, überließen sie das Gepidenland und Gebiete in Pannonien den Awaren und wanderten im folgenden Jahr 568 mit den Resten der Gepiden und noch anderen kleinen Reststämmen nach Oberitalien und übernahmen auch hier wieder das Erbe der Ostgoten, mehr oder weniger im Auftrag Ostroms. Jeder Herzog wählte sich eine größere Stadt als Verwaltungssitz und alle Herzöge zusammen wählten einen König der Langobarden. Sie machten sich mit dem Schwert in der Hand zu Herren des eroberten Landes, im Gegensatz zu den Baiuwaren.

Der noch irgendwo in Pannonien von 510 bis 540 residierende Langobardenkönig Wacho war zuerst mit der Tochter des Thüringerkönigs, dann mit der Tochter des Gepidenkönigs verheiratet und suchte dazu ständig das gute

Einvernehmen mit dem Frankenkönig, weshalb er seine erste Tochter Wisigard mit Theudebert I. und später seine zweite Tochter Walderada mit dem König Theudebald, dem Sohn Theudeberts verheiratete. Nach Theudebalds Tod ca. 550 oder ein paar Jahre später wurde dann die junge Königinwitwe Walderada von dessen altem Onkel Chlotar I. (511 – 561) aufgenommen und fast unmittelbar an den ersten bekannten Baiern-Herzog (oder –König) Garibald I. weitergereicht.

590 griffen byzantinische und fränkische Heere die Langobarden in ihren oberitalienischen Kerngebieten an, was sowohl für die Langobarden als auch für die mit ihnen eng liierten Baiuwaren eine einschneidende Zäsur ihrer Selbständigkeit unter die Oberherrschaft der Franken bedeutete. Nach häufigen kriegerischen Auseinandersetzungen mit den Franken wurde das Königreich der Langobarden 774 vom Frankenkönig Karl dem Großen ausgelöscht. Zur Zeit des Königreichs der Langobarden spielten die Franken eine zunehmend stärkere Rolle und beanspruchten am Ende unter Karl dem Großen die Macht in Mitteleuropa. Wie für die Ostgoten Ostrom, wurde für die Langobarden das nunmehr starke Frankenreich zum Verhängnis. Das ursprünglich für den Aufstieg der Langobarden verantwortliche, verbündete Ostrom war zu diesem Zeitpunkt schon kein hilfreicher Partner mehr.

Über den Verbleib der überlebenden Langobarden besteht kein Zweifel: sie gingen schon nach wenigen Generationen in der romanischen Bevölkerung Norditaliens, in der „Lombardei" auf, was schon vorher durch die Aufgabe ihres arianischen Glaubens und dann auch bald ihrer germanischen Sprache zugunsten der romanischen in Gang gesetzt worden war. Allerdings mussten sich die Nachfolger Karls des Großen beinahe das ganze Mittelalter hindurch mit den lombardisch - italienischen regionalen Machthabern herumschlagen.

Mit großer Wahrscheinlichkeit waren die Langobarden als die Macht – Nachfolger der Ostgoten in Oberitalien nach deren Untergang (553) und der gleichzeitigen Festigung des baiuwarischen Stammes in den ehemals ostgotischen Gebieten Noricum und Raetien (Baiern und Österreich) an der Einsetzung eines baiuwarischen Königs / Herzogs maßgeblich beteiligt. Für die Langobarden war der Pufferstaat Baiern zwischen ihnen und den Franken überlebenswichtig.

Die Baiuwaren mussten schon lange Zeit vor der Einwanderung der Langobarden in Italien intensiven Kontakt mit ihnen geführt haben, obwohl sie nicht in ihren Annalen erwähnt werden. Vermutlich haben sich auch einige Gruppen und besonders Frauen der Langobarden angeschlossenen Stämmen in Baiern niedergelassen, wie der gefundene Schmuck annehmen lässt. Im ostoberbayrischen Bereich um Waging mit seinem riesigen Gräberfeld wurden sehr viele langobardische Kunstgegenstände gefunden. Auch der Name Waging selbst könnte zum Andenken an den Langobardenkönig Wacho gewählt worden sein, wobei die ungewohnt winkligen, uneinheitlichen Straßenzüge des Marktes auf mehrere unterschiedliche Volksstämme hindeuten.

Die Franken

Archäologisch wird die Zeit ab dem Untergang des Hunnischen Reiches 451/54 bis um die Mitte des 7. Jahrhunderts als die „Merowingerzeit" oder auch als Frühmittelalter bezeichnet. Manche Forscher rechnen die Merowingerzeit noch zur Antike, da die ganze Organisation ihres Reiches noch Zeichen eindeutig römischer Eigenschaft trägt und keinesfalls ganz Europa umfasste. Andererseits lag die Macht in Händen von germanischen Stämmen. Der Ausdruck „Merowingerzeit" suggeriert einen überragenden weltpolitischen Einfluss der Franken zu einer Zeit, als es ihn noch nicht gab. Die Geschichte wird von den Siegern geschrieben und nicht von den Verlierern und die endgültigen Sieger im Machtkampf Westeuropas nach dem Ende des Römerreiches waren die Franken. Sie haben ihre Geschichte selbst aufschreiben und verherrlichen lassen und diese Werke sind heute noch die wichtigsten Unterlagen der frühen Geschichte Deutschlands. Dazu zählen:

Gregor von Tours (538 – 594) „Historia Francorum" bis 572

„Fredegar" – Chronik bis 642 (evtl. 658)

Einhard (770 – 840) Biographie von Karl dem Großen

(Isidor von Sevilla (560 – 636) „Historia de regibus Gothorum, Vandalorum, Suevorum") – nicht in erster Linie die Geschichte der Franken

Paulus Diaconus - Geschichte der Langobarden

Im Grunde beginnt die Geschichte der Franken erst mit Chlodwig I., der von 496 bis 511 regierte. Vor ihm regierte mit ständig wechselnden Grenzen und

Zusammenschlüssen von Völkern eine Unmenge von fränkischen Königen. Mit der Vertreibung des letzten römischen Feldherrn Syagrius aus Gallien, der Annahme des römisch-katholischen Christentums, des Sieges über die Alemannen (496/97 und 506), die Burgunder und die Westgoten in Aquitanien (507) im Süden des jetzigen Frankreich, schuf Chlodwig das Fundament des Frankenreichs. Die Alemannen wurden zwar von den Franken in den zwei Scharmützeln 496 und 506 besiegt, doch erst 536 wurde Alamannien und ein Teil von Rätien durch Vertrag mit dem Ostgotenkönig Witigis endgültig dem Frankenreich eingegliedert, allerdings mit einem eigenen Status als Protektoratsland wie es schon unter den Ostgoten bestand.

Chlodwigs Nachfolger im östlichen Teil des Reiches, in Austrasien, waren dann Theuderich (511 – 533), Theudebert I. (533 – 547) und Theudebald (547 – 555), die alle ziemlich herrschsüchtig, mordlüstern und unternehmungslustig waren, aber trotzdem noch nicht wesentlich zur Vergrößerung ihrer Reiche beitragen konnten. Chlotar I. übernahm 511 die Regierung eines Teilreiches und vereinigte ab 558 bis 561 alle separaten fränkischen Königreiche. Durch die Eroberung von Thüringen und vor allem Burgund erreichte Chlotar I. einen riesigen Machtzuwachs, den größten aller Merowingerkönige überhaupt, in einem ziemlich geschlossenen Gebiet.

Dagegen hatte Theudebert in Italien mit der Vernichtung seines fränkisch – alemannischen Heeres um 540 durch den oströmischen Feldherrn Narses keinen Erfolg. Nach dem Tode Chlotars I. kam es wieder zu Teilungen des Reiches und es herrschte von 561 bis 613 Bürgerkrieg und Chaos im Frankenreich und erlaubte keine großartigen Regierungserfolge und Eroberungen. Erst mit dem Tod (eventuell auch Rücktritt) des ersten Baiern -Königs oder Herzogs Garibald I. um 590 kam unter seinem Nachfolger Tassilo I. als Folge von Kämpfen der Langobarden auch das Königreich / Herzogtum Baiern immer stärker unter fränkischen Einfluss, wie stark wird für immer unerforschbar bleiben, doch blieb das Herzogtum Baiern selbst unangetastet und wurde auch nicht gewaltsam erobert. Wichtig ist festzustellen, dass offensichtlich die Unterordnung Baierns unter das Frankenreich friedlich, ohne Krieg oder Ermordung des Herzogs verlief.

Nach langen chaotischen Übergangsperioden lösten 687 die Karolinger das alte Königsgeschlecht der Merowinger ab. Das Frühmittelalter für die Zeit von

450 bis 750 ging dem Ende zu und danach folgte mit den Karolingern und Karl dem Großen das Hochmittelalter. Um 750 besiegte Karl der Große die Awaren, eroberte 774 das Königreich der Langobarden, setzte 788 den Herzog Tassilo III. von Baiern unter fadenscheinigen Anschuldigungen ab und war damit der unumschränkte Machthaber in Europa. 800 wurde er folgerichtig vom Papst in Rom zum Kaiser des Römischen Reiches gekrönt. Europa war nach dem Untergang des Römischen Reiches wieder zum größten Teil in einem nunmehr Germanischen Kaiser - Reich vereint.

Die Alemannen / Suaven

Zu den großen Machtfaktoren im Machtpoker der Nachrömerzeit zählten die Alemannen zwar nicht, doch hatten damals und haben bis heute die Alemannen und Schwaben für Deutschland und Bayern durch die enge Nachbarschaft vom Anfang ihrer Geschichte an eine besondere Bedeutung.

Streng genommen gehören die Alemannen nicht im gleichen Maße zu den Machthabern im 5. Jahrhundert, nicht einmal zu den wesentlichen Erben Roms wie die Ostgoten, Langobarden und Franken, doch waren sie der erste Germanenstamm mit einem Einheitsnamen für mehrere germanische Stämme, der sich im Römerreich eine fast vollkommene Eigenständigkeit erkämpfen konnte. Das dürfte der Grund gewesen sein, dass die westlichen und südwestlichen romanischen Nachbarn diesen Stamm der Alemannen in besonderem Maße im Auge hatten und ihn als Synonym für alle Germanen / Deutschen hielten. Sie haben ihn in ihren Sprachschatz für „den Deutschen" (Allemand, Alemán) und „Deutschland" (Allemagne, Alemania) aufgenommen. „Die Alemannen" war also einer der ersten Gemeinschaftsnamen für mehrere verschiedene alte germanische Stämme. *„Die Alemannen sind zusammengelaufene Menschen und Mischlinge, und das bedeutet ihr Name"*, kommentierte der griechische Schriftsteller Agathias (536 – 582) im sechsten Jahrhundert.

Das ursprünglich von Kelten bewohnte Dekumatland im Rhein – Main - Neckar – Iller –Gebiet, wo anscheinend schon längere Zeit auch volksnahe Verwandte der Alemannen ansässig waren, wurde 75/80 von Rom in erster Linie zur Abkürzung der Verbindungswege vom Rhein (Straßburg und Mainz) zur Donau eingenommen und besiedelt und gehörte zur Provinz Germania

Superior. Die Ost- und Nordgrenze des Dekumatlandes wurde dann über viele Jahrzehnte immer stärker und undurchdringlicher mit dem sog. Limes, der vor kurzem zum Weltkulturerbe ernannt wurde, gesichert. Die Alemannen, das erste Mal 289 als Sammelbegriff für mehrere Stämme und Kleinstämme so erwähnt, hatten 259/60 die Limesgrenze überrannt, wurden zwar dann von Rom bezwungen, konnten aber durch Verhandlungen mit Kaiser Probus (276 – 282) in dem besetzten Land bleiben. Rom hat seine Rechte bis ins späte 4. Jh. aufrechterhalten und gliederte 374 die Alemannen als Föderatenstamm ein. Bis in die Mitte des 5. Jh. verteidigten sie dann die Grenzen Raetiens an Iller und Donau, wobei aber 430 und 457 römische Truppen gegen sie vorgehen mussten, weil sie gegen den Vertrag in Raetien und Italien eingefallen waren.

Doch aus welchen Stämmen sie zusammengefunden haben und aus welchen Gegenden diese verschiedenen Vorfahren der Alemannen gekommen sind, ist nach wie vor ziemlich ungeklärt, es dürfte allerdings feststehen, dass ein beträchtlicher Teil von der Elbe herstammte und mit dem alten suebischen Volksstamm verwandt war. Ein Teil der Vorfahren der jetzigen Alemannen und Schwaben wohnte ursprünglich an der Ostsee, weshalb die Ostsee in der Antike „mare Suebicum" hieß, und marschierte von dort aus zeitweise durch fast ganz Europa. Einige Forscher vermuten einen Zusammenhang der Namen Schweden - Sueben - Schwaben. Ein Teilstamm wurde schon um Christi Geburt, im 1. und 2. Jahrhundert von den Römern als „Foederati" im Bereich des Neckars angesiedelt, weshalb auf der Tabula Peutingeriana „Suevia" rot und „Alamannia" (eventuell als Nachtrag) schwarz vermerkt sind. Die Schwaben waren also von Anfang an nicht voll im Stamm der Alemannen integriert, sondern „nur Verbündete". Die Sueben waren recht abenteuerlustig und scheinen mehrmals in der Geschichte der Völkerwanderung auf, sogar in Nordspanien – Galizien, wo sich ein Teilstamm später mit den Westgoten angelegt hatte und schlecht davongekommen war. Die Hermunduren, die Quaden, Markomannen, Juthungen und auch die Langobarden werden zu diesem Ur - Stamm der Sueben gezählt – inwieweit korrekt ist nicht mehr feststellbar - und werden bei Cäsar, Tacitus, Cassius Dio und Ptolemaios erwähnt.

Nach den Angaben von Jordanes siedelte um 460 ein Teilstamm der Suaven zwischen Dalmatien und Pannonien, ungefähr im heutigen Slowenien - Kroatien (– Serbien – Bosnien) vor allem südlich und westlich der Save und in unmittelbarer Nachbarschaft zu den Ostgoten in Pannonien und trieb, so wie die Ostgoten auch, in ihrer Nachbarschaft ihr Unwesen. Nach der Niederlage von ca. 462/64 flüchteten sie nach Weströtien in die Nachbarschaft der verbündeten Alemannen. Im Winterkrieg gegen die Ostgoten ca. 471 fand die Selbständigkeit der Suaven zusammen mit den Alemannen mit einer Niederlage ihr vorläufiges Ende und bedeutete eine lose Abhängigkeit von den Ostgoten, das Protektorat über sie.

Mit den Franken, dem zweiten Großstamm der Germanen lagen die Alemannen von Anfang an in Konkurrenz, die natürlich einmal einer Entscheidung bedurfte. Sie erfolgte mit den Niederlagen der Alemannen von 496 und 507. Diese beendeten jedoch vermutlich nicht ihre Abhängigkeit von den Ostgoten, denn bekanntlich hielt der Ostgotenkönig Theoderich bis zu seinem Tod 526 seine schützende Hand über die Alamannen, Suaven und Thüringer, und anscheinend wurde dies von den Franken akzeptiert. Erst durch Vertrag zwischen dem Frankenkönig Theudebert I. und dem Ostgotenkönig Witigis wurde im Jahre 536 die Konkurrenz zu Gunsten der Franken entschieden. Chur-Raetien, der alpine Teil der Provinz Raetien sowie das „Protektorat über die Alamannen und andere benachbarte Stämme" und damit über die Schwaben und deren Anteil am vindelikischen Raetien wurde dem Reich der Franken übergeben. Von dieser Zeit an war das „Reich" der Alemannen engstens mit dem „Reich" der Franken verbunden. Trotz der Zugehörigkeit zum Frankenreich, auch der vielen verschiedenen Stammesführer, Herzöge und Grafen, blieben die Alemannen – Schwaben genauso wie die Bayern immer ihrer Art treu, wurden nie „Franken".

Die Suaven / Schwaben spielten als gleiche Leidtragende und fast zusammen Siedelnde und dann auch als Nachbarn der Baiuwaren von Anfang an eine hervorragende Rolle bei der Ethnogenese der Bayern. Seit 200 Jahren sind sie in den Freistaat Bayern als eigener Bezirk eingebunden.

Die Antwort auf die Baiern - Fragen

Aus den aufgeführten Grundlagen zur Beantwortung aller offenen „Baiern – Fragen" ist zu ersehen, dass sie alles andere als umfassend und befriedigend sein können. Trotzdem können sie nicht ewig unbeantwortet bzw. mit vielen unakzeptablen Spekulationen behaftet bleiben und so ergibt sich eben die Notwendigkeit, aus dem Vorhandenen alle die Fäden zu verknüpfen und die dafür notwendige Phantasie aus dem Erfahrungsschatz des baierischen Volkes anzuwenden.

Der baiuwarische Name

Das lateinische Zitat von Jordanes im Kapitel 55 (Bamberger Handschrift = B.H.) lautet: „Nam regio illa suavorum, ab oriente báioras habet, ab occidente fráncos, a meridie búrgundiónes, a septentrione thuríngos."

Das Volk im Osten der Schwaben wird (in der B.H.) „báioras" (mit Akzent) genannt, was allein für sich wenig Sinn ergibt, da es ein Wort im Femininum - Plural – Akkusativ darstellt. Alle anderen Völker, die Franci, Alamanni, Thuringi, Burgundiones werden immer im Maskulinum Plural angesprochen. Meines Erachtens ist „báioras" ein (eventuell nicht ganz klassisches lateinisches) Adjektiv, zu dem ein weibliches Substantiv fehlt, das in diesem Zusammenhang vermutlich nur „gentes = Stämme, Familien, Sippen" heißen konnte und damals so selbstverständlich war, dass es nicht genannt werden musste. Mit dieser sicher notwendigen Ergänzung würde dann die Übersetzung lauten:

„Denn jenes Königreich der Schwaben hat im Osten die baiorischen (Stämme bzw. Familien oder Sippen), im Westen die Franken, im Süden die Burgunder, im Norden die Thüringer (als Nachbarn)."

Der Wechsel von boius zu baíorus ist gering, aber nicht ohne weiteres erklärbar. Könnte „báiorus, -a" eine Bedeutungserweiterung von „boius" sein? Es wäre im nachklassischen, spätantiken Latein denkbar. In den lateinischen Texten wird das Volk „báiorae (gentes)", Baiovarii, Baioarii, Baibari oder Baiobari genannt, also nicht gerade einheitlich, klar und unmissverständlich, wie ein neu geschaffener Name sich normalerweise darstellen müsste, wie bei den Franken, Alemannen und Sachsen. Auch dieser Umstand deutet auf ein altes Wort hin, nicht auf ein neu geschaffenes und auch nicht auf einen streng definierten Stamm, sondern auf mehrere sich ähnelnde boiische, baiorische Kleinstämme.

Die bis heute übliche Übersetzung von „Baiovarii" lautet „Männer aus Baia", bei Sage und Kraus auch als „Leute aus Boiohaemum / Böhmen" mit der Begründung, dass Baia das Herkunftsland bezeichnet, und dass „varii" sich auf „war = Mann" in der Gotischen Sprache beziehen soll. („b" – „v" – „w" ist sprachlich gleich, also Baibari - Baiobari = Baiovarii). Der Ländername „Baia" wurde jedoch niemals in den alten Schriften genannt, weil es ein geschlossen von Boiern besiedeltes Land mit einem eigenen König / Herzog an der Spitze schon Jahrhunderte lang, vielleicht überhaupt nie gegeben hat. Es sind nur der Pluralname „Boii" = Boier, sowie der Gebietsname „Boiohaemum = Boierheimat" = Böhmen und die Städtenamen „Boiodurum = Boierstadt" (= Passau), „Ratisbona = Regino oder Castra Regina = Regensburg" und „Bononia = Bologna" bekannt. Ein Siedlungsgebiet, eine Heimat, auch Städte gab es zwar für die Boier schon noch, denn sie waren ja niemals vernichtet worden, aber ein Staatsgebiet „Baia", ein von einem Staatsvolk besiedeltes, genau definierbares Land mit einem Stammesfürsten an der Spitze gab es nicht. Weil aber „Baia" nicht zu finden war, sollte es sich gleich auf „Boiohaemum = Böhmen" beziehen, was meines Erachtens nicht richtig sein kann.

Der erste Teil „Baio-" des Wortes „Baiovarii" dürfte gemäß der Nachricht von Jonas von Bobbio sicher vom Namen des alten keltischen Volkes der Boier herstammen. Die Erklärung des zweiten Teils „varii" aus der gotischen Sprache für „Männer" erscheint trivial und weit hergeholt zu sein. Da zu dieser Zeit noch viel Latein gesprochen und gedacht und vor allem von den damaligen Schriftkundigen ausschließlich geschrieben wurde, sollte „-varii" meines Erachtens am sinnvollsten vom lateinischen Wort „varius" abgeleitet werden, denn „–varii" bedeutet dann „verschiedene, mannigfaltige ...." (in der Mehrzahl). Das Wortteil „-varii" wurde vor allem in der Spätantike auch noch bei anderen Völkern und Stämmen verwendet und bezeichnete auch dort einen Sammelbegriff von verschiedenen alten Stämmen, wie z.B. (nach Foerste 1969) die Ampsivarii (versch. Stämme an der Ems), die Angrivarii (versch. Stämme am Anger?), die Bruktu(v)arii (versch. Nachfolgestämme des Volkes der Brukterer), die Ripuarii (versch. Stämme am Ufer des Rheins), Raetovarii (versch. Nachfolgestämme der Raeter), eventuell auch A-varii (verschiedene Stämme „aus Asien" oder von „alii-varii = andere gemischte Stämme"?).

„Baiovarii" wäre dementsprechend zu übersetzen mit „verschiedene Boier (-stämme)". Damit erhält auch das Wort „báiorae (gentes) = baiorische (Stämme)" in der Gotengeschichte seine überraschende, nämlich dem Sinne nach gleiche Bedeutung wie Baiuvarii. Die „Boier" waren zu dieser Zeit wahrscheinlich das Synonym für alle Reste von Kelten bzw. Keltenstämmen und die einzig mögliche Bezeichnung dieser schon zum Teil Germanisch sprechenden Menschengruppe im Vergleich zu den anderen „reinen" Germanenstämmen.

Die Abstammung – Verwandtschaft der Baiuwaren und ihre Sprache

Eigentlich dürfte es den Stamm der Baiuwaren selbst gar nicht geben, doch ist er offensichtlich von Anfang ihres Auftauchens an bis in unsere Zeit recht lebendig vorhanden.

Bis ins 19. Jh. war demnach die Frage der Abstammung der Baiuwaren von den Kelten keine Frage, doch dann wurde, vermutlich im Zuge der Germanisierung bzw. „Frankonisierung" der bayerischen und deutschen Geschichtsschreibung die Abstammung der Baiuwaren von den Kelten angezweifelt. Das Zitat von Jonas von Bobbio (Boier = Baiuwaren) wurde nicht mehr gerne gesehen und wird deshalb auch heute überhaupt nicht oder nur als unbedeutend erwähnt. Warum dies so ist, liegt ausschließlich daran, dass die Baiuwaren in der letzten Hälfte des 5. Jahrhundert nicht mehr keltisch, sondern schon germanisch sprachen, in welcher Ausformung und wie perfekt ist nicht mehr rekonstruierbar, was aber in der Spätzeit der Antike nicht sehr viel heißen mag. Für Jonas spielte offensichtlich die germanische Sprache nicht die entscheidende Rolle bei der Identifizierung der Baiuwaren.

Der Name, der vorhin untersucht wurde, beantwortet die Frage, ob nicht die Baiuwaren des 5. Jahrhunderts germanisierte Boier - Kelten gewesen sein könnten. Die nie in einem Großreich organisierten Kelten Mitteleuropas wurden, sprachlich gesehen, im Laufe von mehreren hundert Jahren zum einen Teil romanisiert, zum anderen Teil germanisiert, und nur die Kelten in den entlegensten Randbereichen konnten ihre keltische Sprache wenigstens noch eine Zeit lang bewahren. Alle Keltenvölker waren aber durch die Aufrechterhaltung ihrer kulturellen Eigenart, ihrer Sitten und Bräuche, vor allem aber durch ihr im Vergleich zu den germanischen Nachbarn andersartige Verhalten in der Spätantike eindeutig noch als Kelten erkennbar.

Jedenfalls „mussten" die Baiuwaren im 19. Jh. bei den Historikern auf Biegen und Brechen Germanen gewesen sein, und darüber sind wir auch im 20. und 21. Jahrhundert noch nicht hinweggekommen. Ein Beispiel dafür liefert Kurt Reindel, der im Buch „Die Bajuwaren" schreibt:

> „Der Anklang im ersten Bestandteil des Namens an die keltischen Boier war so deutlich, dass man ohne Schwierigkeiten die Baiern zu Kelten machen konnte. Das tat bereits der Abt Jonas von Bobbio …"

> „Aber es blieb gerade dem Begründer einer wissenschaftlichen Keltologie, dem Oberfranken Kaspar Zeuß, vorbehalten, die Bayern aus Kelten zu Germanen zu machen."

Wie kann man nur diesen frühen Schreiber Jonas von Bobbio als „Falschhörer" denunzieren!

Die Annahmen von Zeuß, Kraus, Felix Dahn und auch von Bosl und Reindel über die Ethnogenese der Baiuwaren widersprechen den wenigen vorhandenen Nachweisen. Sicher existieren nicht viele schriftliche Erwähnungen von den Baiuwaren der Frühzeit, aber auch die wenigen bekannten werden meines Erachtens zu wenig sorgfältig untersucht, insbesondere die Gotengeschichte des Kronzeugen Jordanes, aber auch die von Jonas von Bobbio und von Venantius Fortunatus. Die Beschreibung von Ptolemaios und des Geographen von Ravenna, dessen genaue Daten mit den Quellen seines Wissens ziemlich unbekannt sind und die genaue Übersetzung und Auswertung der Angaben führen vermutlich in dieselbe Richtung wie im „Jordanes" aufgezeigt und sollten viel stärker gewürdigt und richtig übersetzt werden. Die a- benteuerliche Suche von „Baia" und der „Baianoi" vom Schwarzen Meer bis zur Elbe kann nur auf Unkenntnis der richtigen Übersetzung beruhen. Ptole- maios kennt nur ein Volk der Baianoi, aber kein Land Baia.

Bei Jordanes und Jonas von Bobbio ist nur vom Volk der Baiuwaren und der Boier die Rede: „die Baiuwaren, die früher Boier hießen". Nicht ein einziges Mal ist die Rede vom so genannten Ursprungsland der Baiuwaren „Baia, Boi- ohaemum, Baiaheim", sondern nur von den „baiorischen (Stämmen)". Erst Venantius Fortunatus spricht ca. 565 als erster von dem Land Baiuaria im jet- zigen Bayern und damit ca. 100 Jahre nach ihrer Umsiedlung und ca. 15 Jah- re nach der Einsetzung des eigenen Herzogs, also schon zu einer Zeit, als sich die Lage in Baiern unter einem eigenen Herzog konsolidiert hatte.

Alle germanischen Großstämme der Spätantike im 5. Jh., die Franken wie die Alemannen, die Sachsen und auch die Langobarden, Westgoten, Ostgoten, alle stellten eine bunte Mischung von älteren Germanenstämmen und auch zum Teil von Nichtgermanen dar, werden jedoch grundsätzlich nach dem maßgeblichen (Einigungs-) Volk benannt. Entsprechend der „Getica" von Jordanes, waren die Baiuwaren schon ca. 471 im jetzigen Bayern eindeutig „Baiorische Stämme" und damit weder Franken, noch Schwaben, Alaman- nen, Burgunder oder Thüringer, keine Elbgermanen unbekannter Ausprä- gung, und auch keine Ostgoten oder Langobarden, auch wenn Schmuckstü- cke dieser Art in den Gräbern gefunden worden sind.

Der Zusammenschluss von alten keltischen und wahrscheinlich auch germa- nischen und sogar nichtgermanischen Klein-Volksstämmen ist deshalb nicht verwunderlich. Sofort mit der Einwanderung in Noricum und Raetien zwi- schen 462/64 und 471 tauchte der nie vergessene alte keltische Name „Boi- er" in einer leichten Abwandlung zu „Báiorae (gentes) = Baiorische Stämme" und „Baiovarii = verschiedene Boier" wieder auf. Die maßgebliche Völker- schaft des neuen Zusammenschlusses stellten diejenigen Keltenstämme dar, die im Herrschaftsbereich der Ostgoten in Pannonien gestanden waren, näm- lich die Baiorischen Stämme, die Verschiedenen Boier (Kelten), die Baiuwa- ren. Das neue/alte Volk konnte mit diesem für die damalige Zeit eindeutigen Namen sicher identifiziert werden.

Wie der Ausdruck der „báiorae (gentes)" vermuten lässt, waren für Jordanes die baiorischen Stämme kein mehr oder weniger geschlossenes Volk wie die Burgunder, Franken und Alemannen, sondern eher ein Bündnis aus mehreren Stämmen derselben Ethnie ohne einen gemeinsamen Führer. Von den Suaven, den Rugiern, den Hunnen und Sarmaten und selbstverständlich von den Ostgoten und Gepiden kennt er eine Anzahl von Königen, nicht aber von den Baiuwaren. Sie haben also offensichtlich keinen König oder einen irgendwie anders gearteten Regenten – Führer gehabt. Aus dem ganzen Umfeld der Beschreibung ist zu vermuten, dass der König der Ostgoten auch der König der Baiuwaren, genauso wie der späten Skiren und Rugier und wahrscheinlich auch eines Teils der späten Gepiden, Heruler und Alanen war.

Aus germanischer Sicht war der Name klar beschreibend, weil dieses Volk zwar germanisch sprach, aber im Gegensatz zu den anderen, von Königen oder Herzögen regierten germanischen Großstämmen eben keine „echten" Germanen waren und keinen Herzog oder König besaßen, sondern nur kleine Stammesfürsten – Gaugrafen. Ihr König war der Ostgotenkönig und erst nach deren Untergang wurde es aus politischen und strategischen Gründen erforderlich, einen eigenen König / Herzog (um 550) über die Baiuwaren zu setzen oder von den Baiuwaren – Fürsten wählen zu lassen. Zu diesem Zeitpunkt hatte sich der Name „Baiuwaren" für die „verschiedenen baiorischen (keltischen) Stämme" schon verfestigt.

Kleinere schwäbische Bevölkerungsgruppen, sprachlich bis heute in einem Streifen östlich des Lechs nachweisbar, deuten darauf hin, dass Baiuwaren anfangs mit den Schwaben gemeinsam gesiedelt hatten und freundschaftlich, nachbarschaftlich (wie jetzt auch) eng verbunden waren. Wie verschiedene Dorfnamen zeigen, siedelten Schwaben ganz friedlich auch tief im Bairischen Ur-Siedlungsgebiet und umgekehrt. Besonders ihre bevorzugte Ortsnamensendung auf -ingen, im Bayerischen -ing (früher auch –ingen oder -inga) deutet auf einen nachhaltigen gegenseitigen Einfluss hin, der allerdings auch durch die enge Nachbarschaft erklärbar wäre. Vermutlich war dann im Winterkrieg die Grenze am Lech vom Ostgotenkönig klar definiert worden, denn sowohl die Suaven zwischen Iller und Lech wie die Baiuwaren östlich des Lechs waren im Grunde Untertanen der Ostgoten, doch die Suaven siedelten gleich im Anschluss an die mit ihnen verbündeten Alemannen und waren damit in einer stärkeren Position als die Baiuwaren.

Die Sprache der Baiuwaren hat Mario Bauch im Buch „Wer waren die Nibelungen wirklich" ziemlich ausführlich behandelt, und er stützt sich dabei auf verschiedene Sprachforscher wie Johannes Hoops, Werner König und Ludwig Schmidt. Er schreibt:

„Auch Schmidt stellt fest, dass das Bairische einen starken ostgermanischen Einschlag besitzt. Er verweist darauf, dass ostgotische Personennamen wie Amalung und Amalfrit in bairischen Urkunden auftauchen". Im Bairischen wie im Alemannischen und auch im Gotischen wird das Suffix –la als Verkleinerungsform benützt. „Viele eindeutig gotische Begriffe hatten Eingang ins Bairische gefunden, die teilweise aus dem Griechischen stammten und mit dem arianischen Christentum in Verbindung zu bringen waren."

Er führt dann die bairischen Wochentage an, viele religiöse Begriffe wie Pfingsten, Pfaffe, Teufel, weihs, Wörter wie Dult, Maut, Pfaid usw.

„Das Bairische scheint somit starke Verbindungen zum Gotischen zu besitzen." „Bei den sprachwissenschaftlichen Forschungen und Stammesüberlieferungen weisen die Zeichen eindeutig auf die Ostgoten hin. Die eindeutigen, den Ostgoten zuordenbaren Wörter im Bairischen können dem täglichen Volksleben zugeordnet werden und können daher nicht lediglich von den Ostgoten übernommen worden sein".

Selbstverständlich übernimmt ein unter den Ostgoten stehendes und erst „Germanisch – lernendes" Volk die üblichen alltäglichen Ausdrücke von den „lehrenden - herrschenden" Ostgoten, aber auch andere Wörter von anderen benachbarten germanischen Stämmen wie den Suaven, und verwendet weiterhin zudem noch alte keltische Wörter für Stimmungen und Gegenstände, die in ihrer alten Sprache besonders aussagekräftige Ausdrücke darstellen. Die Baiuwaren dürften demnach die germanische Sprache von den ihnen übergeordneten Stämmen der Ostgoten und der benachbarten Suaven angenommen haben.

Ein Vergleich der zimbrischen Sprache Oberitaliens könnte vermutlich zu aussagekräftigen Schlüssen der Sprach - Herkunft von Baiern und Zimbern in gleicher Weise führen.

Die keltischen Boier

Wegen der Verwandtschaft der Baiuwaren zu den Boiern ist es erforderlich, diesen Keltenstamm der Boier so intensiv wie möglich in der Geschichte zu erforschen und ihr Schicksal noch kurz zu streifen:

Die Boier waren ein großer Stamm der Kelten, der über viele Jahrhunderte immer wieder erwähnt wurde, jedoch nie spektakulär in Erscheinung getreten ist. Wo er vor dem Zug nach Italien siedelte ist nicht genau bekannt, könnte aber Südbayern und Böhmen gewesen sein. Beim Zug der Kelten nach Italien in die Poebene im Jahre 387 vor Chr. war unter anderen Stämmen auch der Stamm der Boier beteiligt. Sie siedelten in Norditalien und haben die Stadt Bologna als „Bononia" gegründet. Ein Boiorix war König der Boier in der Poebene. Über mehrere Jahrhunderte waren damit die Boier direkte Nachbarn der Etrusker. Nach der Eroberung der boiischen westlichen Poebene durch die Römer, ca. 200 vor Chr., flüchteten die Boier nach Pannonien. Ein Teil des Stammes flüchtete nach Böhmen (Boiohaemum) und ein anderer Teil in die Berge nach Helvetia, in die heutige Schweiz. Von Caesar wurden diese „Schweizer Boier", wohl nur ein isolierter Teilstamm, um 50 vor Chr. geschlagen, worauf sich die Reste ebenfalls nach Osten zurückzogen. Sie versuchten vergeblich Noreia in Noricum zu erobern, wichen dann ins Wiener Becken, das damals noch zu Noricum gehörte, aus, mussten aber auch dort gegen eine Übermacht der Nachbarn aufgeben. Vindobona / Wien hat seinen Namen offensichtlich von den Boiern bzw. von den venetischen Boiern erhalten, wobei in diesen frühen Zeiten „venetisch" nicht für „slawisch" steht. (Die Vindeliker waren „venetische Likatier, Lechbewohner"). Um 50 vor Chr. erlitten die Boier oder ein Teilstamm von ihnen anscheinend eine schwere Niederlage bei Bratislava gegen die Daker.

Bei Strabo (63 vor bis 13 nach Chr.) werden die Boier öfter als 10 mal erwähnt, von den frühesten Zeiten an, als diese zusammen mit anderen keltischen Stämmen ganz Oberitalien, das Etruskerland und auch Rom bedrängten und teilweise eroberten. Die Römer waren damals nur von den kapitolinischen Gänsen rechtzeitig aus dem Schlaf gerissen worden. Es ist die erste schriftliche Erwähnung der Boier und geht bereits auf ca. 300 vor Chr. zurück. Strabo schreibt:

„Die größten Völker aber der Kelten waren die Boier und Insubrer, und jene die Stadt der Romaner einst mit Anlauf erobernden Senonen nebst den Gaisaten. Diese haben die Romaner späterhin völlig ausgerottet, die Boier aber aus ihren Wohnsitzen vertrieben. In die Gegenden um den Istros (Donau) ausgewandert, wohnten sie nun neben den Tauriskern (in Noricum), und kriegten mit den Dakern, bis sie ausstarben mit ganzem Volke, und ihr zu Illyris gehöriges Land den Nachbarvölkern zur Viehweide hinterließen."

Wie man sich das „Aussterben" eines Volkes zu diesen frühen Zeiten vorzustellen hat, beschreibt Strabo im 3. Abschnitt, wenn er von den Oskern (in Italien) berichtet, „die ausgestorben seien, weil sie jetzt Römer seien".

Strabo (um Chr. Geb.) schreibt auch von einer „boiischen Wüste in Illyrien", doch dürfte vermutlich die Übersetzung etwas zu kurz geraten sein, da dort und vor allem in Pannonien eine Wüste nicht denkbar war. Vielmehr ist an ein „verwüstetes Gebiet der Boier in Illyrien", nicht in Pannonien, wo die Boier nachweislich siedelten, zu denken. Oder ist „ein durch die Boier verwüstetes Land in Illyrien" zu übersetzen? Auch haben sie offensichtlich nur ihr Land in Illyrien (Balkan), nicht aber in Pannonien und Noricum den Nachbarvölkern zur Viehweide hinterlassen. Selbstverständlich werden die Boier weiterhin genannt.

Livius berichtet bereits von einer Schlacht der Boier gegen die germanischen Kimbern, 113 vor Chr., die ihnen den hercynischen Wald streitig machen wollten und abgewiesen werden konnten. Von dieser Zeit an wird ihr Gebiet „Boiohemum" (griechisch Bouíaimon) / Böhmen genannt, meint Strabo. Vermutlich stammt der Name aber noch aus der Zeit vor dem Zug in die Poebene (ca. 300 v. Chr.).

Tacitus schreibt kurz vor Christi Geburt, dass die Boier vertrieben, (aber nicht vernichtet), und dass sie vermutlich in unwirtliche, nicht kultivierte Randbereiche Böhmens, wohl in den Hercynischen Wald abgedrängt worden seien. Dieses Ereignis kann also nur vor 113 v. Chr. anzusetzen sein. Bei Livius werden die Boier mindestens sieben Mal in Kämpfen mit den Römern erwähnt. Die Boier siedelten sich endlich in Pannonien und in den Randbereichen von Böhmen, vermutlich im Bayrischen Wald - Böhmerwald, im Hügelland zwischen dem Böhmischen Kessel und der Donau, aber auch im Wienerwald und in den Karpaten an, die alle zum „Hercynischen Wald" zu rechnen sind. Wie Tacitus erwähnte, gerieten die Boier wieder durch die Marko-mannen in Bedrängnis. Er kennt auch einen Führer der Ampsivarier, eines Unterstammes der keltischen Volcae, mit Namen Boiocalus im Dienste der Römer.

Ptolemaios sieht sie als westliche Nachbarn Pannoniens, also vor allem im Wienerwald und im Ostalpenraum, im jetzigen Niederösterreich, Burgenland und West - Ungarn.

Im Buch „Von Augustus bis Attila – Leben am ungarischen Donaulimes" wer-den im historischen Überblick von Zsolt Visy folgende Völker in Pannonien zur Zeit des Augustus, des Tiberius, des Claudius und des Vespasian, also im 1. Jahrhundert nach Chr. genannt: keltische Boier, Taurisker und Eva-risker, illyrische Breuker, Desidiaten und Azaler, vermutlich mit den Dakern verwandte Cotiner (eventuell richtiger „Geten") sowie übrige kleinere und größere Stämme. An anderer Stelle werden die Cotiner unter die Kelten ein-gereiht und wieder andere verstehen darunter einen (früh ausgewanderten) Stamm der Goten, was meines Erachtens der Wahrheit am nächsten kommt. Die Boier siedelten demnach in Pannonien, im äußersten Teil der Ostalpen / Oststeiermark, im Wiener Becken, in Niederösterreich (ungefähr zwischen Enns, St. Pölten und Graz) und im anschließenden Ungarn um den Neusied-ler See und Plattensee bis zum Gebiet zwischen Drau und Save (Syrmien), jedoch nicht einheitlich unter einem eigenen König oder Herzog, sondern nur unter ihren Sippenführern. Der Name der Boier ist zur Zeit der Tabula Peutin-geriana um Christi Geburt noch im Ortsnamen „Castellu Boioduro" (= Pas-sau) präsent.

Der keltische Stamm der Boier war dann anschließend in der schriftlichen und damit geschichtlichen Versenkung verschwunden, weil er kein eigenes Oberhaupt mehr besaß, vermutlich sogar nie besessen hatte, sondern eben nur Kleinstammesführer und weil er ausschließlich aus friedlichen Ackerbau-ern bestand. Die Boier waren jedoch wie alle Kelten zum einen Teil romani-siert, zum anderen Teil germanisiert und waren damit, wie die Denkweise von Strabo und allen anderen antiken Schriftstellern erkennen lässt, für die Rö-mer (und die modernen Deutschen) ausgestorben, keine Kelten mehr, son-dern entweder Römer oder Germanen. Immer, auch in der Völkerwande-rungszeit mussten sie noch vorhanden gewesen sein, da sie ja nie vernichtend geschlagen worden waren. Für die damalige Zeit spielte der gemeinsame Führer, nicht jedoch die genetische Zugehörigkeit zu einem Volk ihre große Rolle. Ein Volk verliert jedoch nicht so schnell sein kollektives Gedächtnis, sein Wissen von seiner Herkunft und Verwandtschaft.

Die Herkunft der Baiuwaren und ihre Umsiedlung

Die nächste Frage ergibt sich aus den beiden vorhergehenden und wird von allen Forschern seit langer Zeit besonders kontrovers diskutiert: Wo lag das ursprüngliche Siedlungsgebiet der Baiuwaren, von wo sind sie nach Baiern eingewandert bzw. umgesiedelt? Irgendwo muss dieser Stamm bzw. der aktive Teil dieses Volkes ja gesiedelt haben, und deshalb muss es auch irgendwelche Indizien und auch Nachrichten geben.

Je intensiver die Gotengeschichte von Jordanes mit der ersten Erwähnung der Baiuwaren, mit allen zwischen den Zeilen versteckten Geschichten und Tragödien gelesen und mit logischen Erklärungen interpretiert wird, desto klarer lässt sich das Schicksal der Bevölkerungsgruppe der Baiuwaren herausschälen. Die Gotengeschichte kann vermutlich die Antwort auf die obigen Fragen geben, die jedoch wie alle historischen Erzählungen der Spätantike nicht völlig frei von Kombinationen und Spekulationen auskommen kann. Unzweifelhaft dürfte nach Jordanes feststehen, dass die Anfangsgeschichte der Baiuwaren und der (bayrischen) Schwaben engstens mit der Geschichte der Ostgoten unmittelbar nach der Befreiung vom hunnischen Joch in Pannonien zusammenhängt. Aus der Gotengeschichte stammt die erste Erwähnung und damit die Zeit der Umsiedlung der Baiuwaren, was überraschend auch durch die archäologischen Ergebnisse bestätigt wird.

Völlig neue Informationen kann die Untersuchung von Mario Bauch „Wer waren die Nibelungen wirklich" zur Beantwortung der Frage von der Herkunft der Baiuwaren beisteuern, doch soll vor allem Jordanes die Antwort geben:

Die Zeit nach der Befreiung von den Hunnen

Die Ostgoten hatten nach ihrem Sieg gegen die Hunnen vom oströmischen Kaiser die fruchtbare Provinz Pannonien zugewiesen bekommen, doch was ist darunter zu verstehen? Die Überlassung dieses Gebietes durch den Kaiser von Ostrom bedeutete nicht die Enteignung der vorhandenen Besitzer und auch nicht die Abspaltung vom Römischen Reich, sondern nur das offizielle Niederlassungsrecht unter den dort Siedelnden, vermutlich auch die Übertragung der militärischen Verteidigung dieser Provinz, vielleicht auch der teilweisen Verwaltungsoberaufsicht gegen jährliche Bezahlung, und damit die Schaffung einer Lebensgrundlage für das Volk der Ostgoten. Pannonien gehörte nach wie vor zum Römischen Westreich mit Sitz in Rom und Ravenna, nicht zum Römischen Ostreich mit Sitz in Konstantinopel, und der ostgotische Status war mit dem eines Foederatenstammes früherer Zeiten vergleichbar. Die getrennten Wohnsitze der drei Königsbrüder werden dann kurz beschrieben, sind aber leider nur teilweise identifizierbar und es wird von dem Überfall einer Hunnen-Schar und ihrer Abwehr berichtet, auch von ihrer massiven Forderung von Tributzahlungen des Kaisers, und es scheint die Geburt des späteren Königs Theoderich auf.

Jordanes schreibt von der zu den Ostgoten „nächsten" Stadt, Sirmium an der Save, was bedeutet, dass sich die Hauptmasse des Volkes unter einem ihrer drei Könige, Walamir, dort in Syrmien zwischen Save und Drau nahe der Donau provisorisch niedergelassen hatte. Ein anderer Teil, der des Königsbruders Thiudimir (und Vater von Theoderich) residierte im Bereich des Plattensees, eventuell in der damals berühmtesten römischen Stadt der Gegend, Alba Regia, in der deutschen Zeit Stuhlweißenburg und heute ungarisch Székesfehérvár genannt. Sie war später die erste Hauptstadt und Krönungsstadt von Ungarn, hatte also noch Jahrhunderte später eine große Bedeutung. Ein dritter Teil des Volkes siedelte entweder dazwischen oder aber, wie ich vermute, in der „letzten" Stadt, Vindobona / Wien, im Wiener Becken.

Allgemein siedelten die Ostgoten wahrscheinlich, vergleichbar mit der Situation der riesigen Flüchtlingsströme nach dem 2. Weltkrieg, hauptsächlich in den sicheren größeren Ortschaften und bestehenden Städten, in den klimatisch angenehmen und fruchtbaren Gebieten nahe der Donau und generell außerhalb der Gebirgsregionen, denn die Verpflegung der wandernden Völker musste von den ansässigen Bauern beschafft werden und das war im Umkreis der Städte noch am leichtesten möglich. Selbst waren sie dazu nicht mehr in der Lage, wie Jordanes etwas später recht anschaulich schilderte, weil sie schon Jahrzehnte lang, ein ganzes Jahrhundert seit dem ersten Hunnensturm um 350, nicht mehr sesshaft waren und sich auf ihrer ständigen

Wanderschaft nur noch das Nötigste durch Rauben und Stehlen und Erpressen von Geldern zum Leben aneignen konnten. Für unsere Begriffe waren diese entwurzelten germanischen Völker für ein normales produktives Leben zu dieser Zeit völlig verdorben und unfähig, sich selbst am Leben zu erhalten. Die einzige Beschäftigung der Männer war der Krieg.

Die Wirklichkeit sah für die Ostgoten aber noch wesentlich weniger komfortabel aus: Pannonien mit seinen fruchtbaren Ebenen war schon immer mit vielen und sehr verschiedenen Völkern stark besiedelt gewesen und gehörte deshalb immer zu einer der begehrtesten Provinzen des Römischen Reiches. Entsprechend den Darstellungen der römischen Schriftsteller siedelten dort von alters her Keltenstämme, darunter die Boier, ältere illyrische Stämme, mehrere Germanenstämme und auch der angeblich mit den Dakern verwandte Stamm der Geten bzw. Cotiner, und alle waren in den Augen der jeweils anderen „Römer" und „Pannonier". Dagegen galten die an Pannonien anschließenden Provinzen Noricum und Raetien, die ja den größten Teil der Alpen umfassten, für die „Südländer" als unwegsam, problematisch, unfruchtbar, arm und waren zwar flächendeckend aber dünn besiedelt.

Zu allen Zeiten gab es das Problem, den Gegensatz zwischen den „schon" Ansässigen und den Neuankömmlingen, zwischen halbwegs friedlicher und kriegerischer Eroberung, zwischen organisierter und unorganisierter, wilder, Besiedlung eines Gebietes, zwischen kleinen und großen Bevölkerungsgruppen, zwischen verhältnismäßig Reichen und Armen, zwischen ähnlichen oder fremden Völkern und Rassen. Für alle Arten gibt es genügend Beispiele, doch eines war und ist immer dasselbe: der Nachteil liegt bei den Alt-Ansässigen, den Friedlichen, den Arbeitsamen und damit Reichen, und genauso stellte sich die Situation zuerst nach dem Hunnen-Sturm und dann wieder nach dem Untergang der Hunnen 453 dar. Für eine tatsächliche Besiedlung der durch die Hunnen entwurzelten Germanen, der Ostgoten, der Rugier, Skiren, Gepiden, Heruler und Suaven als freie Bauern war kein Platz mehr da in Pannonien, auch wenn deren Volksstärke vielleicht nur ein paar Hunderttausend Menschen oder auch viel weniger betragen haben dürfte. Sie mussten sich ihren Platz erst erstreiten, sich zwischen die anderen zwängen, den Ansässigen, „Reichen", Fleißigen, Ackerbauern den Platz wegnehmen.

So gab es schon kurze Zeit nach dem Befreiungskrieg mit den Hunnen ständige Auseinandersetzungen unter den vom Hunnenjoch befreiten Germanenstämmen wie den Suaven, den Skiren, Rugiern, Herulern und Gepiden und
dann kam auch noch der Stamm der Ostgoten mit Kind und Kegel, mit Sack
und Pack daher, und machte sich zwischen all den Altsiedlern und Neusied-
lern mehr oder weniger bequem. Vor allem pochten die Ostgoten auf ihr
Recht zur Besiedlung, das sie vom oströmischen Kaiser erhalten hatten, obwohl Pannonien zum Westreich gehörte. Es ist davon auszugehen, dass sich
alle wandernden Stämme, auch die Ostgoten, in Pannonien dauerhaft nieder-
lassen wollten, dass sie also die ernsthafte Absicht hatten, Herrschaftssitze,
Städte und Dörfer zu gründen und das Land als Bauern zu bearbeiten, genauso wie die anderen Stämme und wie ihre Brüder, die Westgoten, die unter
ihrem berühmten König Alarich ständig den römischen Kaiser um Land er-
sucht hatten. Die Ostgoten wollten die ihnen von Ostrom zugewiesenen Gebiete in Pannonien und nach einiger Zeit in Italien selbst besiedeln und bewirtschaften.

Die Viehdiebstähle der Suaven unterschieden sich in keiner Weise von denen
der Ostgoten oder Skiren, und sie bedeuteten nichts anderes, als die Es-
sensbeschaffung für eine große Menge Volkes ohne Land, ohne Vieh und
ohne anderweitige Erwerbsmöglichkeit. Alle diese Völker wollten im gleichen
Lande leben, ihre Zukunft formen, ihren eigenen Acker bewirtschaften, sich
ausbreiten, aber nicht großartig mit den anderen teilen müssen. Die Landfra-
ge war der einzige Hintergrund der ostgotischen und suavischen Raubzüge.

Das Kapitel 53 erzählt von den verheerenden wirtschaftlichen Verhältnissen
der Ostgoten und ihrem Beschluss zu Räubereien bei ihren Nachbarn.

*„Später, als da und dort bei den Nachbarvölkern die Ergebnisse der
Raubzüge spärlicher ausfielen, fehlte es auch den Goten allmählich an
Nahrung und Kleidung, und es war ihnen, Leuten, denen schon lange
der Krieg die einzige Erwerbsquelle gewesen war, der Friede unbequem....“*

Gerade wie sie mit dem Rauben beginnen wollten, mussten sie es schon
wieder abbrechen und gegen ein Rest-Heer von Hunnen antreten, das letzte
Mal, wie Jordanes versichert.

Was bedeutete diese Situation für die Einheimischen, die Altsiedler? Pannonien war von alters her dicht besiedelt und gehörte zu den fruchtbarsten Provinzen des Römischen Reiches. Eine Besiedlung Pannoniens durch die Ostgoten war also nur mit der Verdrängung zumindest eines Teils der ansässigen Bevölkerung und der Räumung ihrer Gebiete möglich. Pannonien besaß sicher für eine dauerhafte Niederlassung der Ostgoten keine unbewirtschafteten Flächen mehr. Von ihrer eigenen späteren Umsiedlung nach Italien wussten sie ja noch nichts. Außer den Ostgoten gab es auch noch andere frei gewordene Germanenstämme in Pannonien, die in der gleichen schlimmen Situation waren, darunter die Suaven, die Vorfahren der Schwaben. Auch sie lebten nur von Plünderungen, kamen aber dadurch ihren alten Kampfgefährten, den Ostgoten in die Quere. Diese verpassten ihnen eine kräftige Abreibung, dann noch einmal eine mit den Skiren zusammen. Dabei wurde der Stamm der Skiren beinahe ganz ausgerottet. Einer ihrer Unter-Anführer war übrigens Odoaker, der spätere „König von Italien" und Konkurrent von König Theoderich.

Die in Pannonien Altansässigen hatten für den Lebensunterhalt der nur noch kämpfenden Truppen aller wandernden Stämme zu sorgen und wurden sicher durch die Diebstähle und Raubzüge der Suaven und Skiren etc. mehr als die Ostgoten selbst getroffen, da diese zu der Zeit gar keine Tiere mehr, vielleicht mit Ausnahme der Pferde, züchteten, kein Getreide anbauten und nur noch kämpften und raubten. Die Ostgoten schützten also in erster Linie ihre eigenen „Versorger".

Die Vielvölkerschlacht in Pannonien

Eine Entscheidung unter all den nach der Befreiung von der Hunnen-Herrschaft neu zugezogenen Germanenstämmen in Pannonien war unausweichlich.

Das Kapitel 54 erzählt nun von der großen Auseinandersetzung zwischen den Ostgoten und den Suaven zusammen mit vielen anderen Stämmen, die so genannte „pannonische Vielvölkerschlacht":

Nach Mommsen – Martens heißt es:

„Nach ihrem (der Skiren) Untergang fürchteten sich die Suavenkönige Hunimund und Alarich. Sie zogen gegen die Goten im Vertrauen auf

die Unterstützung der Sarmaten, die ihnen mit ihren Königen Beuka und Babai zu Hilfe gekommen waren; auch die Reste der Skiren mit ihren Häuptlingen Edika und Hunwulf riefen sie herbei, die, wie sie hofften, für ihre eigene Rache mit großer Erbitterung kämpfen wollten; dazu hatten sie sowohl Gepiden wie nicht unbedeutende Hilfstruppen aus dem Volke der Rugier bei sich und auch noch mit anderen (Stämmen), mit einer gewaltigen Menge Verbündeter hier auf dieser Seite Zusammengesammelten errichteten sie am Fluss Bolia bei den Pannoniern das Lager."... „Als sich der Kampf entspann, behielten die Goten die Oberhand"....

Der vorletzte Satz lautet auf Latein nach Mommsen: *„ad amnem Bolia in Pannoniis castra metati sunt".* So wäre die Auffindung des Flusses Bolia ein wichtiges Indiz für die Örtlichkeit der Schlacht und zusammen mit den darauf folgenden Ereignissen auch ein wichtiges Detail zur Auffindung der Baiuwaren. Der in der Mommsen – Bearbeitung genannte „Fluss Bolia" soll angeblich - ohne weitere Erklärung - tatsächlich existiert haben und soll heute Sàrvic heißen. Dieser läuft zwischen Plattensee und Donau parallel zur Donau von Norden nach Süden, mündet in den Fluss Sío ein und dann nach kurzem Lauf in die Donau. Nicht weit vom Anfang dieses Flusses entfernt und in der Nähe des Plattensees liegt die alte Stadt Alba Regia (Stuhlweißenburg / Székesfehérvár), wo vermutlich König Thiudimir residierte. Die Vielvölkerschlacht könnte also am Fluss Sárvic – Plattensee oder auch an der Save in der Nähe von Sirmium, wo König Walamir residierte, stattgefunden haben.

Dagegen wird von Felix Dahn ohne Begründung der Fluss Bolia als der jetzige Grenzfluss Ipoli / Eipel / Ipoly zwischen der Slowakei und Ungarn angenommen. Dies erscheint wenig glaubhaft, weil er nicht im alten Pannonien fließt.

Von Martens Übersetzung leicht abweichend, könnte „Bolia" nicht der Name eines Flusses sein, sondern sich als Adjektiv auch auf castra beziehen, und weil „amnis" sowieso mehr einen schiffbaren und unmittelbar ins Meer fließenden großen „Strom" bedeutet, wäre damit nur die Donau gemeint. Also: *„Am Strom (Donau) im Lande der Pannonier schlugen sie das Bolische (Boiische) Lager* (oder *„die Boiischen Befestigungsanlagen") auf."*

Der Name „Bolia" ist weder lateinisch noch germanisch, könnte aber ursprünglich keltisch sein, und zwar leicht verschrieben oder nur wegen der besseren Aussprache mit einem phonetischen „L" versehen, von „Boiia" ab-geleitet. Boiia und Bolia, ob als Fluss oder als Adjektiv gleichen sich nicht zu-fällig, sondern es ist anzunehmen, dass es ein und dasselbe Wort ist und sich auf den keltischen Stamm der Boier bezieht. In der Antike wurden die an Flüssen wohnenden Stämme gerne nach den Flüssen oder umgekehrt die Flüsse nach dem Volk benannt, wie die Licati (von lica= der Lech), Ambidravi (von drava = die Drau), Ambilinei, Ambisontes usw. Dementsprechend könn-te der Fluss Bolia, falls er tatsächlich existiert hat, gleichzeitig das Siedlungs-gebiet der Boier in Pannonien bezeichnen. Durch die Betonung „bei den Pannoniern", ist anzunehmen, dass dort nur Altansässige anzutreffen waren, eventuell auch, dass es weitere Boier in anderen Regionen gegeben hat.

Entgegen der Mommsen – Schrift ist in der Bamberger Handschrift nicht die Rede vom Fluss Bolia, sondern es heißt dort: „ad amnem boriam in pannonia castra metati sunt = das Lager wurde am nördlichen Strom in Pannonien auf-geschlagen," womit entweder der nördliche Abschnitt der Donau bei Wien, der nördlich von Sirmium (an der Save) in die Donau einmündende Strom Drau oder wieder der nördlich von Sirmium fließende Sárvic gemeint sein kann, denn die südliche Grenze von Pannonien wurde von der Save gebildet.

Pannonien bietet außer der Donau und der Save nur noch die Drau als gro-ßen Fluss. Allerdings wurde nach Auskunft von Lateinexperten in der Spätan-tike die Unterscheidung zwischen Strom (amnis) und Fluss (fluvius) nicht mehr ganz streng durchgeführt, weshalb als der „nördliche Fluss" außer der Donau auch die Drau oder der Sárvic gemeint gewesen sein könnte.

Ich nehme jedoch als sicher an, dass die Urschrift von Jordanes beide Versi-onen enthielt, also „ad amnem boriam bolia (boiia) in pannonia castra metati sunt. = Am nördlichen Strom wurden die in Pannonien befindlichen Bolischen (Boiischen) Verteidigungsanlagen errichtet."

Mit der geänderten Übersetzung könnte durch die Angabe der „Bolischen (Boiischen) Befestigungsanlagen" die „Vielvölkerschlacht" zwar am Fluss Sárvic, aber noch sinnvoller an einem anderen Platz lokalisiert werden, näm-lich bei Bononia, einer kleineren Stadt nahe Sirmium an der Save. In der An-tike gab es außer der Stadt in Oberitalien noch zwei Städte an der Donau mit Namen „Bononia", die eine nur ca. zehn Meilen nördlich von Sirmium in Pannonien, und die andere auch in geringer Entfernung südlich von Sirmium in der Provinz Moesien.

Das weströmische Reich zwischen 450 und 476

Der ungarische Bezirk Syrmien in der k.u.k. Zeit

In Frage käme also die Stadt Bononia in Pannonien, weil Jordanes ausdrücklich von „in pannonia" (B.H.) bzw. „in pannoniis" schreibt. Dort wären auch die
„Bolia (Boiia) Castra" zu vermuten. Bononia lag zwischen einem niederen Mittelgebirge und der Donau südlich des Einzugsbereiches der jetzigen Stadt
Novi Sad, der Hauptstadt der serbischen Provinz Vojvodina.

Der Ortsname „Bononia" ist als Gründungsname der jetzigen Stadt Bologna
in Oberitalien bestens bekannt. Sie war vom keltischen Volksstamm der Boier
im 3. Jh. v. C. als Bononia gegründet worden und langsam zu Bologna mu-
tiert, weshalb mit großer Wahrscheinlichkeit auch die beiden Städte in Pannonien und Moesien mit demselben Namen spätere Gründungen der Boier
waren. (Bononia – Bologna, Bononia - Bolia). Anscheinend war das Wort
„Bona" ein häufig gebrauchter Namensteil von boiischen Ortsnamen, wie Vindobona / Wien und auch Ratisbona / Regensburg beweist. Auch die Stadt
Bonna – Bonn am Rhein könnte von den damals sehr abenteuerlustigen Boiern gegründet worden sein, wird aber im allgemeinen den germanischen U-
biern zugeschrieben.

Die Stadt Sirmium war die bedeutendste Stadt im südlichen Pannonien und
wird bei Jordanes zweimal erwähnt, als „die nächste" zum momentanen Sied-
lungsgebiet der Ostgoten. Heute heißt die Nachfolgestadt von Sirmium
Sremska Mitrovica und ist die serbische Hauptstadt des Bezirks Syrmien. Der
Bezirk Syrmien liegt zwischen der Donau im Norden und Osten, der Save im
Süden und ungefähr bis zur Einmündung der Drau in die Donau im Westen.
Früher gehörte es zu Ungarn, heute der größere Teil zu Serbien, der kleinere
Teil zu Kroatien und besteht aus durchwegs sehr fruchtbaren Ebenen und
ebensolchen Tälern im niedrigen kleinen Mittelgebirge Fruska Gora, einem
Naturschutz-Gebiet mit ca. 500 m Höhe. Die Entscheidungsschlacht im Um-
kreis der damaligen ostgotischen „Hauptstadt" Sirmium bzw. bei oder im nahen Bononia wäre besonders gut denkbar und strategisch durchdacht. Beide
Lagebezeichnungen der Vielvölkerschlacht, die bei Bononia / Sirmium oder
im Umkreis des Plattensees weichen nicht sehr stark voneinander ab, auch
würde der Unterschied im weiteren Verlauf der Ereignisse nicht die aus-

schlaggebende Rolle spielen. Interessant ist dabei nur der Name „bolia – boiia", der mit großer Wahrscheinlichkeit auf die dort siedelnde Völkerschaft der
Boier hinweist.

Jordanes führt zwar viele Namen von Stämmen an, aber natürlich nur die am
Konflikt beteiligten, neu zugezogenen germanischen Stämme, jedoch keinen
einzigen alteingesessenen Stamm und deswegen auch nicht die Boier, die
späteren Baiuwaren. Die Rede ist von einer großen Anzahl „Anderer auf dieser Seite der Donau zusammengesammelter Völkerschaften". Welche Völker
sind darunter zu verstehen? Doch nur die Einheimischen, die für die Goten
und auch für Jordanes „Pannonier und Römer unter der Regierung der Ostgoten" waren. Es ist anzunehmen, dass die Boier / Baiuwaren vor der pannonischen Vielvölkerschlacht im „Bezirk Syrmien", in Bononia, oder und im Bereich des Plattensees direkt im Machtbereich der Ostgoten als römische friedliche Ackerbauern und Viehzüchter ohne eigene Führer, jedoch als noch gut
erkennbare keltische Volksgruppe, schon Jahrhunderte lang wohnten und
jetzt für die Versorgung der Ostgoten verantwortlich waren. Da die Boier vermutlich am meisten unter den ständigen Forderungen der Ostgoten und den
Diebstählen der Suaven zu leiden hatten, dürften sie zu den „Anderen" gehört
haben, noch dazu, weil der Kampf in ihrem Siedlungsbereich, wenn nicht direkt in ihrer Stadt Bononia stattgefunden hatte. Auch wenn Jordanes nicht alles fein säuberlich aufgeschrieben hat, sowohl die überlebensnotwendigen
Schandtaten der Ostgoten verschweigt als auch die siegreichen Scharmützel
mit den Land - Konkurrenten stark glorifiziert, sind die Ereignisse und Absich-
ten gut aus der „Getica" herauszulesen: Der Sinn des pannonischen Vielvöl-
kerkriegs war für alle Beteiligten einzig und allein der Erwerb von Land.

Die Flucht / Umsiedlung nach der Vielvölkerschlacht

Jordanes fährt dann im Kapitel 54 fort:

> *„Wer von der unzähligen, bunten Menge der Feinde zu entrinnen im-*
> *stande war, kam mit Mühe und Not ruhmlos durch die Flucht nach*
> *Hause."*

„Die Flucht nach Hause" liest sich recht einfach, doch was war darunter in der
damaligen Zeit zu verstehen? Diese Flucht dürfte der Schlüssel für die an die
Vielvölkerschlacht anschließenden Ereignisse bedeuten. Nur die alteingesessenen Völker hatten ein genau definiertes Zuhause, nicht aber die neu zuge-

zogenen Germanenstämme, die alle mit Kind und Kegel unterwegs waren. Ein Volk mit Führungsanspruch wie die Ostgoten musste ein großes Interesse haben, für alle einheimischen wie für alle zugezogenen Völker der Suaven, Gepiden und Rugier, aber auch in erster Linie für das eigene Volk, eine Lebensgrundlage mit einem Siedlungsgebiet zu schaffen. Anderenfalls wären alle Stämme nicht zu befrieden gewesen.

Als erstes sorgten also die Ostgotenherrscher für ihr eigenes Volk, für das zwar offensichtlich Pannonien als Siedlungsgebiet ausgewiesen worden, aber kein Platz mehr vorhanden war. Die Ansiedlung dort war nur durch die Verdrängung der anderen Stämme möglich. Die Rugier wurden im jetzigen nördlichen Niederösterreich angesiedelt und banden sich eng an die Ostgoten. Die Skiren waren anscheinend nicht mehr selbständig und schlossen sich anderen Stämmen an. Die Suaven flüchteten zu ihren engsten Verwandten, den Alemannen und siedelten gleich an diese anschließend im westlichsten Teil der römischen Provinz Raetien zwischen Iller und Lech. Die Ortsänderung mit der „Flucht nach Hause" der verschiedenen Stämme musste sich zwischen dem Vielvölkerkrieg um 462/64 und dem Winterkrieg des Kapitels 55 im Jahre 471 abgespielt haben und kann nur sinnvoll mit der geschilderten überstürzten Flucht der Suaven und aller anderen unterlegenen Völker aus Pannonien erklärt werden. Für Jordanes fanden alle diese Ereignisse innerhalb des Römischen Reiches im Einflussbereich der Ostgoten unter dem Kommando ihrer drei Könige statt, weswegen er auf die Ortsänderungen nicht besonders hinwies. Auch kannte er vermutlich diese Gebiete in Pannonien, Raetien und Noricum nicht aus eigener Anschauung.

Die „Anderen", die Altansässigen in der Allianz gegen die Ostgoten, zu denen wohl auch die Boier gehörten, konnten im Grunde nirgendwohin flüchten, denn nur dort in Pannonien gehörte ihnen das Land seit alters her. Durch die verlorene Schlacht wurden die Boier / Baiuwaren zusammen mit den Suaven und Skiren in den Wirbel der Flucht hineingezogen und wahrscheinlich von den Ostgoten noch besonders dazu aufgefordert. Durch den gewonnenen Krieg bot sich für die siegreichen Ostgoten eine willkommene Gelegenheit, das von ihnen begehrte Land in Besitz nehmen zu können – wenn sie die Altansässigen der gegnerischen Allianz, die Boier, aus ihrem Land vertrieben. Sie werden also einen starken Druck auf die Verlierer, auch die Boier ausgeübt haben, ihr fruchtbares Siedlungsgebiet zu räumen, und empfahlen ihnen dafür Gebiete in den viel weniger attraktiven, aber auch viel geringer besiedelten Provinzen Noricum und Raetien. Der Ostgotenkönig Thiudimir wies den Baiwaren aus strategischen Gründen den Hauptteil von Raetien östlich des Lech und Noricum zu, als Ersatzland für das von ihnen selbst beanspruchte Land, wo sie für viele Generationen genügend Land bearbeiten konnten.

Gehörten nun tatsächlich „die Boier, die später Baiuwaren genannt werden sollten", in Umkehrung des Berichts von Jonas von Bobbio, ursprünglich zu den „anderen Unterstützern" der Suaven? Mit letzter Klarheit kann die Frage nicht beantwortet werden. Es ist anzunehmen, dass die Boier zwar zu den „Anderen" gehörten, zu den Verbündeten der Suaven, dass sie aber als echte Bauern nicht unbedingt vollwertige Kämpfer, keine ernsthaften Gegner für die Ostgoten waren. Als gezwungene Versorger waren sie sicher keine großartigen Freunde, aber auch keine direkten Gegner der Ostgoten. Es sieht so aus, dass die Boier schon bald nach oder gleichzeitig mit den Suaven die Flucht ergriffen hätten, da sie im neuen Gebiet wieder ihre Nachbarn wurden.

Da der Vielvölkerkrieg wahrscheinlich im Gebiet der Boier stattgefunden hatte, hatte diese Schlacht mit Sicherheit die Verwüstung ihrer Heimat, vielleicht auch ihrer Siedlungsplätze, und damit den Verlust ihrer Existenzgrundlage bedeutet. Der gewichtige Grund für die friedliche Umsiedlung nach Baiern dürfte deshalb die unmittelbare Verwüstung ihrer Heimat durch die ewigen Kriege schon seit Jahrzehnten vorher, seit dem Hunnensturm im 4. Jh. und durch die ständigen Scharmützel der germanischen Stämme in Pannonien gewesen sein. In diesem fruchtbaren, aber auf allen Seiten offenen, immer begehrten und gefährdeten Landstrich ging es schon lange hoch her. Für die pannonischen Boier bedeutete die Umsiedlung nach Baiern den Erwerb einer friedlichen Heimat, die Loslösung aus dem engen Machtbereich der Ostgoten mit der Befreiung von unerträglichen Lasten und der gefährlichen Nähe zu mehreren begehrlichen, unterschiedlichen Stämmen und Völkern in ihrer Nähe. Ihre Heimat im Bereich von Save, Drau, Donau und Plattensee dürfte außerdem einer natürlichen Bevölkerungsausweitung im Wege gestanden haben, weswegen der Bevölkerungsdruck im eng begrenzten Raum neben der allgemeinen Gefährdung ebenfalls für die boiisch- baiuwarische Umsiedlung ausschlaggebend gewesen sein dürfte.

Im Gegensatz zu den Suaven dürften jedoch die Baiuwaren wie die Rugier, wie aus dem Kapitel 55 hervorgeht, zu Verbündeten der Ostgoten umgeschwenkt sein. Als Vertriebene, aber nun als neue Bundesgenossen und im Auftrag der Ostgoten Handelnde hatten sie halbwegs freiwillig ihre Heimat aufgeben und nach Raetien und Noricum umsiedeln können. Wahrscheinlich verließen die Boier nach dem verlorenen Krieg ihre Heimat nicht wie die Suaven als Flüchtlinge, sondern als Umsiedler und Verbündete der Ostgoten, mit einem neuen festen Auftrag, nämlich die Suaven und Alamannen an die Grenze am Lech zu binden und die anderen Germanen im Norden, die Franken und Thüringer vor Einfällen in Raetien / Ostgotenreich abzuhalten. Obwohl Jordanes die Flucht und die Ansiedlung nicht im Einzelnen mitgeteilt hat, sind doch die Zusammenhänge aus seiner Gotengeschichte herauszulesen und ziemlich genau die Motivationen und Hintergründe zu erfahren.

Die Ostgoten konnten mit diesen Neuordnungs- - Maßnahmen nach der Vielvölkerschlacht ca. fünf wichtige strategische Ziele erreichen: die dauerhafte Ansiedlung und damit die Befriedung der Suaven, die Gewinnung von loyalen Bundesgenossen durch die dauerhafte Ansiedlung der Baiuwaren in einem großzügigen, wesentlich größeren Gebiet als in Pannonien, dazu die Verpflichtung der Baiuwaren zur Grenzsicherung der weit abgelegenen Gebiete im Norden ihres Reiches, die Räumung der Boiischen Gebiete in Pannonien mit Inbesitznahme der für sie selbst interessanten Länder an der Donau, und die Ausweitung ihres Gebietes aus Pannonien hinaus auf die beiden Nordprovinzen mit der Machtdemonstration gegenüber den anderen germanischen Herrschern. Der strategische Plan des Ostgotenkönigs Thiudimir ging voll auf.

Organisatorisch betrachtet lief die Flucht der Suaven und die Umsiedlung der Baiuwaren sehr schnell ab, weshalb vermutlich die Umsiedlungsaktion der Baiorischen Stämme in der Praxis nicht viel anders aussah als die Flucht der Suaven aus Pannonien nach Schwaben, und das auch noch fast zur selben Zeit. Die Anlage der bairischen Bauernhöfe und der Dörfer als ungeordnete Haufendörfer lassen dies als wahrscheinlich zu.

Dies erklärt auch die Frage, ob die in Noricum und Raetien Eingewanderten organisiert waren oder als „Einzelkämpfer" fungierten. Im Gegensatz zu den Germanenstämmen der Völkerwanderungszeit wie z. B. der Ostgoten, der Westgoten, der Vandalen, Burgunder und Langobarden hatten die Baiuwaren keine Auswanderungsorganisation und sie war auch nicht notwendig, da sie vor der Umsiedlung offensichtlich schon innerhalb des Römischen Reiches, zumindest in den Randbereichen saßen und kaum römische Grenzen überschreiten mussten.

Man kann nun eine Einwanderung der Baiuwaren in Baiern verneinen, weil diese Bevölkerungsgruppe ja „nur" aus Pannonien und Moesien, also innerhalb des Römerreiches gekommen sei - ich spreche deshalb von „Umsiedlung" - doch wesentlich kürzer als von „Elbgermanien" war die Strecke Pannonien – Baiern auch nicht. Die Umsiedlung der Baiuwaren war zwar vom Ostgotenkönig angeregt, erlaubt, vielleicht sogar befohlen, aber nicht organisiert worden und sie fand deshalb nur mit Einzelnen, Familien-, Sippenverbänden, Kleinstämmen statt. Die bekannten baiuwarischen Uradelsfamilien könnten dazu gehört haben. Alle Anzeichen deuten darauf hin, dass sie nur Anführer und kleine Stammesfürsten mit geringer Machtkompetenz waren, aber unter der Oberhoheit der Ostgoten-Könige während der ganzen Zeit ihrer Herrschaft standen. Der Ostgotenkönig war im alten Siedlungsraum Pannonien vorher und auch in den neuen Gebieten Baierns nachher ihr König.

Der Winterkrieg der Ostgoten gegen die Suaven und Alemannen

Schon das nächste Jordanes - Kapitel 55 berichtet wieder von einem Kriegszug der Ostgoten gegen die Suaven und die mit ihnen verbündeten Alemannen zur Winterzeit, welchen die Ostgoten durch das Überraschungsmoment wieder für sich entschieden.

Unverständlich und durch nichts zu belegen ist die Meinung Reindels, dass der Winterkrieg (mit der ersten Erwähnung der Baiuwaren) von Jordanes zwar zeitmäßig 471 richtig eingeordnet worden sei, die Ortsbeschreibung der germanischen Völker aber aus der Zeit der Niederschrift stammen soll. Er schreibt:

„Die Schwierigkeiten dieses Textes liegen darin, dass Jordanes über ein Ereignis berichtet, das zu seiner Zeit schon fast ein Jahrhundert zu-

rücklag (die Winterschlacht von 470), dass er aber, um die Wohnsitze der damaligen Gegner zu lokalisieren, die Verhältnisse seiner eigenen Zeit – die Mitte des 6. Jahrhunderts – angibt."

Für diese Spekulation gibt es keine Grundlagen. Was sind schon 80 Jahre für einen Geschichtsschreiber! Die Beschreibung des Kapitels 55 selbst widerspricht der Meinung von Reindel.

Dieser Krieg stellte für die Ostgoten ein ziemlich aufwändiges Unternehmen dar, das nur durch ihre langfristigen Ziele erklärbar ist. Die Ostgoten nutzten den Sieg über die Allianz der Germanenstämme in Pannonien zur Ausweitung ihrer Macht von Pannonien auf die beiden Provinzen Noricum und Raetien. Offensichtlich sahen die Ostgoten seit dem Vielvölkerkrieg die beiden Provinzen als zu ihrem Macht-Gebiet gehörig an. Außerdem erforderten die chaotischen Verhältnisse nach der Flucht und der zwar friedlichen aber ungeordneten Landnahme von Suaven und Boiern / Baiuwaren in den beiden Provinzen, besonders aber in Raetien die ordnende Hand des Ostgotenkönigs, wozu der Winterkrieg diente.

Die Suaven hatten ihren König behalten oder hatten sich dem Alemannenführer unterworfen, doch die neue Volksgruppe der unkriegerischen Ackerbauern - Baiuwaren hatte keinen großen Führer und war dementsprechend den Alemannen ausgeliefert. Eine kampflose Übernahme von Raetien und Noricum durch die Alemannen + Suaven mit der beträchtlichen Ausweitung der alemannischen Macht war zu befürchten, und die konnte natürlich nicht im Interesse der Ostgoten liegen. Nur ein existentiell notwendiges Unternehmen zum Machterhalt bzw. der Machtausweitung konnte den Waffengang erforderlich machen. Zugleich wollten sie natürlich nicht die Volksgruppe der Boier - Baiuwaren aus Pannonien an die Alemannen verlieren, weshalb sie diese zur Sicherung der West- und Nordgrenzen verpflichteten. Doch die unkriegerischen Baiuwaren waren vermutlich anfangs noch viel zu schwach für die vorgesehene Aufgabe, weshalb ihnen der Ostgotenkönig im Winterkrieg von 471/72 beispringen und ihnen eine begrenzte Selbständigkeit gewähren musste. Gleichzeitig wurde von König Thiudimir die Siedlungsgrenze zwischen Suaven und Baiuwaren am Lech festgelegt, auch wenn die tatsächlichen Siedlungsplätze im Chaos von Flucht und Umsiedlung nicht sauber getrennt waren und die Suaven auch östlich des Lechs zahlreiche Dörfer gegründet hatten, wie sogar noch jetzt feststellbar ist.

Der Winterkrieg von 471/72 wurde zur Unterstreichung der Machtziele der Ostgoten, zur Ausweitung bzw. Festigung ihrer Macht mit der Disziplinierung der Suaven unter ihr Protektorat und zur gleichzeitigen Stärkung der Verteidigungskraft der neu verbündeten Baiuwaren gegen Suaven und Franken inszeniert. So wird es ausgesehen haben, denn warum sollten die Ostgoten eine so weite „Reise" mit einem gewaltigen Fußmarsch von Pannonien ins jetzige Bayern - Schwaben auf sich genommen haben? Dadurch bekamen die Ostgoten anschließend ihre Hände für andere Aktionen frei und wuchsen allmählich in die Nachfolge des Weströmischen Imperiums hinein. Auch durch den Winterkrieg wurden die strategischen Ziele der Ostgoten wieder erreicht.

Die Lagebeschreibung der Kampfhandlung und der neuen Siedlungsregionen von Suaven und Baiuwaren war nunmehr eine völlig andere als im vorigen Kapitel 54. Alle in diesem Kapitel aufgeführten Stämme siedeln in den Gebieten, die wir kennen und die im Großen und Ganzen noch immer gültig sind, nämlich Suavien / Schwaben (mit Allgäu und Schwäbischer Alb) zwischen Iller und Lech, Alamannia (Alemannien) im Bereich zwischen Iller, Rhein (Vogesen) und Donau. Von Suavien (Schwaben) nach Osten anschließend werden die Baibari bzw. (in der B.H.) die Báiorae (gentes) hier erstmals genannt. Im Westen der Alamannen werden die Franken, im Süden die Burgunder und die Thüringer im Norden erwähnt.

Im Mittelpunkt der Schilderung stehen die Suaven / Schwaben, die früher auf dem Balkan saßen und jetzt im westlichsten Teil von Raetien siedelten. Sie werden hier als ein eigenständiges Volk beschrieben, das lediglich mit den Alemannen verbündet war. Dafür gibt es nur eine Erklärung: der Stamm war zwar unterlegen, war aber noch groß und bedeutend und musste deshalb befriedet werden, indem ihm das Siedlungsgebiet gleich anschließend an die Alemannen in West-Raetien einschließlich der glanzvollen Stadt Augusta Vindelicu nachträglich genehmigt und zugewiesen wurde. Der Winterkrieg diente den Ostgoten dazu, die immer unbotmäßigen und andererseits durch die Verbindung mit den Alemannen ziemlich starken Suaven unter das Protektorat der Ostgoten zu zwingen und die beiden Nordprovinzen Raetien und Noricum in ihren Machtbereich einzugliedern. Zu diesem Zweck mussten sie an eine feste Grenze gebunden werden. Die Befriedung als dauerhafte Lösung war für den Machtanspruch der Ostgoten wichtig, da sie für ständige Niederschlagungen von Aufständen gar nicht das Militär gehabt hätten.

Von einem Kampf gegen die Baiorischen Stämme ist nicht die Rede, was nur bedeuten kann, dass die baiuwarischen Neusiedler zu diesem Zeitpunkt, also kurz nach ihrer Umsiedlung aus Pannonien jetzt Verbündete der Ostgoten waren und für die Einhaltung der Grenzvereinbarungen von 471 verantwortlich waren. So jedenfalls ist zwischen den Zeilen der Gotengeschichte zu lesen. Die Baiuwaren hatten die Grenzen im Westen am Lech und im Norden an der Donau zu bewachen. Die Ost- und Südgrenze der Baiuwaren war nicht definiert, sondern lag bis zu ihren ursprünglichen Siedlungsgebieten in Pannonien offen.

Hat aber tatsächlich die Winterschlacht in Süddeutschland stattgefunden oder doch noch auf dem Balkan? Wären die Suaven noch auf dem Balkan geblieben, wäre die Beschreibung ganz anders ausgefallen: Die Goten hätten nicht eine zugefrorene Donau überschreiten können, weil dies nur im oberen Lauf, aber nicht im pannonischen Abschnitt denkbar war, und außerdem stürzen im Balkan keine Flüsse aus dem Hochgebirge in die Donau; solche Flüsse gab (und gibt) es nur im damaligen Raetien, dem jetzigen Oberbayern, bayrischen Schwaben und Baden – Württemberg, aber keinesfalls in Pannonien, dem jetzigen Kroatien, Ungarn, Serbien, Niederösterreich. Für die Ebenen gewohnten Ostgoten waren die Schwäbische Alb und die Allgäuer Voralpen sicher schon „hohes Bergland". Vermutlich marschierten die Ostgoten auf der großen alten Römerstraße entlang der Donau sehr schnell flussaufwärts bis in den Bereich von Günzburg – Ulm (Mündung der Iller in die Donau) oder noch etwas höher, überschritten hier die schon ziemlich kleine und zahme, zu dieser Zeit zugefrorene Donau und bekämpften dann die Schwaben und Alemannen auf der Schwäbischen Alb (oder im Allgäu). Eine genauere Lagebeschreibung ist nicht möglich, doch dürfte die Siedlungsgrenze Suavien - Baiuwarien nicht allzu weit entfernt gewesen sein.

Die Alemannen hatten sich ab ca. 260 zwischen Rhein, Donau und Iller angesiedelt. Die Illergrenze wurde daraufhin von den Römern durch eine größere Anzahl von Kastellen stark gesichert und blieb bis zum Untergang des Reiches römisch. Das Land zwischen Iller und Lech mit der alten Hauptstadt

Raetiens, Augsburg blieb noch ein paar Jahrhunderte römisches Reichsgebiet. Die Siedlungsgrenze der Alemannen / Schwaben im Osten ist jedoch der Lech, das heißt, dass der Landstrich zwischen Iller und Lech plötzlich – ohne schriftliche Mitteilung - in der Spätantike von den Suaven / Schwaben besiedelt worden sein muss. Auch wenn die Besiedlung zwischen Iller und Lech nirgends vermerkt wurde, kann aus der Gotengeschichte von Jordanes geschlossen werden, dass dieser Landstrich nach der Vielvölkerschlacht in Pannonien von den Suaven als Siedlungsraum angeeignet, was dann hinterher von den Ostgoten sanktioniert worden war. Die Suaven wurden dadurch dauerhaft angesiedelt und befriedet, denn sie waren ja im Grunde nur Landkonkurrenten, aber keine echten Feinde der Ostgoten. Thiudimir wollte sogar den Suavenkönig Hunimund adoptieren, aber der hatte andere Pläne. Die Ostgoten wussten aus eigener Erfahrung, eine wie große Gefahr ein wanderndes, stets hungriges Volk wie das der Suaven immer wieder bedeutet hätte. Dieser Hunimund mit seinem raubenden Volk erscheint auch bei Eugippius in der Lebensbeschreibung des hl. Severin, weil er Passau und noch andere Städte auf seinem Zug nach Westen zerstört hatte. Die Plünderungen gingen also nicht auf dem Zug vom Westen, von Alemannien aus nach Osten, sondern vom Osten, von Pannonien aus nach Westen und waren für die Versorgung des Volkes erforderlich. Der Rest der Skiren verhielt sich genauso und flüchtete nach „Baiern" („Scheyern" bei München).

Sicher geht man nicht fehl in der Annahme, dass die Ostgoten nach ihrem grandiosen Sieg in der Pannonischen Vielvölkerschlacht trotz ihrer doch ziemlich geringen Volksstärke die Macht im West – Römerreich anstrebten und „für ewig" behalten wollten, denn damals wussten sie weder etwas von ihrer Umsiedlung nach Italien und der tatsächlichen Erringung der Macht im West- Römerreich unter Theoderich, noch von ihrem eigenen Untergang. Die Machtdemonstration im Winterkrieg mit der Sicherung der sehr stark gefährdeten Grenze im äußersten Norden des Römischen West- Reiches, in der Provinz Raetien, gegen die Suaven zusammen mit den verbündeten Alemannen, und auch gegen die machthungrigen Franken musste für sie ein großes, lebenswichtiges Anliegen sein, das sie mit der loyal zu ihnen stehenden Volksgruppe der baiorischen Stämme in den Griff bekommen wollten, was ja tatsächlich auch gelang.

Nicht jede Einzelheit ist in dem kurzen, prägnanten Bericht des Jordanes aufgezeichnet, doch sind aus der Abfolge der Kapitel und den „Berichten zwischen den Zeilen" die Ereignisse in Pannonien mit etwas Kombinationswillen ziemlich klar herauszulesen. Die Ziele der Ostgoten wie die der Suaven und Baiuwaren wurden erreicht und stellten sich als dauerhaft sinnvoll heraus. Syrmien und das südliche Pannonien blieb für viele Jahrhunderte ein Spielball von Völkern: nach den Ostgoten kamen die Langobarden, nach deren Umsiedlung nach Italien folgten die Awaren, die Slawen, die Ungarn, die Türken, die Österreicher / Deutschen, wieder die Slawen, und ist jetzt aufgeteilt auf Ungarn, Serbien und Kroatien.

Die Boier, nunmehr als Baiuwaren wieder auferstanden, werden von den Römern Severin und Eugippius nicht erwähnt, obwohl sie den beiden sicher als zugewanderte Neusiedler aus den römischen Provinzen bekannt gewesen sein mussten. Sie dachten eben „römisch": Der Ostgotenkönig war das Oberhaupt in den beiden Provinzen Raetien und Noricum und damit der Baiuwaren. Auch das zu den Germanen unterschiedliche Verhalten der Baiuwaren war für die Nichterwähnung verantwortlich, denn vermutlich traten die Baiuwaren nur als unscheinbare, friedliche Ackerbauern auf, die nicht von außerhalb des Reiches raubend und plündernd wie die germanischen Suaven, Heruler und Rugier eingefallen, sondern lediglich aus anderen römischen Reichsteilen zugewandert, umgesiedelt worden waren, was bei den ständigen Wanderbewegungen gar nicht besonders aufgefallen war.

Sie waren nicht erwähnenswert, da sie noch nicht als eigenständige Kraft erkennbar waren und keinen solchen Lärm wie die Germanen schlugen. Als eigenständiges Volk mit eigener Verwaltung und einem König / Herzog an der Spitze waren sie erst 80 Jahre später (ca. 550) wieder erkennbar.

Die Zeitliche Einordnung der Ereignisse

Können diese Ereignisse auch zeitlich eingeordnet werden? In groben Zügen schon:

In allen Publikationen, auch von Bosl wird die Meinung Mommsens vertreten, die erste Erwähnung der Baiuwaren falle in das Jahr 551 und die Beschreibung der örtlichen Situation des Winterkriegs stamme ebenfalls aus diesem Jahr. Warum? Weil Jordanes sein Buch im Jahre 551 vollendet habe. Der

Winterkrieg einschließlich der Lagebeschreibung und der Nachbarschaft der Schwaben und damit auch der Baiuwaren stammt jedoch aus einer ganz anderen Zeit und lässt sich sogar fast auf das Jahr genau errechnen.

Der Befreiungskrieg gegen die Hunnen fand **453** statt. Theoderich ist anscheinend kurz darauf, **ca. 453/54** geboren und kam als knapp Achtjähriger **ca. 460/61** als Geisel nach Konstantinopel. Kurze Zeit später fanden die Viehdiebstähle der Suaven in Pannonien und ihre Bestrafung am Plattensee statt. Bald darauf entspann sich wieder ein Scharmützel der Goten gegen die Suaven und Skiren und dann ein paar Jahre später die entscheidende Auseinandersetzung gegen eine ganze Allianz von germanischen und „anderen" Stämmen, vor allem aber wieder gegen die Suaven. Man kann sie als „pannonische Vielvölkerschlacht" bezeichnen. Der Krieg fand am (Donau-) Strom, eventuell im Bereich des Bolischen Lagers der Stadt Bononia, oder an der Drau oder östlich des Plattensees, zwar ohne genaue Zeitangabe, jedoch vermutlich **ca. 462/64** oder auch etwas später statt. Prompt waren wieder die Ostgoten die Sieger, und alle die „bunten Völker flüchteten in ihre Heimat". Die nächste Auseinandersetzung zwischen den Ostgoten und den Suaven und den verbündeten Alemannen fand dann in einem Winterkrieg **471/72** statt, aber nicht mehr in Pannonien, sondern in Raetien, wobei die Nachbarn der Suaven alle genannt werden, auch die Baiuwaren. Die genaue Datierung des Winterkriegs ist durch die Erwähnung des 18. Geburtstags von Theoderich möglich und lässt die Annahme, Jordanes habe den Zustand von 551 oder später beschrieben, nicht zu.

Wie sah dann die Situation nach der Schlacht von **ca. 462/64** aus? Nach Jordanes musste die Flucht / der Auszug der Suaven und der Boier aus Pannonien nach Westen in die heutigen Siedlungsgebiete Schwabens und Altbaierns in den wenigen Jahren zwischen 462/64 und 471/72 unter König Thiudimir vor sich gegangen sein.

Die Ostgoten haben gesiegt. Die Suaven- Gruppe war genauso wie die Reste der Skiren, Rugier, Heruler und der anderen germanischen Stämme sofort Hals über Kopf aus dem Balkan geflüchtet, die Suaven zu ihrem Hauptstamm, den verbündeten Alemannen im Dekumatland, doch die hatten auch kein Land mehr zu verteilen. Jedenfalls siedelten im Winterkrieg von **471** diese „Balkan –Suaven" bereits zwischen Iller und Lech und in unmittelbarer

Nachbarschaft zu den östlich der Iller siedelnden Alemannen, und wie die vielen Schwabenorte im westlichen Bayern vermuten lassen, anfangs noch nicht fixiert auf eine genau definierte östliche Grenze. Die wurde dann **471** am Lech festgelegt.

Die spätere Überlieferung der Baiuwarischen Herkunft, die Awaren

Die Herkunft aus dem Osten war auch noch nach vielen Jahrhunderten lebendig, auch wenn freilich der Kaukasus oder Armenien, wie im „Annolied" um 1100 erzählt, etwas zu weit gegriffen war. Wie diese Meinung auftreten konnte ist nicht mehr rekonstruierbar, vermutlich jedoch aus den uralten Erinnerungen des Volkes, dem kollektiven Gedächtnis an Pannonien im „Fernen Osten" Europas.

Vielleicht haben aber auch die Awaren bzw. ein Teil-Stamm der bunt zusammengewürfelten Awaren zu dieser „Erinnerung" beigetragen. Im Großen und Ganzen liegt die Herkunft und Zusammensetzung der Awaren selbst und die Zeit der Awaren-Herrschaft im Osten Europas noch ziemlich im Dunkeln. Erst in letzter Zeit wurden die „Reitervölker im Frühmittelalter, also die Hunnen, Awaren und Ungarn" im Theiss-Verlag von Bodo Anke, László Révész, Tivadar Vida etwas ausführlicher behandelt. Doch aus der Zeit der Awaren–Herrschaft im jetzigen Österreich gibt es wenige Zeugnisse, auch viel zu wenig archäologische, so dass die Besiedlung und die Kultur in dieser Zeit nur ansatzweise rekonstruiert werden kann. Dagegen sieht es in Ungarn und Rumänien etwas besser aus.

Die Awaren waren aus Zentral- und Westasien, also tatsächlich auch aus dem Kaukasus und den angrenzenden Gebieten, in Osteuropa eingefallen und hatten im Karpatenbecken, in „Ungarn und Rumänien" ihr Reich errichtet. Vermutlich umfasste das Gebiet der Baiuwaren als Erben der Ostgoten schon nach der Ostgotenzeit das gesamte Gebiet bis zur Donau im Osten, in das die wilden Horden der Awaren eingefallen waren und in der Folgezeit wie die Hunnen raubend und plündernd durch Europa zogen und daheim sich von der einheimischen Bevölkerung versorgen ließen. Die Ostgrenze des Herzogtums der Baiuwaren zum Khaganat der Awaren wird - unbewiesen – erst im

8. Jh. für kurze Zeit an der Enns angenommen. Vermutlich hat eine starre Enns- Grenze nur für eine sehr kurze Zeit existiert.

Welchem Volk die Awaren angehörten, wird kontrovers diskutiert. Die wahrscheinlichste Version reiht die Awaren in eine größere Palette aus verschiedenen Volksgruppen Zentralasiens, in erster Linie aus Turkvölkern und auch aus iranischen Gruppen, noch übrig gebliebenen Hunnen und einem kleineren Teil von mongolischen Völkern ein, die sich zu dem schon vorhandenen sehr bunten Völkergemisch in Pannonien und im östlichen Noricum noch dazugesellt haben. Dass unter den Awaren auch ein Teil der Armenier beteiligt war, wäre nicht unwahrscheinlich, wenn auch nicht nachweisbar. Immerhin waren die Armenier damals schon längst christlich und hoch zivilisiert. Auch einige kleine Germanenstämme waren Teil des „Volkes der Awaren", vermutlich auch Reste der germanischen Gepiden, deren Gebiet sie sich angeeignet hatten. Zur damaligen Zeit war nicht die Zugehörigkeit zu einem Stamm oder Volk ausschlaggebend, sondern die Zugehörigkeit zu einem bestimmten Machthaber. Zur Zeit der Hunnen war schon dieselbe Situation anzutreffen. Mit Ausnahme der kleinen mongolischen Beimischung dürfte sich die Mehrheit der Awaren vom Aussehen her und abgesehen von der Sprache, Musik und Kultur, nicht grundsätzlich von südeuropäischen Bevölkerungsgruppen unterschieden haben, ähnlich wie heute die Türken. Ihre Sprache war, wie aus den wenigen bekannten Namen und Wörtern zu entnehmen ist, in erster Linie türkisch mit eventuell iranischem Einschlag, und ihre Kultur war keineswegs primitiv. Ihr Name „Avarii" ist noch nicht geklärt. Wurde er ihnen von den europäischen – germanischen oder romanischen - Nachbarn verliehen oder war er ihre eigene uralte Bezeichnung? Vielleicht soll unter dem Namen „Awaren" ein Sammelbegriff zu verstehen sein, der aus „A(lii)-varii" oder (Asiati)-varii gebildet wurde und mit „Verschiedene Andere (Volksgruppen)" bzw. Asiaten, mit ähnlicher Wortbildung wie Baiu-varii, zu übersetzen wäre.

Mario Bauch schreibt. *„Auffallend ist weiterhin, dass bei den frühen Bayern ebenfalls künstlich deformierte Schädel zu finden sind".* Diese Sitte weist unzweifelhaft auf einen hunnischen Einfluss hin, also ziemlich eindeutig auf die Herkunft aus dem ostgotischen – hunnischen – pannonischen - skythischen Bereich. Sicher galt dieser Brauch nur für einen Teil der Baiuwaren, auch der Goten und Hunnen, der auch sehr bald nicht mehr ausgeübt wurde. Auch ist keinesfalls auszuschließen, dass dieser betreffende kleine Stamm mit dem Brauch der Kopfverformungen ein versprengter Haufe des Awaren- oder Hunnenvolkes selbst war. Könnte von dieser kleinen Gruppe ebenfalls der bekannte „Mongolenfleck" bei den Neugeborenen herkommen, der gerade im südlichen Chiemgau manchmal anzutreffen ist? Die Volksüberlieferung im südöstlichen Bayern weiß zu berichten, dass auf den nassen Feldern von Feldwies, einem Ortsteil von Übersee am Chiemsee einige „übrig gebliebene" „Hunnen" - Familien vom Baiernherzog angesiedelt und im Laufe von vielen Jahrhunderten integriert worden seien. Hunnen, Awaren und Ungarn wurden zeitweise in einen topf geworfen. Sie wurden früher die „Dollpatschen" genannt. Dass diese bayerische Volksüberlieferung nicht so weit hergeholt ist, besagt auch die Überlieferung eines französischen Dorfes (Courtisols bei Troyes in der Champagne) in der Nähe der Katalaunischen Felder in Frankreich, auf dem 451 die Entscheidungsschlacht Roms mit den Hunnen stattgefunden hatte. Nach der Recherche von Jens Peter Behrend und Elke Schmitz („Die Hunnen stürmen Europa") behaupten die Dörfler steif und fest, ihr Dorf sei eine Ansiedlung von zurückgebliebenen Hunnen und tatsächlich findet sich in der Bevölkerung eine beträchtliche, weit überdurchschnittliche Anzahl von Kindern mit dem Mongolenfleck bei der Geburt, genauso wie im südlichen Chiemgau.

Vermutlich war dieses Nomaden-Kriegervolk ganz ähnlich wie das der Hunnen zahlenmäßig nur sehr klein, bestand zum größeren Teil aus Kriegern und nur zum kleinen Teil aus Frauen und Kindern, war aber durch neuartige Waffen und großen Mut kriegerisch sehr erfolgreich wie ein paar Generationen vorher auch schon das der Hunnen. Wahrscheinlich hat sofort nach ihrem Auftauchen im Osten eine Vermischung zwischen den awarischen Kriegern und den ansässigen Frauen stattgefunden. Eine richtige Verwaltung in einem Reichsgebiet mit klar definierten Grenzen nach westlichen Grundsätzen dürfte kaum zustande gekommen sei, sondern die alten römischen zivilen Strukturen werden einfach weiter existiert und die einheimische alte Bevölkerung von Noricum und Pannonien, die sich in nichts von der baiuwarischen unterschied, ohne Zentralgewalt, aber unter der militärischen Gewalt der Awaren weitergelebt haben. Die Tradierung der alten romanischen Ortsnamen besagt dies. Die Awaren haben die altansässige keltisch-romanisch-germanische

Bevölkerung in Noricum und Pannonien nicht getötet oder großartig unterjocht, sondern wie die Ostgoten für sie arbeiten lassen, denn als berufsmäßige Krieger hatten sie wie die Goten keine Lust zum Arbeiten und haben auch getrennt von der einheimischen Bevölkerung gesiedelt.

Die Awaren waren anfangs mit den Oströmern und Langobarden verbündet und zerstörten das Reich der Gepiden im Karpatenbogen, wo sie sich auch bevorzugt niederließen. Als die Langobarden nach Italien zogen, weiteten sie ihr Herrschaftsgebiet auch nach Westen aus, doch konnten sie das riesige Gebiet nicht bevölkern und nur sehr vage verwalten, was allerdings durch ihre Verbündeten, die Slawen dann geschah. Nachdem die Awaren anfangs um 550/60 die ständigen Gegner, dann aber zeitweise auch die Verbündeten der Baiern waren, wurden sie nach ca. 200 Jahren Aufenthalt in Pannonien und im Karpatenbecken, um 760 bis 796, von Karl dem Großen ohne großen Aufwand vollkommen besiegt; und sind seitdem aus der Geschichte verschwunden. Anscheinend waren sie im Laufe ihres 200 jährigen Aufenthalts in Westeuropa sehr friedlich geworden und standen kurz vor der endgültigen Assimilierung an die europäische Kultur und Lebensweise. Das Nomadentum hatten sie schon längst aufgegeben und ihre militärische Schlagkraft war größtenteils verpufft. Sie unterwarfen sich dem fränkischen Kaiser, wurden christianisiert und in der Westhälfte Pannoniens zwischen Szombathely (Sabaria) und Deutsch Altenburg (Carnuntum), der neuen Provinz „Oriens" unter der Herrschaft des bairischen Präfekten angesiedelt. Ab ca. 803 kann von den Awaren kaum noch gesprochen werden, weder vom Volk, noch von ihrer eigenständigen Kultur.

Nach ihrem Untergang, so wird vermutet, ist zumindest ein kleiner Teil der Awaren schnell und endgültig nach Osten abgezogen. Tatsächlich gibt es im Kaukasus bis zum heutigen Tag noch das kleine Volk der Awaren, doch inwieweit diese „neuen Awaren" mit den „alten Awaren" in Zusammenhang stehen, konnte bisher nicht geklärt werden. Einige Forscher vermuten, dass die „alten" Awaren in den Alpenslawen Österreichs und hauptsächlich in den südslawischen Kroaten aufgegangen sind, mit denen sie anscheinend schon länger zusammengelebt hatten.

Für die weitere Geschichte waren die im Gefolge der Awaren in Noricum und Pannonien um 550 bis 700 eingewanderten Slawen, vorrangig als deren

Sklaven als mehr oder weniger friedliche Ackerbauern von großer Bedeutung. Vermutlich siedelten die Slawen in einer sehr geringen Volksstärke und nur in kleinen Familienverbänden und störten die Altansässigen kaum. Nur im Süden Noricums und Pannoniens, im jetzigen Slowenien, Kärnten und in der Steiermark bildeten sie kurze Zeit ein kleines Fürstentum mit eigenen Klein-Stammesführern, zerstörten die römischen Städte Binnen- Noricums, Virunum, Teurnia und Flavia Solva, töteten aber wie die Awaren die Bevölkerung nicht, weshalb nach 760 noch zahlreiche keltische und romanische Bevölkerungsreste aus der römischen Provinzzeit angetroffen wurden.

Die intensive Erforschung der österreichischen Orts- und Flurnamen zeigt, dass örtlich stark verschieden, außer den baiuwarisch – germanischen Namen ein großer Teil noch keltisch und römisch und im Grunde nur ein kleiner Teil slawisch erklärt werden kann. Die Baiuwaren besiedelten ab 760, vermutlich aber auch schon lange vorher, bereits ab 470, die gesamte alte Provinz Noricum, den östlichen Teil Raetiens und den nördlichen Teil von Pannonien auf eine so selbstverständliche Art, wie wenn ihnen die Gebiete von Anfang an von den Ostgoten zugesichert worden wären, was ich tatsächlich annehme. Die Gründe der Ostgoten dafür sind nicht aus den Schriften zu erfahren und können nur erahnt werden. Vielleicht haben sich die Baiuwaren als überaus loyale Bundesgenossen der Ostgoten erwiesen, so dass ihnen nach dem Untergang der Ostgoten als deren letzte Verbündete automatisch die Regierung über die nördlichen römischen Provinzen zufiel. Nur das Auftauchen der Awaren und Slawen unterbrach den Vorgang der Wiederbesiedlung und Integration der einheimischen Bevölkerung für einige Zeit, berührte aber im Großen und Ganzen die bereits siedelnde Bevölkerung kaum. Erst nach dem Sieg von Karl dem Großen über die Awaren und dann wieder 200 Jahre später um 955 noch über die neuerlich hereingebrochenen Ungarn fand die bairische Besiedlung nach Osten fast bis zu den ehemaligen Wohnsitzen ihrer Urahnen in Pannonien ihr Ende. Die sehr dünn dazwischen siedelnden Slawen arrangierten sich mit den Baiuwaren und wurden wie selbstverständlich integriert, nicht unterworfen, weshalb in den südlichen und östlichen Teilen Österreichs ein stärkerer slawischer Beitrag zur ostbairischen / österreichischen Volkwerdung zu verzeichnen ist. Mit Ausnahme des ursprünglich südnorischen Gebietes Slowenien sind die Slawen in die baiuwarische Bevölkerung Österreichs schon sehr früh vollkommen integriert worden, allerdings umgekehrt auch die relativ geringe Menge der Baiuwaren im vorrangig slawisch besiedelten Slowenien. Das im Mittelalter durch die Türken verwüstete und völlig entvölkerte Burgenland wurde mit Deutschen aus dem gesamten Reich und nicht nur aus Bayern besiedelt.

Die Baiuwaren und Suaven nach ihrer Umsiedlung

Aus der Würdigung der damaligen Machtverhältnisse heraus ist eine vollkommen willkürliche, ohne einen Anlass und ohne einen konkreten Auftrag, ohne offizielle Erlaubnis bzw. ohne den ausdrücklichen Befehl des Königs der Ostgoten durchgeführte Ansiedlung der Suaven in West – Raetien und die Umsiedlungsaktion der Baiorischen Stämme nach Ost- Raetien und Noricum im erwiesenermaßen großen Umfang undenkbar. Sie war nur mit ausdrücklicher Erlaubnis des Königs als Verwalter des römischen Westreiches möglich, auch wenn dies aus der Schrift von Jordanes nur indirekt erschlossen werden kann. Auch die Umsiedlung der Ostgoten nach Pannonien und später nach Italien, der Westgoten nach Spanien, der Langobarden nach Pannonien und wieder nach Italien usw. wurde immer offiziell genehmigt oder zumindest nachträglich offiziell anerkannt. Und der Machthaber in Raetien und Noricum war der Ostgotenkönig Thiudimir, dann sein Sohn Theoderich und dann dessen Nachfolger. Warum aber keine amtliche Anerkennung der Umsiedlung der Baiuwaren bekannt ist, liegt wahrscheinlich daran, dass sie ursprünglich lediglich als Sicherungstruppe aus einem Teil des Ostgotenreiches in einen anderen Teil umgesiedelt wurden, ohne eigene Führung, unter der Herrschaft der Ostgoten und dadurch lange Zeit nicht als geschlossener Stamm sichtbar waren.

Von allen benachbarten germanischen Völkern hoben sich die Baiuwaren durch halbwegs definierte Grenzen, besonders im Westen und Norden, nicht so sehr im Osten und Süden deutlich ab. Die schwäbische – bayerische Besiedlungsgrenze war vermutlich schon von König Thiudimir 471 am Lech festgelegt worden. Der Rest von Raetien vom Lech bis zum Inn und die anschließende Provinz Noricum wurden zur gleichen Zeit von den Baiuwaren als Untertanen der Ostgoten in Besitz genommen. Sie bildeten mit den Schwaben (und den mit ihnen verbündeten Alemannen) von Anfang an eine ziemlich klare Grenze im Westen, den Lech, der bis zur heutigen Zeit als Stammesgrenze gilt, und im Norden die Donau mit den Thüringern und Franken. Das jetzige Bayerische Franken und die Oberpfalz nehmen heute die Nachbarstelle im Norden ein, doch war diese Menschengruppe um 471 dort noch nicht in der jetzt bekannten Art präsent. Von einer Grenzfestlegung im Osten war 471 noch keine Rede und sie war auch nicht erforderlich, da das ganze Gebiet ostgotisch war; sie wurde erst viele Jahre nach dem Einfall der Awaren (ca. 550) gegen dieses Volk – vermutlich erst gegen Ende des 7. Jh. vorläufig und nur für einige Zeit - an der Enns festgelegt.

Eine Grenze zwischen den keltogermanischen Baiuwaren und Keltoromanen in Raetien und Noricum war nicht notwendig und gar nicht möglich, weil beide Gruppen überall von Anfang an gemischt siedelten und alle im Machtbereich der Ostgoten lagen: das Oberhaupt für beide war ab 471 bis ca. 553 der König der Ostgoten. An der Zugehörigkeit zum Ostgotenreich mit ihrem König änderte sich ca. 80 Jahre lang nichts, bis zu deren Untergang um 553. Erst danach erhielten die Baiuwaren einen eigenen König / Herzog.

Die Südgrenze entsprach im Großen und Ganzen der alten raetischen und norischen Provinzgrenze, die während der Ostgotenzeit keine große Bedeutung hatte, aber dann durch die Einwanderung der Langobarden wieder eine echte Grenze wurde. Durch die spätere Einwanderung der Südslawen wurde sie im Ostteil weiter nach Norden geschoben. Die Ostgrenze musste während der Ostgotenzeit ebenfalls nicht definiert werden und war noch während der Regierungszeit des ersten Herzogs Garibald I. meines Erachtens auch ungefähr die alte Provinzgrenze von Noricum und Nordpannonien, nämlich die Donau. Die Donau - Ostgrenze wurde dann schon bald durch den Awarensturm für ca. zwei Jahrhunderte, von ca. 560 bis 760 nach Westen auf die Enns zurückgeworfen, für wie lange und in welchem Ausmaß ist, wie die gesamte Awarenzeit, ziemlich unbekannt. Zwischen den Siedlungen der Awaren und der Baiern lag ein riesiges Gebiet (ungefähr Niederösterreich und Steiermark), das nur von der spätrömischen Bevölkerung, germanischen Reststämmen, eventuell einigen Baiuwaren und langsam einsickernden Slawen besiedelt war.

Die bei Eugippius genannten Rugier hatten sich im Gebiet außerhalb des nordöstlichen Noricum zwischen Donau und Böhmischem Kessel, im jetzigen nördlichen Niederösterreich, niedergelassen und hatten sogar eine Art Hauptstadt im Bereich von Krems an der Donau gegründet. Sie waren enge Verbündete der Ostgoten. Von Odoaker wurden sie ohne besonderen Grund – vermutlich nur wegen ihrer Freundschaft zum Ostgotenkönig Theoderich - überfallen und fast vernichtet. Auch dürften sie später durch den Sturm der Awaren stark gelitten haben, ohne allerdings vernichtet worden zu sein. Jedenfalls scheinen sie später nicht mehr als eigenständige Kraft auf. Auch die Namen von alten germanischen Stämmen, wie z. B. der Markomannen sind endgültig in der Versenkung verschwunden. Warum? Vermutlich haben sie nach ihrer „letzten" Niederlage mit dem Anschluss an einen anderen Stamm freiwillig, vielleicht sogar gerne, auf ihren alten Namen verzichtet.

Schon den Boiern aus Pannonien hatten sich wahrscheinlich mehrere keltische und auch germanische Kleinstämme und Flüchtlinge wie die Skiren angeschlossen, weshalb sie in ihrer neuen Heimat dann nicht mehr Boier, sondern „Baiorische Stämme" bzw. „Baiuvarii = Verschiedene Boier-(stämme)" genannt wurden. Es dürfte klar sein, dass sich in dieser Zeit unter dem Namen Baiorische Stämme, Baiuvarii nicht nur die alten keltischen Boier aus Pannonien, sondern alle keltischen Reststämme und germanischen Kleinstämme versammelt haben. Um die Stärke der Baiuwaren, der baiorischen Stämme aus Pannonien dauerhaft zu festigen, wurden nach dem Winterkrieg wahrscheinlich weitere Gruppen von versprengten germanischen Kleingruppen, germanisierten Kelten, Individualisten und Sippschaften, aus dem Gebirgsland der Ostalpen und des Wienerwalds, aber auch die überlebenden Kelten von außerhalb, aus Böhmen und dem anschließenden Grenzgebiet zwischen Böhmen und der Donau angeworben und verstärkten dadurch die Kampfkraft der Baiuwaren. Die dünn besiedelten Provinzen Noricum und Raetien wurden damit wieder voll besiedelt. Die Umsiedlung hatte eine eigene Dynamik erreicht. Später dann unter König Theoderich ab 474 bis ca. 510 dürfte die Umsiedlung noch forciert worden sein, diesmal aber etwas geordneter und wird spätestens bis zum Tode Theoderichs bzw. bis zur Niederlage der Ostgoten von 553 längst abgeschlossen gewesen sein.

Die Baiuwaren der Frühzeit bestanden aus einem Konglomerat aus Romanen, romanisierten Kelten, germanisierten Kelten und Germanen – mit der bestimmenden Kerngruppe der germanisierten Boier aus Pannonien - und wuchsen in kurzer Zeit zum Stamm der Baiern zusammen.

Die in Pannonien siedelnde keltische Volksgruppe ohne König waren Boier und Pannonier und damit auch Römer, nach dem Einmarsch der Ostgoten in Pannonien waren sie Boier, Pannonier und Römer unter der Verwaltung der Ostgoten und damit in gewissem Sinne auch Ostgoten. Nach der Umsiedlung nach Bayern war diese Volksgruppe, nunmehr durch mehrere andere Gruppen bereichert, keine „reinen" Boier und keine Pannonier mehr, aber auch keine Raeter wie die Bevölkerungsgruppe von Raetia prima in Graubünden / Schweiz, weshalb der Name Raetien im Voralpenland untergegangen ist. So musste diese Volksgruppe eine neue Bezeichnung erhalten, die sie für alle Nachbarn umfassend klar beschrieb, nämlich „Baiorische Stämme - Baiovarii" (ca. 471). Zudem waren sie noch unselbständige Provinzrömer und Ostgoten. Erst nach dem Untergang der Goten waren sie nur noch Baiorische Stämme - Baiuwaren, keine Römer und keine Ostgoten mehr und erhielten deshalb endlich wieder nach Jahrhunderten der Unselbständigkeit (ca. 553) einen eigenen Stammesführer / König / Herzog. Erst viele Jahrzehnte später wurden die Baiuwaren noch Frankenreich - Angehörige und wieder nach Jahrhunderten Bayern und Deutsche.

Die Reihengräberfelder in Bayern bestätigen im großen und ganzen diese Daten, da die ältesten Gräber nach Angaben der Archäologie noch in der letzten Hälfte bis zum letzten Drittel des 5. Jahrhunderts, also zwischen 450/75 und 500 und die große Mehrzahl dann Anfang des 6. Jh. belegt worden sind. Von Pannonien und Mösien brachten die ersten Gruppen ihre Bestattungsform und im Besonderen ihren Grabbrauch mit dem Gefäß in der Grabwandung mit. Mit den neuesten Ausgrabungsergebnissen von Fehr, veröffentlicht im Buch für die Bayerische Archäologie, mit der für Pannonien besonderen Ausstattung der Gräber kann auch das Gebiet der Boier in Pannonien und Mösien ziemlich genau erfasst werden.

Bemerkenswert ist aber auch die Tatsache, dass die damals gleichzeitig mit den Baiuwaren aus Pannonien nach Raetien geflüchteten Suaven / Schwaben heute als eigener Bezirk zum Freistaat Bayern gehören. Die Iller, die spätrömische Westgrenze von Raetien ist heute die Grenze zwischen Baden Württemberg / Alemannien und Bayern / Raetien. Es ist schon eigenartig, wie hartnäckig sich Grenzen behaupten können. Die enge Verbundenheit der Bayern mit den „bayrischen" Schwaben resultiert vielleicht noch aus der frühen Nachbarschaft der beiden Völker in Pannonien, der zur selben Zeit erfolgten Flucht und Umsiedlung in die jetzigen Wohngebiete, und der wiederum engen nachbarlichen und gleichzeitigen Besiedlung der Provinz Raetien, aus den gemeinsamen Erlebnissen vor 1500 Jahren. Altbayern und Schwaben sind wieder, genauso wie das alemannische Vorarlberg zum bairischen Tirol die engsten Nachbarn, auch geistiger Art – wieder ein Beweis für das unendlich lang dauernde kollektive Gedächtnis eines Volkes.

Am Ende des Römerreiches, das ziemlich identisch mit dem Ende der Völkerwanderungszeit war, wurden die alten Provinzgrenzen von Noricum, Raetien und Pannonien langsam, nach und nach gegenstandslos, aber dennoch nicht vergessen. Die alte norisch– raetische Provinzgrenze am Inn war bei der Einwanderung gegenstandslos, lebte allerdings einige hundert Jahre später, nach der Teilung in Baiern und Österreich mit kleinen Veränderungen wieder auf und existiert mit einer leichten Verschiebung nach Osten vom Inn zur Salzach hin bis heute weiter. Kirchlich hat die alte norische Grenze am Inn sogar noch bis 1803 weitergelebt. Lediglich Südtirol, das ebenso lange zu diesem Kulturraum gehört, wurde nach 1918 in Italien eingegliedert.

Dadurch dass sich die einheimische Bevölkerung der Keltoromanen in Raetien und Noricum in den wirren Zeiten der Völkerwanderung vorrangig in ihren städtischen und auch dörflichen Zentren gesammelt hatte, konnte das teilweise verlassene, brachliegende Land von vielen individuellen, in großen Scharen ankommenden, germanisch sprechenden Sippen und kleinen Volksgruppen der Baiuwaren und anderen Land suchenden Familien- und Stammesverbänden ohne Kampf in Besitz genommen werden. Offensichtlich trafen erst in Baiern alle diese Volksgruppen zusammen und bildeten dann allmählich, im Laufe von vielen Jahrzehnten im Staatsgebiet Baiern den „Stamm der Baiuwaren / Baiern". Nach Ansicht von Mario Bauch könnte ein wesentlicher Teil der überlebenden Ostgoten nach 553, durch die ununterbrochenen Kämpfe in erster Linie natürlich nur noch Frauen und Kinder, nach Baiern geflüchtet sein. Jedenfalls ist der Anteil von ostgotischem Schmuck in den bairischen Reihengräberfeldern nicht unerheblich.

Die zugewanderten Baiuwaren siedelten sich vorrangig in den ehemals römisch kultivierten Ländereien mit fruchtbarem Ackerboden und in der Nähe von Römerstraßen an, bekämpften und verdrängten aber weder die einheimischen Keltoromanen noch die längst ansässigen Foederaten. Sie waren wie vorher sofort wieder ausschließlich friedliche keltische Ackerbauern und Viehzüchter und wie alle Kelten mit einem großen Wissen von den Zusammenhängen in der Natur ausgestattet.

Die noch zur Zeit der Römerherrschaft zugewanderten germanischen und keltogermanischen Söldner und Foederaten standen zwischen den beiden Gruppen der Keltoromanen und der Baiuwaren. Sie wussten wohl, dass ein Neuanfang mit der allgemeinen Germanisierung unausweichlich war und trugen damit sehr zur schnellen und vor allem friedlichen Integration der Gruppen bei. Mit den Foederaten dürften die baiuwarischen Zuwanderer schnell gemeinsame Sache gemacht haben, während die Keltoromanen bestrebt waren, sich etwas abgesondert zu sammeln. Der Status dieser ehemaligen germanischen Söldner, jetzt Neusiedler war beim Abzug des römischen Offizierscorps ein anderer als derjenige der Keltoromanen, sicher jedoch nicht ungünstig. Auch ohne kaiserlichen Befehl konnten sie für ihre Familie, für ihr Dorf, aber auch für ihren König (der Ostgoten) die Verwaltung und die Selbstverteidigung organisieren und werden dadurch in nicht geringem Ansehen bei der gesamten Bevölkerung gestanden haben. Ihre Sprache dürfte mal germanisch mit lateinischen Wörtern, mal romanisch mit germanischen Wörtern, gewürzt mit vielen keltischen Ausdrücken gewesen sein.

Ich vermute auch, dass die Friedenhain – Prestovice - Gruppe zu den bei den Markomannen in Böhmen zuerst germanisierten, im Römerreich dann nur halbwegs romanisierten Kelten gehörte, die eventuell weitere keltische Stammesbrüder nach dem Ende der römischen Verwaltung und unter dem wachsamen, aber wohlwollenden Auge der Ostgoten nach Noricum und Raetien „lockte". Vielleicht war dieser Föderatenstamm aufgrund seiner Erfahrungen sowohl mit den Römern, mit den restlichen Kelten und zugleich auch mit den Germanen bei der Umsiedlung von späteren Baiuwaren im Norden aus den Grenzbereichen Böhmens besonders stark beteiligt.

Das Verhalten der Baiuwaren in Bayern stand in krassem Gegensatz zu allen wandernden und nicht-wandernden germanischen Stämmen der Völkerwanderungszeit. Wie von den Ostgoten und Langobarden in Italien, den Westgoten in Spanien, den Burgundern in Südfrankreich und den Vandalen in Nordafrika bekannt ist, gebärdeten sich diese stets als große Herren über die unterworfenen Völker. Die ruhelosen, wandernden und kämpfenden Germanen dieser Zeit wussten nichts mehr von Ackerbau und Viehzucht, sondern waren ausschließlich nur Krieger und damit privilegierte Leute und ließen die altansässigen Kelten und Romanen für sich und ihren Lebensunterhalt arbeiten. Auch die Franken und Langobarden waren nicht anders in ihrem Verhalten.

Die Baiuwaren benahmen sich dagegen wie Leute, die unmittelbar bis zur Umsiedlung als unkriegerische Ackerbauern und Viehzüchter (unter fremder Herrschaft) gelebt hatten und sofort nach der Umsiedlung als nunmehr freie Bauern mit großzügigem Grundbesitz ihre Arbeit wieder aufnahmen. Sie waren keine „hauptberuflichen" Krieger wie die Germanen. Die ansässigen Keltoromanen wurden nicht entrechtet, unterdrückt und vertrieben, zumindest ist nichts bekannt, und diese behielten noch Jahrhunderte lang ihre Kultur und Sprache. Kurzum, die Einwanderer siedelten zwischen den altansässigen Keltoromanen wie diese selbst und legten kein „typisch germanisches Verhalten" an den Tag. Meines Erachtens spricht allein schon diese äußerst unterschiedliche Lebensart der Baiuwaren im Vergleich zu derjenigen der Germanen dieser Zeit gegen die Annahme, die Baiuwaren könnten „Elbgermanen" oder andere unbekannte Germanen gewesen sein.

Genauso bemerkenswert ist das Verhalten dieser Baiuwaren in den nächsten achtzig Jahren, von 470 bis 550, also nach ihrer Umsiedlung aus Pannonien. Obwohl die alten Berichte Fortunatus von unendlich vielen, ja ununterbrochenen Kämpfen von Weströmern, Oströmern, Franken, Alemannen, Sachsen, Thüringern, Burgundern, Westgoten, Ostgoten, auch kleinere Stämme wie Skiren, Rugiern, Gepiden, Sarmaten, mal gegeneinander, mal miteinander berichten, ist doch kein einziges Mal von einer Beteiligung der Baiuwaren an diesen Kämpfen die Rede. Auch Schwaben und Baiuwaren haben sich nie bekämpft. Das beweist doch in hohem Maße, dass die Baiuwaren keine Germanen der damaligen Zeit mit ihrem bekannten kriegerischen Verhalten waren, vor allem aber auch, dass sie zu dieser Zeit noch nicht von den Franken oder Alemannen oder Thüringern schon als Waffenbrüder vereinnahmt waren, sondern sich unter der Oberherrschaft der Ostgoten als nichtselbständige Volksgruppe, weit abseits von den Machtzentren der Ostgoten und Franken sich ruhig entwickeln konnten. Hätten sie bereits einen eigenen Herzog besessen, wäre eine Einbeziehung in die Kämpfe dieser Stämme unausweichlich gewesen. Erst nach dem Untergang der Ostgoten nach 550 und nach einer gewissen Konsolidierung der Franken wurde langsam auch dieses friedliche, für die Expansion der Franken nach Norden, Osten und Süden wichtige Land Bayern um 590 in das fränkische Reich ohne Eroberung einbezogen, aber ohne die innere Selbständigkeit zu verlieren. Die Franken mussten das Land auch dann nicht kämpferisch erobern, sondern die Führung der Bayern durch die Agilolfinger wusste genau, für was sich zu kämpfen lohnte und für was nicht.

Durch ihr Volkstum und ihre Bräuche und auch ein wenig durch ihr Aussehen, vor allem aber durch ihr gleichartiges Verhalten haben sich die Baiuwaren, diese eingewanderten „Kelto-Germanen" und die schon ansässigen „Keltoromanen" als ein Volk verstanden. Auch der Baustil der Baiuwaren, der Bau ihrer Behausungen unterscheidet sich deutlich von dem der Alemannen und Franken wie aller anderen damaligen Germanen, sieht aber der keltischen Bauweise noch sehr ähnlich. Während die Germanen ihre Wohnhäuser mit Fachwerk errichteten (wie die alten Städte bis zum heutigen Tag noch immer deutlich zeigen) waren die Wohnhäuser der Baiuwaren immer in keltischer Holz - Blockbauweise gebaut. Nur ihre Nebengebäude, die Scheunen und Stadeln waren und sind im germanischen Fachwerk errichtet. Einen Eindruck von der baiuwarischen - keltischen Wohnhaus – Bauweise erhält man von den letzten uralten Berghütten im Gebirge.

Nur so lässt sich der kaum erklärbare friedliche Einmarsch (Umsiedlung) einer großen Bevölkerungsgruppe, eben der Baiuwaren, damals völlig unzeitgemäß ohne Eroberung und Streit, und das unglaubliche problemlose Zusammenwachsen von vielen Kleinstämmen und Volkssplittern in kürzester Zeit doch noch erklären: Die Siedlungskontinuität war wegen der gleichen Volkszugehörigkeit zu den Kelten im großen und ganzen erhalten geblieben. Dass alle die „keltischen" Eigenschaften der Bayern ausschließlich von dem kleinen Völkchen der zurückgebliebenen Keltoromanen herstammen sollten, ist unmöglich. Dazu bedurfte es sicher der großen Mehrheit des Volkes und das sind die Baiuwaren aus Pannonien gewesen. Der Name wie das Verhalten der Baiuwaren spricht für germanisch sprechende, friedliche, arbeitsame und nichtwandernde keltische Reststämme, für Kelto-Germanen also, die durch ein Kriegsereignis ausgewandert oder vertrieben worden sind.

Eine kriegerische Kolonisierung des Ostens mit der Unterwerfung der altansässigen Völker wie in Nord- und Ostdeutschland bis ins Baltikum durch die Norddeutschen fand bei den Baiuwaren im Süden nicht statt. Die altansässigen Menschen im damaligen Noricum und Nordpannonien, im jetzigen Österreich, die Kelto-Romanen, die Kelto-Germanen, die verbliebenen Awaren, die neu zugezogenen Slawen und andere Volksgruppen wurden in die Volksgemeinschaft unter dem bairischen Herzog aufgenommen, aber nicht gewaltsam unterworfen und getötet, sondern sie wurden von den ebenfalls zuwandernden Baiuwaren aus dem neu eingerichteten Herzogtum im Westen friedlich integriert.

In den lediglich ca. 80 Jahren der nur mäßig starken Ostgotenherrschaft in Noricum und Raetien von ca. 470 bis max. 550, der Gefahr von allen Seiten und des dadurch notwendigen Zusammenstehens entstand aus dem keltischen Kern und vielen keltischen und germanischen Volkssplittern das neue - alte Volk der Baiern. Die Baiern der Gründerzeit aus Keltoromanen, Germanen und Kelto-Germanen wurden in kürzester Zeit ein „einig Volk".

Sehr bemerkenswert erscheint mir die Tatsache, dass die Namen von ein paar der bekanntesten und größten keltischen Stämmen aus den Jahrhunderten vor der Zeitenwende im Sprachgebrauch der Baiern / Bayern weiterleben, obwohl sie „offiziell" schon Jahrhunderte vorher untergegangen sind. Offensichtlich ist das kollektive Gedächtnis eines Volkes wesentlich langlebiger als angenommen, wie der Ägyptologe Jan Assmann anschaulich schreibt. Die Kelten haben trotz des Wechsels ihrer Sprache und des Verlusts ihrer eigenständigen Verwaltung ihre Identität, ihren internen Namen, ihr Verhalten und ihr Selbstbewusstsein als zu den Germanen andersartige Ethnie nie verloren. Es sind dies:

Die „Veneti": Von manchen Forschern werden sie als Kelten, von anderen wieder als Illyrer angesprochen. Vermutlich sind darunter Europäische Ureinwohner zu vermuten, die in den letzten Jahrhunderten vor Chr. keltisiert, im ersten Jahrhundert nach Chr. romanisiert worden und dann später (ca.

6./7. Jh.) in dem in ihre Wohnsitze nachrückenden Volk der Slawen aufgegangen sind. Der schon früher nach Italien, nach Venetien abgewanderte Hauptstamm der Veneti verhielt sich genau so wie Kelten, wie Romanen oder wie Germanen. Sie waren anscheinend in Europa sehr verbreitet, weswegen der Name sowohl in der Stadt Vannes in der Bretagne, in Vindobona / Wien, in Vindonissa / Windisch in der Schweiz, in Venetia / Venedig in Italien, in Vindelici / Bewohner des raetischen Voralpenlandes (Augusta Vindelicorum) und vor allem später in der Volksbezeichnung der Wenden, Winden, Windischen = slawischen Stämmen weiterlebt. Warum der Name letztendlich auf die Slawen übergegangen ist, kann nicht mehr eindeutig geklärt werden. Es ist anzunehmen, dass ein Teil der alten Veneter in den Slawen aufgegangen ist und die Slawen insgesamt als Nachbewohner der ursprünglichen venetischen Siedlungsgebiete im östlichen Europa den Namen einfach geerbt haben. Wahrscheinlich waren die Veneti östlich von Pannonien über lange Zeit die unmittelbaren Nachbarn der Boier, der nachmaligen Baiuwaren.

Der keltische Stamm der „Volcae" wird bei den alten Schriftstellern wie bei Strabo häufig genannt. Der Name lebt bei den Bayern in der Volksbezeichnung der Walchen, Welschen und damit als Bezeichnung für alle romanisierten Kelten und allgemein für die Romanen im Gedächtnis der Baiuwaren weiter. Vermutlich haben sie als erster Keltenstamm die romanische Sprache und Kultur angenommen und wurden somit für die anderen Kelten das Synonym für die Romanen. Die Dörfer der Romanen in Bayern und Österreich wurden während der Umsiedlung der Baiuwaren von ihnen häufig mit „Walchen" benannt wie Walchensee, Traunwalchen, Straßwalchen, Seewalchen und noch sehr viele andere. Der ursprünglich romanische Name der Dörfer ist dabei untergegangen.

Die keltischen „Boii" haben es durch ihre rechtzeitige Germanisierung und die Umsiedlung geschafft, in den Baiuwaren weiterzuleben, im Volk der Bayern wieder aufzuerstehen. Sie haben die Namen der keltischen Stämme der Veneter und der Volker, mit denen sie in irgendeiner Weise verbunden waren, weitergegeben und vor dem Vergessen bewahrt. Während der Völkerwanderungszeit blieben sie in ihrer vor langer Zeit angenommenen, angestammten Heimat in Pannonien, waren dadurch zwar „Römer", mussten aber später mehrfach eine Änderung der Oberherrschaft germanischer Stämme, wie der Markomannen, der Quaden, eventuell auch der Rugier und Skiren, und eben ab 453 (oder auch schon früher) der Ostgoten ertragen. Die germanische Sprache nahmen sie in dieser Zeit wohl zur Verständigung an, nicht aber deren Identität und Kultur. Sie ließen sich nicht in irgendeinen germanischen Stamm, auch nicht in den ostgotischen, voll integrieren und wanderten auch nicht mit diesem oder einem anderen Stamm weiter.

Für die weitere Beurteilung gilt festzuhalten, dass die keltischen Boier in den Zeiten der Völkerwanderung zwar keine eigenständige Macht waren, dass sie vermutlich bereits ihre Sprache dem allgemeinen Trend folgend der germanischen angepasst hatten, dass sie aber grundsätzlich als friedliche, sesshafte und nicht wandernde Bevölkerungsgruppe mit einem noch eigenständigen Profil in Pannonien und im östlichen Noricum vorhanden waren. Auch in diesem Zusammenhang ist auf das kollektive Gedächtnis eines Volkes zu verweisen, das in ein paar Jahrhunderten noch viele neue „Erlebnisse", meist katastrophaler Art aufnehmen muss, die alten aber nicht auslöschen kann.

Man kann trotz aller germanischen, romanischen und weiteren Zumischungen davon ausgehen, dass das „Ursubstrat der Baiuwaren" aus Kelten mit inzwischen germanischer Sprache bestand.

Die Religion der Baiuwaren in Baiern

Zu welcher Religion bekannten sich die Baiuwaren? Waren sie Arianer wie die Ostgoten und Langobarden, waren sie römisch – katholisch wie die Keltoromanen oder waren sie vielleicht sogar noch heidnisch, germanisch – heidnisch oder keltisch – heidnisch? Eine Organisation der römisch - katholischen Kirche mit Bistümern, Bischöfen und Priestern war in der Spätzeit der römischen Herrschaft im 4./5. Jh. erst ansatzweise vorhanden und konnte dementsprechend die Völkerwanderungszeit und das Ende der Römerherrschaft nicht überdauern. Sicher trug auch die Abwanderung der Mönche und Priester aus Noricum von 488, wie in der Severinsvita beschrieben, wesentlich dazu bei. Allerdings werden sich die Gemeinden der keltoromanischen Bevölkerung das Christentum rudimentär erhalten haben, denn zum endgültig überholten „römischen oder keltischen Heidentum" waren sie sicher nicht mehr zurückgekehrt.

Die Baiuwaren waren mit typisch keltischem Konservatismus bei der Landnahme in Raetien und Noricum nach den Zeugnissen der Kirche noch „Heiden" ohne genaue Spezifizierung, also keine Katholiken, zumindest keine organisierten. Vermutlich gab es auch viele, wenn auch nicht geschlossene
Gemeinden von christlichen Arianern, wie die Ostgoten und Langobarden waren, die aber in den Augen der Katholiken auch Heiden waren und auch als
solche bezeichnet wurden. Gerade die Religionszugehörigkeit unterscheidet
die Baiuwaren maßgeblich von den West- und Ostgermanen oder gar „Elbgermanen". Dadurch dass alle diese „baiorischen keltischen Stämme" vor
und während der Völkerwanderungszeit zwar die germanische Sprache angenommen, sich aber im übrigen etwas abseits von den Großstämmen
gehalten hatten, einige auch buchstäblich hinter den Bergen gehaust hatten
und auch nicht auf die Wanderschaft gegangen waren, ist ihr Heidentum erklärbar. Die arianischen Ostgoten betrieben keine Missionierung, wie das bedeutende Kultzentrum auf dem Hemmaberg in Unterkärnten deutlich zeigt,
und ließen die Völker in ihrem Machtbereich, also auch die Baiuwaren bei ihrem heidnischen, arianischen oder auch schon katholisch angehauchten
Glauben. Im Gegensatz zu den Sachsen und Friesen im hohen Norden ist bei
den Bayern nicht von Thor, Freia, Wotan und sonstigen germanischen Göttern die Rede, wahrscheinlich deswegen, weil die hier heimischen Kulte eher
keltisch-heidnisch, arianisch oder römisch-heidnisch und durch die Berührung
mit den Keltoromanen auch noch ein wenig christlich-katholisch angehaucht
waren.

Schriftliche und auch archäologische Zeugnisse über das Christentum der
Keltoromanen gibt es mit ganz wenigen Ausnahmen nicht. Einige romanische
Zentren, wie Salzburg, Lorch, Passau, Regensburg, Augsburg waren noch
oder schon wieder so bedeutend, dass sie bald nach der Etablierung der Baiuwaren Zentren eines Bistums werden konnten. Salzburg und Passau wurden im 8. Jahrhundert, also nach dem Untergang der Awaren und mehr als
300 Jahre nach dem Untergang des Römerreiches die kirchlichen Zentren
von riesigen Gebieten im Osten und Süden Europas mit einem sehr hohen
Anteil an Romanen bzw. Welschen, aber auch Germanen und Slawen. Die
Christianisierung Österreichs war durch die Herrschaft der Awaren nur ca.
zweihundert Jahre unterbrochen worden. Nochmals 500 Jahre später, im 13.

Jahrhundert, begründete der damalige Erzbischof von Salzburg seine Vor-rangstellung unter allen bayrischen Bischöfen mit dem hohen Alter seines Bistums, das ja die römische „Ecclesia Petena" im Chiemsee beerbt habe, und schuf das neue Chiemseebistum auf der Herreninsel, das dann erst in der Säkularisation 1802/3 zu Gunsten von Salzburg, in erster Linie aber von Freising aufgelöst wurde.

Bauch schreibt in seinem Buch „Wer waren die Nibelungen wirklich?":

> *„In Linz und Regensburg wurden Bauwerke entdeckt, die wie der Kult des Heiligen Georg auf Beziehungen zum östlichen Christentum hin-weisen. Aber auch weitere Heilige und Feiertage weisen nach Ostrom. So werden in 80 % der ins Mittelalter zurückreichenden bayerischen Kirchen Heilige verehrt, die vor allem im Oströmischen Reich verehrt wurden."*

Diese Heiligen deuten auf einen doch wesentlichen Einfluss der arianischen, mit Ostrom stark verbundenen Ostgoten unter Theoderich hin. Inwieweit die Baiuwaren dadurch tatsächlich christianisiert worden sind, ist nicht mehr zu eruieren. Jedenfalls fühlten sich die Baiuwaren erst von den artverwandten herumziehenden, nicht organisierten irischen und schottischen Wandermön-chen, entfernten keltischen Verwandten, angesprochen, auch wenn einige eifrige Missionare dabei erschlagen wurden. Wie sehr diese iroschottischen Missionare auf gemeinsames keltisch-heidnisches Grundwissen bauen konn-ten, zeigt das berühmte Kirchentor der Jakobskirche in der ehemaligen Schottenabtei in Regensburg mit seinen ausschließlich keltischen Motiven. Mit besonderem Einfühlungsvermögen haben die iroschottischen Glaubens-verkünder dem keltischen Wesen Rechnung getragen und haben deshalb große Bekehrungserfolge davongetragen. Alle alten keltischen Bräuche, Kul-te und Anschauungen, ja Glaubensvorstellungen wurden lediglich mit einem neuen christlichen Inhalt versehen und bestehen bis heute weiter.

So wurden aus den keltischen und römischen Göttern problemlos christliche Heilige, die mit denselben Aufgaben an denselben Stellen weiter verehrt wur-den. Aus dem Gott Toth oder Teutates wurde der Heilige Georg, aus einer der populären keltischen Muttergottheiten wie Madrona, Etain oder Epona wurde die Heilige Maria oder eine andere weibliche Heilige und so weiter. Die genaue Entsprechung des keltischen mit dem römischen Gott und wiederum mit dem katholischen Heiligen ist nicht ganz konsequent möglich, da die keltischen Götter sehr vielfältige Profile hatten und dementsprechend mal in den einen römischen Gott und katholischen Heiligen und mal in den anderen schlüpfen konnten.

Ein besonders gutes Beispiel für das Weiterleben der keltischen, romanisierten Götter und Göttinnen im christlichen Gewand bietet Baumburg / Altenmarkt: Ein dort gefundener keltisch-römischer Weihestein war dem göttlichen Ärztepaar „Apollo Grannus und Sirona" geweiht. Apollo Grannus kann allgemein als „Kurarzt-Gott" bezeichnet werden, der für das Wohlergehen der Menschen verantwortlich war und mit einer Heilquelle in Verbindung stand. Die Sirona war zuständig für die weibliche Fruchtbarkeit, weshalb sich kinderlose Frauen an sie wandten und zu ihr um Kinder beteten. Dementsprechend ist in der Nachfolge zu Sirona die katholische Kirche in Baumburg der heiligen Margaretha geweiht, die genau die gleiche Aufgabe bei Kinderlosigkeit zu erfüllen hat wie die Sirona. Die drei keltischen heiligen Jungfrauen, die drei Beten im Heiligtum Bedaium von Frauenchiemsee, wurden sogar mit ihren alten Namen Arbet, Borbet und Wilbet in einigen Kapellen und Kirchen „christianisiert", erhielten aber auch durch die „Heiligen drei Madl" Margaretha, Barbara und Katharina eine rein katholische Entsprechung, wiederum in Baumburg, Frauenchiemsee und vielen weiteren Kirchen zu beobachten. Von großer Bedeutung ist die Feststellung, dass die Standorte der ältesten und ersten christlichen Kirchen und Kapellen vorher schon die Kultstätten der Kelten, später der Römer waren und dass sehr häufig vom christlichen Kirchenpatron über den römischen Gott auf den ursprünglichen keltischen Gott geschlossen werden kann.

Die kirchliche Organisation in Bayern allerdings, die natürlich die Baiuwaren wie die Iren und Schotten von ihrer keltischen Mentalität her nicht kannten und nicht zu installieren vermochten, brachten dann im 8. Jh. die Angelsachsen mit Rupert, Kilian und Emmeran und die Franken mit Bonifatius in die bayrische Kirchenprovinz. Sie waren die Protagonisten der neuen fränkischen Herrscher und diese wegen der Anerkennung als römische Kaiser durch den Papst die Verfechter der römisch - katholischen Kirche. Spätestens zu diesem Zeitpunkt wurden die letzten Arianer in katholische Christen umgewandelt.

Die Führung des Stammes: die Agilolfinger und die Uradelsfamilien

Ab 470, der Umsiedlung der baiorischen Stämme war ihr König / Herzog der Ostgotenkönig und darunter gab es nur ihre alten Klein - Stammesführer. Mit der Niederlage der Ostgoten ab 553 hatten sie dann keinen König mehr. Gleichzeitig wurde die Bedrohung durch die Awaren im Osten Noricums und in Pannonien sehr gefährlich, und weder die Langobarden noch die Franken konnten diese Gefahr allein eindämmen, da die einen mit dem Ausbau ihrer Macht und die anderen mit inneren Streitigkeiten beschäftigt waren. Auch missgönnte jedes der beiden Völker dem anderen dieses Land Baiern, weshalb es eine eigene Regierungsstruktur erhalten musste. Dazu wurde das Königs / Herzogsgeschlecht der Agilolfinger gewählt.

Die Einsetzung des ersten Herzogs der Baiern, Garibald I. über das Volkskonglomerat der Baiuwaren aus Kelto-Romanen, Germanen und Kelto-Germanen auf dem Boden der ehemaligen römischen Provinzen Noricum und Raetien, erfolgte nach dem Stand des Wissens erst unmittelbar nach der Niederlage der Ostgoten unter ihrem König Teja, 553 am Mons Lactarius (Milchberg) bei Neapel und damit erst ca. 80 Jahre nach der Umsiedlung der Baiuwaren nach Baiern. Damit wurden diese ehemals römischen Provinzen erstmalig und endgültig vom Süden, von Italien abgetrennt. Der endgültige Landesausbau mit einer eigenen Verwaltung, die Festigung des Stammes nach innen und außen konnte erfolgen.

Im Osten Noricums wurde der Ausbau durch den Einfall der Awaren für einige Zeit unterbrochen. Gefördert wurde er durch die beginnende Christianisierung. Langsam wurden unter Mithilfe von Fachleuten aus den noch lateinisch sprechenden Ländern Frankreich und Italien, vor allem von straff organisierten Mönchen die Verwaltung und Wissenschaft, das Handwerk und der Handel aufgebaut.

Welchem Volk und Herrschergeschlecht können die Agilolfinger angehört haben? Die Machtverhältnisse zur Zeit der Einsetzung von Garibald I., dem vermutlich ersten König / Herzog der Baiern sind bei der Frage der Zugehörigkeit der Agilolfinger besonders stark zu würdigen.

Ihre Zugehörigkeit zum eigenen Volk der Baiuwaren oder auch zu einem ostgotischen Königs- oder Herzogsgeschlecht ist nicht ganz auszuschließen, denn das erste Auftreten des Geschlechts der Agilolfinger in Baiern mit Garibald I. hat ohne irgendwelchen bekannten Vorlauf stattgefunden. Ein königsähnliches Geschlecht unter den Baiuwaren und Ostgoten mit dem Namen Agilulf ist zwar nicht nachweisbar, doch eben auch nicht unmöglich und würde der besonderen Privilegierung der sechs Klein-Stammesführer nicht widersprechen. Er muss jedenfalls den Baiern schon bekannt gewesen sein.

Meines Erachtens wäre es gut denkbar, dass Garibald I. der zu dieser Zeit letzte ostgotische Provinzverwalter Baierns in Regensburg oder an einem anderen bairischen Ort war. Auch unter den Königsgeschlechtern der Ostgoten ist ein Agilulf nicht bekannt, doch wäre die Ernennung eines zweitgeborener Sohnes einer langobardischen Königsfamilie zum ostgotischen Provinzverwalter in Baiern denkbar gewesen. Immerhin wäre ein solcher fähiger Mann aus einer bekannten alten Familie mit der schon intimen Kenntnis des Volkes der Baiuwaren prädestiniert für die neue Regentschaft gewesen. Ich nehme an, dass Garibald I. einem ostgotischen oder langobardischen Königsgeschlecht entstammte.

Die zu Regenten Baierns erwählten Agilolfinger werden üblicherweise unter den Franken gesucht, hauptsächlich wegen der späteren Heiratsverwandtschaft mit den Karolingern und Alemannen. Zur Zeit Garibalds I. waren aber die Karolinger noch nicht in der Führungsposition, sondern deren verhasste Vorgänger, die Merowinger, und die waren um die Mitte des 6. Jh. heillos zerstritten und in ständigen Kämpfen untereinander befangen. Aus welchem Grunde die Franken um diese Zeit Interesse an Baiern gehabt haben sollten, bleibt schleierhaft. Vor allem durch eine Bemerkung des späteren langobardischen, aber frankophilen Geschichtsschreibers Paulus Diaconus (ca. 725 bis 797) wird häufig angenommen, die Agilolfinger wären ein fränkisches Geschlecht gewesen, da er schrieb, der Frankenkönig Chlotar I. habe die junge langobardische Königstochter Walderada dem Herzog Garibald I. von Baiern zur Frau gegeben, „uni ex suis", was sowohl mit „einem der Ihren", von Walderada der Langobardin, oder auch mit „einem der Seinigen", von Chlotar dem Merowinger – Franken, zu übersetzen wäre. Walderada, die langobardische Königstochter von König Wacho und fränkische Königinwitwe wurde zuerst als Kind dem fränkischen König Theudebald verheiratet und musste (?) nach dessen Tod im Jahre ca. 553 dessen Onkel, den nachfolgenden Frankenkönig Chlotar I. ehelichen, der sie aber nach kurzer Zeit verstoßen wollte (?) oder auf Druck der Kirche sollte (?). So wird wenigstens das Geschehen immer dargestellt.

Etwas lebensnäher kann und soll man sich aber die Situation schon vorstellen! Meiner Meinung nach deutet „uni ex suis" keineswegs auf eine Volkszugehörigkeit der einen oder anderen Art hin, die damals noch gar keine besonders wichtige Rolle spielte, sondern auf eine gleiche oder ähnliche Machtstellung Garibalds zu Chlotar, das heißt, dass Garibald auch aus einem Königsgeschlecht stammen musste, jedoch aus welchem? Aus einem fränkischen doch sicher nicht, sonst wäre es sofort bekannt und an die große Glocke gehängt geworden. Ein junger fränkischer Königssohn hätte dem alten Chlotar sicher Konkurrenz auf den fränkischen Thron gemacht und wäre nach der damaligen Sitte umgehend ermordet worden.

Ein Zwang für die Auflösung der Ehe von Chlotar und Walderada durch die Kirche ist ohne einen kirchenrechtlichen Grund nicht vorstellbar. Obwohl damals die Heiratspolitik auch Machtpolitik war, dürfte die Königinwitwe der Franken ohne ihre und ihres Vaters Wacho Zustimmung nicht einfach von Theudebald auf Chlotar und von Chlotar zu Garibald „weiterverschachert" worden sein, sondern sie wird unter dem wachsamen Auge ihres König – Vaters ein gewichtiges Wort zur Wahl ihres Ehemanns zu sagen gehabt haben. Dem König Theudebald des fränkischen Ostreiches folgte dessen Onkel, der König des Westreiches, Chlotar I. nach. Was hätte der bereits ziemlich alte Chlotar denn mit dieser jungen, erst zwanzigjährigen Königinwitwe schon anfangen können? Aus menschlicher Sicht betrachtet, wird ihm die schöne Walderada zwar gefallen haben, aus dynastischen Gründen war diese fränkische Königin ihm aber im Wege, weswegen er sie entweder beseitigen oder an einen anderen verheiraten konnte. Die Beseitigung der schönen Walderada hätte die Feindschaft des Langobarden- Königs nach sich gezogen und die wäre zu diesem Zeitpunkt für die Franken ziemlich fatal gewesen. Da Chlotar und Walderada keine Kinder miteinander hatten, ist zu vermuten, dass bei allem Liebreiz die Liebe recht begrenzt war, dass es vielleicht gar nicht zum Ehevertrag und zum Beischlaf gekommen war. Damit konnte die

Kirche diese Verbindung mit Recht hintertreiben und annullieren, denn ein anderer Grund für die Annullierung durch die Kirche lag nicht vor; blutsverwandt waren sie ja nicht.

König Chlotar I. dachte bei allem Liebes - Missgeschick sehr diplomatisch und war deshalb behilflich, Walderada an einen königsähnlichen, ihm fast gleichgestellten Adligen, jedoch nicht an einen Konkurrenten weiter zu vermitteln, eben an den ersten bekannten Herzog / König der Baiern, Garibald I. - und war auf diese Weise indirekt mit diesem verschwägert. Damit hat sich das Frankenreich schon zu dieser Zeit seinen Einfluss in Baiern gesichert. Die Langobarden wiederum konnten gegen diese Verbindung nichts einwenden, waren sie doch als Erben der Ostgoten besonders an Baiern interessiert. Obwohl die Franken im letzten Jahrzehnt vor dem Untergang der Ostgoten noch kräftig, aber ohne Erfolg in Italien gegen Oströmer und Ostgoten mitmischen wollten, waren deren Erben nicht die Franken, sondern die Langobarden.

Als Mit-Sieger über die Ostgoten und damit indirekt auch über die Baiuwaren spielten zu dieser Zeit um 550 die Langobarden die große Rolle, nicht die Franken. Sie hatten 547 und 553 gerade einen Sieg gegen die Ostgoten errungen und besaßen die Gunst Ostroms, des zu dieser Zeit noch mächtigsten Reiches in Europa, weshalb sie sicher auch in den bis zu dieser Zeit zum Ostgotenreich gehörenden, ehemaligen römischen Provinzen Raetien und Noricum und bei der Herzogswahl der Baiuwaren das Sagen gehabt haben dürften. Die Langobarden beerbten in jeder Hinsicht die Ostgoten, sowohl in Pannonien, wo sie – freilich nur vorübergehend - in die alten ostgotischen Siedlungsgebiete nachrückten, als auch in Italien, die sie im Jahre 568, also nur fünfzehn Jahre nach dem Untergang der Ostgoten in Besitz genommen hatten. Pannonien haben die Langobarden zu Gunsten der Awaren, mit denen sie auch zeitweise verbündet waren, geräumt. Da auch für die Langobarden wie für die Ostgoten die geringe Volksstärke ein großes Hindernis für die Ausbreitung und Ausübung ihrer Macht war, konnte das Land der Baiuwaren von ihnen nicht direkt regiert werden. Durch die Etablierung eines baiuwarischen Herrschers aus einem der langobardischen Königsgeschlechter konnten sie ihren Einfluss sichern.

Die Franken breiteten zwar ständig ihren Einflussbereich nach Osten und Süden aus, doch in der Zeit der Einwanderung der Baiuwaren vor 471 und der Einsetzung des bairischen Herzogs 553 spielten sie noch nicht im Machtpoker Mitteleuropas, sondern nur Westeuropas mit. Die Franken in Gallien waren von Theoderich dem Großen besiegt worden, wobei sie (nach Jordanes – Kapitel 58) 30.000 Mann verloren hatten. Noch für das Jahr 526 schrieb Jordanes recht anschaulich: „Nie wich der Gote vor den Franken, solange Theoderich lebte." Sogar 536 verhandelte der Ostgotenkönig mit dem Frankenkönig noch auf gleicher Stufe. Es ging um den Übertrag der Gebiete Alemanniens, Chur-Rätiens und Schwabens auf die Franken. Auch noch 548 mussten die Franken eine Niederlage, diesmal gegen die Westgoten hinnehmen. Die Franken hatten also nach dem Tode ihres eroberungslüsternen Königs Theudebert (König von 533 bis 548) gar nicht die Kraft und wahrscheinlich wegen der inneren Streitigkeiten gar keine Lust, die noch weitab von ihren Siedlungen liegenden Gebiete der Baiuwaren in Besitz zu nehmen. Mitreden wollten sie freilich schon. Nur höchst prahlerisch hat er dem oströmischen Kaiser von seinem „Reich vom Westgotenreich und der Nordsee bis Pannonien" geschrieben, zu welchem Zweck kann nicht mehr festgestellt werden, auch hat er Baiern dabei nicht erwähnt. Die Franken waren zu dieser Zeit auch gar nicht in der Lage, gegen die Einsetzung eines Königs oder Herzogs auf dem bairischen Thron vorzugehen. Erst später konnten die Franken ihre Macht deutlich nach Osten und Süden ausdehnen.

Der Frankenkönig Chlotar sicherte sich mit dieser eleganten, unglaublich geschickten Heiratsvermittlungspolitik schon frühzeitig seinen Einfluss im Baiernland. Im Zusammenhang mit den Hauptakteuren König Chlotar dem Franken, König / Herzog Garibald I. dem Baiern und Königin Walderada der Langobardin und fränkischen Königinwitwe gäbe es wenig Sinn, wenn Garibald ein königsähnlicher fränkischer Adeliger mit gefährlichen Ambitionen auf den Thron des Frankenkönigs gewesen wäre. In Würdigung der damaligen Machtverhältnisse um 553 musste Garibald I. ein nachgeborener Sohn aus einer Langobardischen Königsfamilie gewesen sein. Für Garibald bedeutete diese Heirat mit einer Königstochter und Frankenköniginwitwe eine hohe, eine königliche Stellung, wie sie ein Frankenkönig einem anderen Franken kaum verschafft hätte. Später, bei der Heirat seiner zweiten Tochter mit dem langobardischen Herzog von Trient wird von Garibald als vom König, nicht von einem Herzog der Baiern berichtet. Der Baiernkönig /-herzog war auf diese Weise gegen beide Nachbarn ziemlich unabhängig, und tatsächlich weiß man von keiner Beteiligung der Baiern an den ständigen Kämpfen der Franken und Langobarden. Alemannen und Burgunder dagegen waren mit den Franken immer unterwegs auf Kriegszügen.

Herzog Garibald I., der Zeit seines Lebens, wie seine Nachfahren und vor allem Tassilo III., stets unterschwellig gegen die Franken opponiert, aber mit den Langobarden zusammengearbeitet hatte, war also mit großer Wahrscheinlichkeit ein langobardischer Adeliger, vermutlich von den siegreichen Langobarden aus ihren Reihen vorgeschlagen, auf Antrag des für die Witwe verantwortlichen fränkischen Königs mit einer langobardischen Königstochter verheiratet, vermutlich von den baiuwarischen Uradelsfamilien zum Herzog / König der Baiern gewählt, zumindest bestätigt und damit von den Mächtigen Europas anerkannt. Die alten Führer und Uradeligen der Baiuwaren werden wie damals üblich bei der Wahl eine wichtige Rolle gespielt haben und die waren doch auf die Ostgoten und dann auf ihre Nachfolger, die Langobarden eingeschworen. Außerdem waren die Langobarden und die Baiuwaren vermutlich längst gute Bekannte, ja Nachbarn in Noricum und Pannonien, denn die Langobarden waren nach dem Abzug der Ostgoten nach Italien in deren Gebiete in Pannonien eingerückt. 553 waren sie noch nicht nach Italien umgesiedelt, sondern erst 568.

Eine der berühmtesten Königinnen der Langobarden war die bairische agilolfingische Prinzessin Theodelinde, die Tochter des Herzog Garibald I. und der Langobardin Walderada, die von 570/75 bis ca. 625 lebte. Eigentlich war sie für den fränkischen Königssohn Childebert II. vorgesehen, doch vor dieser Heirat flüchtete sie 589 zusammen mit ihrem Bruder Gundoald zu den Langobarden nach Italien und heiratete den König Authari, dessen Werbung am bairischen Herzogshof in der Geschichte der Langobarden als „Autharis Brautfahrt" anschaulich geschildert wird. Die Chronik des Fredegar (8. Jh.) berichtet von König Authari, er sei „ex genere Francorum", also aus fränkischem Geschlecht gewesen, doch ist dies wohl als Teil der späten „fränkischen Geschichtsschreibung" wenig glaubhaft. Einen landfremden Franken hätten die Langobarden als König niemals akzeptiert, waren die Franken doch stets die größten Gegenspieler der Langobarden um die Macht in Mitteleuropa. Nach Autharis Tod, nach nur einem Jahr, heiratete Theodolinde 590 ihren Schwager Agilulf, den Herzog von Turin, der als König der Langobarden von 591 bis 615/16 regierte.

Der Begründer des Geschlechtes der bayerischen Agilolfinger, ein Agilulf, ist unbekannt. Die Genealogie Garibalds kennt noch keine Vorfahren, keinen Agilulf, doch hat es ihn gegeben, sonst würde das Geschlecht nicht „die Agilolfinger" heißen. Weder Garibald noch einer seiner Nachfolger aus seinem Geschlecht hat diesen Namen weitervererbt, was nur so zu verstehen ist, dass die bayrischen Agilolfinger nicht die ersten, die bevorrechtigten Erben des Gründernamens waren. Das war aber im Langobardenreich der Fall: Herzog, später König Agilulf, der zweite Ehemann Theodolindes, dürfte ein direkter Nachfolger des Königsgeschlechtes der Agilolfinger gewesen sein. Könnten nicht beide, Garibald I., der erste König / Herzog der Baiuwaren und Theodolindes Vater, und der König der Langobarden Agilulf, ihr zweiter Gatte, aus dem gleichen langobardischen Königsgeschlecht der Agilolfinger hervorgegangen sein, nur mit mehreren Generationen Unterschied? Der Vater oder Großvater oder ... (oder noch früher) von Agilulf von Turin könnte der gemeinsame Stammvater der Baierischen und der Langobardischen (Turiner) Agilolfinger gewesen sein. Allerdings ist dieser gemeinsame Vorfahre noch nicht in Turin, sondern in Pannonien oder an einem anderen unbekannten Ort gesessen.

In diesem Zusammenhang ist besonders bemerkenswert, dass König Authari den Bruder seiner Frau, den bairischen Agilolfinger Gundoald sofort nach seiner Flucht zu den Langobarden mit der Herzogswürde von Asti belehnt hatte. Warum sollte eigentlich Gundoald „geflohen" sein und warum wurde der Baier sofort in Italien ein langobardischer Herzog von Asti? Anwärter auf den Herzogsstuhl hat es unter den Langobarden sicher genügend gegeben. Es wird kein Grund genannt und es wird auch keinen anderen gegeben haben als die alte verwandtschaftliche Verbindung dieses bairischen Agilolfingers zum langobardischen Agilolfinger Königsgeschlecht von König Agilulf. Ausgerechnet die Nachfolger von Gundoald aus dem Geschlecht der bairischen Agilolfinger von Asti stellten bis 712 dann die meisten langobardischen Könige (8 Könige). Alles zusammen kann nur bedeuten, dass das bairische

Herzogsgeschlecht der Agilolfinger ein Zweig des langobardischen Königsgeschlechts des (Turiner) Agilulf war.

Der Langobardenkönig Agilulf schloss mit den Franken und Awaren 591 Frieden bzw. musste ihn wegen dynastischer und anderer kriegerischer Streitereien schließen, was gleichzeitig starke Auswirkungen auf den bairischen Herzog hervorrief. Warum wohl, wenn keine Verwandtschaft bestanden hätte? Das Todesjahr Garibalds I. ist unbekannt, doch vermutlich starb er in diesem Jahr, und dieser fränkisch – langobardische Ausgleich von 591 bedeutete eventuell das Ende der sehr selbständigen Politik von Bayernkönig / - herzog Garibald I.. Sein Nachfolger (Sohn oder Verwandter) Tassilo I. (591 bis 610) band sich daraufhin, 591, ohne kriegerische Aktivitäten, enger an das Frankenreich, doch als gesichert kann dieses Datum keinesfalls gelten. Andererseits bedeutet die unmittelbare Auswirkung des Ausgleichs der Franken mit den Langobarden auf Bayern, dass Bayern für die Franken im engsten Zusammenhang mit den Langobarden gesehen wurde.

Sehr bemerkenswert ist die Tatsache, dass sich die Baiuwaren nach ihrer Einwanderung und dann auch noch lange Zeit nach der Etablierung der Agilolfinger – Führung keineswegs bei den unendlich vielen Kriegen der Merowinger oder der Langobarden etc., also aller germanischer König- oder Herzogtümer beteiligten. Sie wären sonst genauso erwähnt worden wie die anderen, die Alemannen, Westgoten, Thüringer und die Burgunder, die auch unter den Franken immer gesondert aufgeführt worden sind. Das spricht auch sehr klar gegen die Annahme, Bayern sei vor 590 schon ein fester Bestandteil des Frankenreiches gewesen. Auch nach 590 war die Selbständigkeit Baierns keineswegs beendet, denn alle Nachfolger Garibalds bis zu Tassilo III. wirtschafteten fast so selbständig wie Könige.

Auf wessen Befehl auch immer dieses Adelsgeschlecht der Agilolfinger über das Volkskonglomerat in Noricum und Raetien eingesetzt bzw. von den Baiern gewählt worden war, sie schafften es in kurzer Zeit, daraus ein fast homogenes Volk zu schmieden, was auf ein erfahrenes Herrschergeschlecht und auf eine trotz großer Unterschiede ziemlich homogene keltogermanisch – keltoromanische Bevölkerung schließen lässt. Die Agilolfinger in Baiern stellten bis 788 circa 14 Herzöge, deren Daten und Taten sehr wenig bekannt sind. Trotzdem dürfte ihre Politik erfolgreich gewesen sein, sonst hätten die machtbesessenen Franken sicher mehr darüber schreiben lassen. Ihr Geschlecht war in dieser Zeit mit den Mächtigen des langobardischen und fränkischen Reiches verschwägert, vor allem in Alemannien, aber auch in Franken und mit den Karolingern, doch wurde es trotz dieser Heiratsverwandtschaft 788 unter fadenscheinigen Begründungen von Karl dem Großen buchstäblich ausgelöscht.

Tassilo III., ein äußerst tatkräftiger, friedliebender, die Entwicklung und Kultur Baierns fördernder Herzog wurde von Karl dem Großen abgesetzt und mit seiner ganzen Familie in ein Kloster (Gefängnis) gesteckt. In dem Tassilo-Kloster Kremsmünster wird bis zum heutigen Tag dieses Herzogs gedacht. Das bairische Herzogtum selbst wurde dagegen von Karl dem Großen nicht in Frage gestellt, aber fortan von fränkischen und anderen Adeligen regiert. Das Bayernvolk nahm diesen Skandal in bester keltischer Tradition relativ ungerührt hin, ließ sich in der Folgezeit eben von fränkischen oder sächsischen Adeligen und Herzögen wie früher von ostgotischen und langobardischen regieren, bewahrte aber seine eigenen Sitten und Gebräuche, bis nach ein paar Jahrhunderten endlich ein Herrschergeschlecht aus ihren eigenen Reihen kam, das an der Grenze zum Stammesgebiet der Schwaben (früher in Scheyern) ansässige Haus Wittelsbach, dem es dann allerdings sehr zugetan war und ca. 700 Jahre lang die Treue hielt, praktisch fast bis zum heutigen Tag.

Die Residenz der Könige / Herzöge dürfte ziemlich sicher das noch immer stark befestigte Regensburg gewesen sein, auch wenn es 553 nicht ausdrücklich genannt wurde. Die Stadt wurde bezeichnenderweise nicht mehr mit dem lateinischen Namen „Castra Regina", sondern in Weiterführung der keltischen Tradition dieser Stadt wurde der alte keltische Name „Ratisbona„ wieder eingeführt. Anscheinend setzte er sich aber gegen „Regensburg" (aus Castra Regina) schon wegen des grandiosen, rein römischen Aussehens der Befestigungsanlagen nicht mehr durch. Statt Regensburg käme auch noch Freising in Frage, vor allem in der Anfangszeit, auch wegen des gotischen Namens „Weihenstephan", eventuell von Arianern bevorzugt. Augsburg dagegen war zwar ebenfalls noch eine ziemlich funktionsfähige, wahrscheinlich inzwischen mehr zivile, wirtschaftlich starke Stadt, doch lag sie im Siedlungsbereich der Schwaben und damit in Konkurrenz zum baiuwarischen Stamm.

Augsburg profitierte jedoch immer von der starken, aber friedlichen Rivalität der beiden Stämme in wirtschaftlicher Hinsicht und wuchs dadurch allmählich zu einer „Hauptstadt des Handels und der Geisteswissenschaften" heran.

Die ursprünglichen Anführer der Baiuwaren, „der baiorischen Stämme" bzw. der „Verschiedenen Boier- (Kelten-) stämme" waren die bairischen Uradels-familien der Anniona, Fagana, Huosi, Hahilinga und Trozza, die auch nach dem Untergang des ostgotischen Königshauses und der Wahl des neuen Herzogs noch erhebliche Sonderrechte beanspruchen konnten, wie das erste bairische Gesetzbuch zeigt. Vermutlich waren sie die „Wahlmänner" des Königs / Herzogs, die zur Wahrung ihrer wiedererwachenden, uralten Selbstän-digkeit einen Langobarden als Nachfolger eines Ostgotenkönigs bevorzugten. Sie sind als die Anführer von verschiedenen Stämmen, die ersten Gaugrafen über unbekannte Herrschaftsgebiete mit unbekannten Grafschaftsgrenzen zu verstehen. Leider fällt ihre Zeit größtenteils in die schriftenlosen Jahrhunder-te, so dass deren Herkunft, Name und Bedeutung bei der Einwanderung so-wie ihr jeweiliges Herrschaftsgebiet in Baiern bis heute nicht genügend ge-klärt werden konnte. Der Name Hahilinga klingt eher germanisch, die Namen Huosi, Trozza, Fagana und Anniona eher nicht und könnten auch keltischen Ursprungs sein.

Die Fagana und Huosi mit ihren Gauen sind von den fünf etwas besser be-kannt als die drei anderen, da diese Geschlechter noch länger in der Ge-schichte vorkommen. Die Fagana werden zwischen Isar und Inn, im Hertin-gau um Erding und im Isengau am Fluss Isen angenommen. Eventuell wur-den von den Fagana das Dorf Vagen und die Vachen- oder Fachendörfer ge-gründet. Die Huosi werden westlich und südlich von München in der Gegend von Amper, Glonn und Obere Ilm und im Pfaffenwinkel eingeordnet. Von den Hahilinga kommen anscheinend die Dörfer Ober- und Unterhaching südlich von München. Ihr Stammesgebiet ist weiter nicht bekannt. Von den Anniona ist kaum etwas überliefert. Bleibt noch das Geschlecht der Trozza (oder Drozza), das ebenfalls wie die anderen Geschlechter nur kurze Zeit nach der Umsiedlung aufscheint. War das Zentrum der Trozza das jetzige Trostberg und deren Stammesgebiet der nördliche Landkreis Traunstein sowie die Landkreise Mühldorf und Altötting und lief eventuell noch weiter nach Nieder-bayern und Oberösterreich hinein? Mehrere Ortsnamen mit Trost, eine etwas eigene Dialektfärbung, ein Unterschied in der Besiedlung zum südlichen Voralpenland mit fast ausschließlichen Einzelgehöften, sprechen für diese Annahme und sie ist gar nicht so neu. Ich möchte auf das „Heimatbuch des Landkreises Traunstein III" verweisen, in dem die Dialektfärbungen des Landes zwischen Inn und Salzach beschrieben sind.

Zusammenfassung

Zusammengefasst können aus der Würdigung der überlieferten Schriftstücke, in besonderer Weise der Gotengeschichte von Jordanes die noch offenen Fragen über die Herkunft und die Ethnogenese der Baiuwaren folgende Erkenntnisse gewonnen werden:

- **Das Volk der Romanen oder Keltoromanen ist der eine, nicht unbedeutende Teil der Vorfahren der heutigen Bayern.**

- **Nach dem Befreiungskrieg der germanischen Stämme gegen die Hunnen, 453, gestattete der Kaiser von Ostrom den Ostgoten die Einwanderung in Pannonien. Kurze Zeit danach ist Theoderich geboren.**

- **Ein Teil-Stamm der Suaven hatte sich in Dalmatien niedergelassen und kämpfte mehrere Male gegen die Ostgoten, unterlag aber jedes Mal.**

- **Die bedeutende Auseinandersetzung der Ostgoten, ca. 462/64, gegen eine Allianz aus vielen Stämmen, auch der Suaven, Skiren und Rugier und noch anderen pannonischen (einheimischen) Volksgruppen fand am nördlichen Strom „Bolia" statt bzw. im Bereich der Bolischen (Boiischen) Verteidigungsanlagen. (Die pannonische Vielvölkerschlacht)**

- **Mit großer Wahrscheinlichkeit lagen die „Bolischen (Boiischen) Verteidigungsanlagen" bei Bononia, einem Zentrum der keltischen Boier nahe Sirmium.**

- **Nach der Vielvölkerschlacht flohen die geschlagenen Stämme aus Pannonien, die Suaven zu den verbündeten Alemannen, die be-**

reits ab 280 im Dekumatland bis zur Iller wohnten, und besiedelten das daran anschließende noch römische / ostgotische West- Raetien zwischen Iller und Lech, und verstreut auch östlich und westlich davon, zwischen ca. 462/64 und ca. 471.

- Als Theoderich 18 Jahre alt war, ca. 471, fand im Winter ein Krieg der Ostgoten gegen die Suaven / Schwaben und den mit ihnen verbündeten Alemannen in West- Raetien statt, den die Ostgoten für sich entschieden. Der Winterkrieg bedeutete die Machtausweitung der Ostgoten von Pannonien aus auf Raetien und Noricum. (Der Winterkrieg)

- Die vermutlich am Vielvölkerkrieg beteiligten boiischen Stämme Pannoniens mussten auf Druck der Ostgoten innerhalb des Reiches aus Pannonien in die wesentlich größeren und dünn besiedelten Provinzen Raetien und Noricum umsiedeln, zwischen ca. 462/64 und ca. 471.

- Im Zusammenhang mit dem Winterkrieg werden die Baiorischen Stämme (Bamberger Handschrift) das erste Mal als östliche Nachbarn der Suaven / Schwaben genannt. Die Baiuwaren mussten also zur selben Zeit wie die Suaven von Pannonien in Ost- Raetien und Noricum eingewandert sein. In Baiern waren die Baiuwaren Verbündete der Ostgoten und in ihrem Auftrag Handelnde. Im Winterkrieg wurde vom Ostgotenkönig die klare Grenze zwischen den Baiorischen Stämmen und den Schwaben festgelegt. Der Anspruch der Ostgoten auf ganz Raetien und Noricum wurde durch ihren Sieg bestätigt.

- Nach ihrer Umsiedlung wurden die Boier – Kelten, „Baiorische Stämme", „Baibari" oder „Baiuvarii = verschiedene Boier-Stämme" genannt. Sie siedelten im neuen Lande Baioaria / Baiern als ostgotische Untertanen ohne eigenen König / Herzog und sicherten in ostgotischem Auftrag die Nordgrenze (Donau) gegen die Thüringer und die Westgrenze (Iller bzw. Lech) gegen die Schwaben. Die Ost- und Südgrenze war nicht festgelegt. Dort

drangen um 550 aus dem Osten die Awaren und Slawen in die römischen Provinzen ein.

- Der Name Raetien blieb beim alten Volk im Gebirge erhalten. Dagegen wurde er von den neuen Völkern im Voralpenland in Schwaben und Baiern geändert. Der Name Noricum erscheint nach dem
Einfall der Awaren kaum noch, nur im Eisack-Etschgebiet in Südtirol (für geflüchtete Noriker).

- Die Baiuwaren, die baiorischen Stämme waren zwar nach Aussage
von Jonas von Bobbio keltische Boier (aus Pannonien und den
umliegenden Regionen), sprachen aber bereits germanisch. Ihre
neue Sprache war vermutlich Ostgotisch mit keltischen und suavischen Beimischungen.

- Für die baiorischen Stämme bedeutete die Umsiedlung zwar keine
volle Selbstbestimmung, aber die Loslösung aus der zu engen
Bindung an die Ostgoten und die zukunftweisende Ausweitung ihres neuen Siedlungsgebietes.

- Die Baiuwaren bestanden aus Romanen, romanisierten Kelten,
germanisierten Kelten und Germanen, mit dem Kernstamm der alten germanisierten Boier und wuchsen erst in Baiern zu einem eigenen Volksstamm zusammen.

- Das Verhalten, die Einstellung der Baiuwaren zu den Altansässigen, zu Krieg und Arbeit war eine ganz andere als die aller germanischen Stämme zur damaligen Zeit.

- Trotz ihrer Herkunft aus Pannonien, wo sie unter der Herrschaft
der arianischen Ostgoten standen, waren sie nicht eindeutig Arianer oder Katholiken oder „Heiden" unbekannter Ausprägung, was
auf ihre kulturelle Unabhängigkeit von den Ostgoten, Franken und
Schwaben bis ins 7. Jh. hindeutet.

- Zu den Suaven bestanden vermutlich schon enge Bindungen in
Pannonien, dann erfolgte gleichzeitig die Flucht der Suaven und
die Umsiedlung der Baiuwaren in die jetzigen Stammesgebiete,

wodurch die enge Bindung der Bairischen Schwaben und der Baiern erklärbar ist.

- Die Alemannen und Schwaben standen seit dem Winterkrieg von 471 unter dem Protektorat der Ostgoten, wurden um 500 zweimal in Kriegen von den Franken besiegt und dann 536 mit Vertrag zwischen dem ostgotischen König und dem fränkischen König in das Frankenreich eingegliedert.

- Der Untergang der Ostgoten zog sich vom Tode Theoderichs 526 bis zum Tode Tejas 553 hin, war aber dann endgültig. Sie wählten keinen König mehr.

- Der Herrscher über die Baiuwaren war in Pannonien und in Baiern der Ostgotenkönig. Erst 553, nach dem Untergang der Ostgoten wurde ein König / Herzog, ca. 553/55 über die Baiuwaren, das nunmehr schon gefestigte Konglomerat von keltischen und auch germanischen Kleinstämmen gesetzt.

- Die Agilolfinger waren die ersten Könige / Herzöge Baierns. Sie entstammten wahrscheinlich einer langobardischen Königsfamilie. Schon kurze Zeit später wurde ein Abkömmling der bairischen Agilolfinger zum langobardischen König gewählt und daraufhin stellte diese Familie die Mehrzahl aller Langobardenkönige.

- Erst nach dem Tode des ersten Herzogs, Garibald I., ca. 590, gelangte Baiern ohne Kampf und Eroberung in den engeren Einflussbereich der Franken, ohne die Selbständigkeit ganz zu verlieren.

- Die traditionellen dynastischen Bindungen Baierns bestanden bis 788 vor allem zum Langobardenreich, das kurze Zeit vorher von Karl dem Großen in das Frankenreich eingegliedert worden war.

- Die königsähnliche Stellung des Herzogs von Baiern wurde von Karl dem Großen 788 aus reinem Machtkalkül, ohne echte Begründung, zum Nachteil Baierns und des ostfränkischen Reiches ausgelöscht.

- Der Einigungsprozess aller Boiischen - Keltischen Stämme in Noricum und Nordpannonien im bairischen Herzogtum wurde ca. 200 Jahre lang, von ca. 550 bis ca. 750, von den Awaren unterbrochen und dann nach deren militärischer Vernichtung wieder aufgenommen.

Das Erbe der Baiuwaren

Nach dem mühsamen Aufdecken der Wurzeln des bairischen Volkes, der Ethnogenese oder Volkswerdung und ihrer Herkunft erhebt sich zwangsläufig die Frage: „Was ist nach 1500 Jahren aus der Anfangszeit noch vorhanden, was ist von den Uranfängen noch übrig geblieben?" Gibt es noch Nachkommen der „Baiuwaren"? Was ist das Erbe unserer baierischen Vorfahren, der Baiuwaren?

Der bairische Kulturkreis ist von Anfang an friedlich, nicht kriegerisch entstanden oder erweitert worden und ist seit ca. 1500 Jahren fast unverändert geblieben, ist aber mit Bayern, Österreich und Südtirol (in Italien) auf drei Staaten aufgeteilt. Die Grenzen der Besiedlung haben sich kaum geändert, wurden kaum erweitert oder verkleinert. Das bedeutet nicht nur dreifache Trennung von Verwandten, von Stammesbrüdern, sondern auch dreifache, teilweise unterschiedliche, dennoch immer fruchtbare Entwicklungsmöglichkeit. Erst seit kurzer Zeit sind alle die alten Keltenvölker von Frankreich über Irland, England, Deutschland, Österreich, Italien und Ungarn im gemeinsamen Europa wie in der Frühzeit des Kontinents vor über zweitausend Jahren wieder beisammen. Es haben sich jedoch in diesen unendlich langen Zeiträumen zahlreiche andere Volkssplitter mit dem ursprünglich boiisch – keltisch - bairischen Volk vermischt. Trotzdem können auch nach ca. 850 Jahren Trennung (seit 1156) im jetzigen Freistaat Bayern, in Österreich und Südtirol noch die Gemeinsamkeiten aus den Anfängen Baierns erkannt werden. Und deswegen fühlen sich alle Einwohner aus dem „bairischen Kulturkreis", die Bayern, die Österreicher und die Südtiroler noch immer als zusammengehörig, was auch in den Augen der Nachbarn erkennbar, ja unverwechselbar ist. Sie fühlen sich wesentlich stärker zusammengehörig als zu den anderen Deutschsprechenden im Westen und Norden Europas. Im allgemeinen Verhalten, in ihren Traditionen und Bräuchen, aber auch in der aktuellen Beurteilung von Situationen, in der Entscheidungsfindung bei wichtigen Entscheidungen für die Zukunft und sogar bei kleinen, unbedeutenden Entscheidungen zeigte sich von der Vergangenheit bis in die Gegenwart herein häufig ein anderes Verhalten, eine andere Idee der Bayern, Österreicher und Südtiroler als der übrigen Deutschen. Die Bayern, die ja grundsätzlich im Verbund mit den übrigen Deutschen gestanden sind, stoßen fast immer auf Unverständnis, Ablehnung und Schwierigkeiten im Norden Deutschlands, wenn sie maßgeblich die Politik oder Kultur etc. von Gesamtdeutschland bestimmen wollen. Das älteste Erbe der Baiern ist ein anderes als der übrigen Deutschen, das nur aus den Uranfängen zu erklären ist.

Eines ist jedenfalls sehr deutlich zum Vorschein gekommen: Die Bayern - Österreicher – Südtiroler waren und sind mit ihrem Ursubstrat Kelten – Boier mit regional unterschiedlich starken Beimischungen von Germanen, Romanen und noch anderen Völkern wie der Awaren, Slawen und Ungarn, mit einem Wort: ein Konglomerat von fast allen in Mitteleuropa heimischen Völkern. Mit Sicherheit wissen wir, dass seit 2000 Jahren, seitdem die Römer die Gebiete des jetzigen Bayern und Österreich als Römische Provinzen Noricum und Raetien übernommen hatten, alle hier heimisch gewordenen verschiedenen Völker und Stämme sich ununterbrochen in meist friedlicher Weise gemischt haben, aus dem letztendlich die jetzigen Baiern und Österreicher entstanden sind. Eine Vertreibung der Bevölkerung hat nie stattgefunden. Die friedliche Akkulturation ist besonders zu betonen.

Für eine endgültige Antwort auf die Frage nach der prozentualen Verteilung der bei der Ethnogenese der Baiuwaren beteiligten Völker könnte man rein theoretisch durch eine Vielzahl von Genuntersuchungen ein Stückchen näher kommen, aber doch nicht befriedigend beantworten. Erst seit ganz kurzer Zeit kann – noch versuchsweise - mit Hilfe von ganz neuen Untersuchungsmethoden, durch die Strontiumanalyse aus dem Zahnschmelz und der Isotopenanalyse, der Nachweis von Migrationen gefunden werden. Damit wäre erstmals die Möglichkeit gegeben, die Herkunft der ersten und ältesten „Baiuwaren" festzustellen. Ob die von Bryan Sykes publizierte mtDNA – Gen - Analyse für die Herkunft der Frauen und die SRY – Gen – Analyse für die Herkunft der Männer bereits ausreichen würde, um auch genetische Zusammenhänge von Germanen, Kelten, Romanen und anderen Völkern, auch einer unterschiedlichen Volkszugehörigkeit von Männern und Frauen aufzudecken, entzieht sich meiner Kenntnis. Kelten, Germanen, Romanen und Slawen sind in diesen ersten Gen-Analysen von Bryan Sykes noch ungenügend unterschieden, zeigen aber doch schon erste grobe Ergebnisse und vor allem die von Anfang an ständige Vermischung all dieser Gruppen und Völker. Ich bin jedenfalls sicher, dass diese Entschlüsselung in naher Zukunft möglich sein wird.

Bereits jetzt wurden ganz überraschende Zusammenhänge gefunden und Rätsel der Menschheitsgeschichte ansatzweise gelöst, wie z.B. die erste Eva, die Urmutter aller Menschen auf der Welt hat vermutlich vor ca. 200.000 Jahren in Afrika gelebt. Die neuesten Ergebnisse aus der Genforschung, wie von Bryan Sykes erklärt, zeigen, dass die gesamte Bevölkerung Europas maternal (mütterlicherseits) auf nur sieben „Urmütter" zurückgeht: 1.) 45.000 Jahre Altsteinzeit (ca. 11 % in allen Teilen Europas), 2.) 25.000 Jahre Mittelsteinzeit (6 % in Osteuropa, Mitteleuropa bis Frankreich und auch eigenartigerweise über Sibirien nach Amerika), 3.) 20.000 Jahre Mittelsteinzeit (47 % aller Europäer), 4.) 17.000 Jahre Mittelsteinzeit (5 % im Westen und im äußerten Norden des Kontinents), 5.) 17.000 Jahre Mittelsteinzeit (9 % am Mittelmeer und im Westen Europas), 6.) 15.000 Jahre Mittelsteinzeit (6 % nördlich und südlich der Alpen, davon Ötzi als Vertreter dieser Gruppe), 7.) 7.000 Jahre Jungsteinzeit (17 % im äußersten Westen Europas und im Bereich der Donauschneise). Letztere wanderten langsam aus dem Vorderen Orient (Anatolien – Syrien) über die breite Donauschneise nach Mitteleuropa und über das Meer in den äußersten Westen Europas und waren die ersten Ackerbauern Europas, die den älteren Völkern der sechs anderen Urmütter die Landwirtschaft lehrten. Daraus geht hervor, dass ca. 83 % aller Europäer ihre genetischen Wurzeln in den schon immer in Europa ansässigen paläolithischen Völkern haben und nur 17 % aus Ackerbauer - Einwanderern aus dem Osten bestehen, ganz unabhängig von der späteren Aufteilung in Kelten, Romanen, Germanen, Slawen etc.

Allerdings ist damit noch nichts über die paternale (väterliche) Verteilung der Völker ausgesagt. Momentan liegen erst ganz grobe Raster vor. So sind kleine Volkssplitter von Hunnen, Awaren, Ungarn und vielleicht sogar Mongolen nicht von Sykes nachgewiesen worden, sind aber in Europa, in Bayern dennoch vorhanden und noch immer feststellbar. Die Schweden im 30 jährigen Krieg, die Franzosen in den Napoleonischen Kriegen und die Russen und Amerikaner nach dem zweiten Weltkrieg haben sicherlich in den paternalen Genen der Bayern ihren Niederschlag gefunden, so ähnlich wie in der Frühzeit die maternalen Gene der Rätoromanen und später der geflüchteten Ostgotenfrauen - und alle sind inzwischen längst Bayern. Nicht zu vergessen sind die in neuester Zeit (nach dem 2. Weltkrieg) im gesamten bayrischen – österreichischen Siedlungsraum zugewanderten Millionen von Volksdeutschen aus Ost- und Südeuropa. Vermutlich wird es in absehbarer Zeit nicht möglich sein, die verschiedenen Abstammungslinien der Baiuwaren wie auch der altansässigen Rätoromanen, Germanen und Slawen festzustellen und es ist auch nicht erforderlich, obwohl erst mit diesen Untersuchungsmöglichkeiten die Bayernfragen endgültig gelöst werden könnten – oder auch nicht.

Würden uns die Gen-Untersuchungen tatsächlich die Bayernfrage lösen helfen? Es ist klar, dass das ursprüngliche Konglomerat aus keltischen, germanischen und romanischen Völkern in den heutigen Bayern im einzelnen, sozusagen in den Genen, kaum noch feststellbar sein dürfte. Vielleicht könnten die Untersuchungen der ältesten Skelette aus der Baiuwarenzeit tatsächlich die Herkunft aus Pannonien und die keltische Volkszugehörigkeit beweisen, was natürlich schon faszinierend wäre.

Das Besondere der heutigen Bayern könnte damit allerdings nur zum Teil erklärt werden. Welche Bedeutung hat diese Erkenntnis?

Die Abstammung von irgendeinem Stamm oder Volk spielt zwar entsprechend der Gene eine gewisse, nicht jedoch eine genau definierbare Rolle; sie ist für das Volksbewusstsein und das Volksverhalten nicht so maßgebend wie oftmals angenommen wird. Das wesentliche Element einer Volksidentität, das Unterscheidungsmerkmal von Völkern ist die Eingrabung ihrer Geschichte, ihrer Tradition, ihres Bewusstseins der inneren Werte und ihres Verhaltens in die Seele, auch wenn dies nicht durch mechanische Analysen festgestellt werden kann. Nach der Definition von C.G. Jung und den Forschungsergebnissen von Jan Assmann hat die gemeinsame Erinnerung, das „kollektive Gedächtnis eines Volkes", eine unglaublich lang andauernde Wirkung – bis zu 3000 Jahre, wobei die ältesten Erinnerungen schon längst ins Unterbewusstsein abgeglitten und dadurch kaum noch zugänglich sind. Alle in Europa vorhandenen Völker bildeten ihre Eigenheiten und Besonderheiten innerhalb der letzten maximal 3000 Jahre als Kennzeichen der jetzigen Völker Europas aus – und verloren sie teilweise wieder. So alt muss man sich also das kollektive Gedächtnis in Europa, in Bayern vorstellen. Die uralten Märchen und Sagen, die Bräuche und Vorstellungen vom Leben, der Kunst des Lebens und Zusammenlebens vor allem, die Art und Weise der Kommunikation und die Entscheidungsfindungen bei Fragen des Lebens und Überlebens können davon erzählen. Sie wurden daraufhin schon intensiv untersucht. Die Sitten und Gebräuche, vor allem die Erfahrungen und Erkenntnisse der Völker allgemein sind nur zum kleinsten Teil „angeboren", sozusagen „Gen- bedingt" - sie sind erworben, werden aber seit vielen, dreitausend Jahre alten Überlieferungen weitergegeben, weitervererbt im kollektiven Gedächtnis eines Volkes.

Maßgeblich hierfür ist immer das „Gründervolk", die erste große Völkerschaft. Da nun einmal der zuerst Ansässige die Sitten und Gebräuche bestimmt, haben sich alle die vielen Neuankömmlinge über die Jahrhunderte hinweg immer den Alteingesessenen angepasst und nicht umgekehrt. Diese haben die Altansässigen aber auch immer wieder bereichert. Die Träger der Kultur eines friedlichen Volkes waren immer in erster Linie die Frauen und die Zuwanderer waren in überwiegendem Maße die Männer. Die Yugoslawien-Kriege zeigen, wie das kollektive Gedächtnis viele Jahrhunderte lang das Handeln eines Volkes bestimmen kann. Die äußeren Unterscheidungsmerkmale sind nicht gravierend und die inneren Kennzeichen wären jederzeit auch geeignet, überwunden zu werden, doch das Gedächtnis zwingt das aktuelle Handeln auf.

Das kollektive, bewusste wie vor allem das unbewusste Gedächtnis des Volkes der Baiern ist der Grund, warum es lohnt, seine Ursprünge intensiv zu erforschen, da das jetzige und zukünftige Verhalten dieses Volkes davon abhängt und erklärbar wird. Alle Erfahrungen, viele Traditionen und Gebräuche, Eigenarten und Besonderheiten der Menschen Baierns, Österreichs und Südtirols sind aus der Keltenzeit über die römische Epoche, die Übersiedlung aus dem Osten und die vielen Jahrhunderte Erfahrungen bis zur Jetztzeit in die Seelen eingegraben und noch heute unterschwellig, im Unterbewusstsein vorhanden und lassen im Baiern, Österreicher und Südtiroler trotz intensivster Zumischung noch den ursprünglich keltischen Menschen, den Baiuwaren – Boier erkennen. So wären neben den Bayern auch die Bevölkerungen von Irland, der Bretagne und Galiziens in Nordspanien lohnende Studienobjekte für die Thesen von C.G. Jung und von Jan Assmann.

Auch im Zusammenhang mit den Mythen und Sagen ist an das kollektive Gedächtnis eines Volkes zu erinnern. Ich bin der Meinung, dass das der Baiern sehr wohl die das ganze Volk betreffenden Ereignisse bis in die Keltenzeit zurück noch im Unterbewussten bewahrt, wie z.B. die freie Entwicklung des Einzelnen, die gesetzmäßige Unterordnung unter verschiedene Herrscher, die Demütigung durch Germanen und Römer, die Erfolgserlebnisse durch dauerhafte Arbeit auf den Äckern und im Handwerk, das Bestreben nach sozialem Ausgleich der Menschen, die bei Entscheidungen großer Tragweite maßgeblich mitwirken. Vermutlich wäre die Entdeckung dieser kollektiven Erlebnisse der Bairischen Geschichte nur im Vergleich mit den vollkommen germanisch geprägten deutschen Stämmen im Norden Europas und mit ganz fremden Völkern herauszufinden, nicht unabhängig von Vergleichen. Ich könnte mir vorstellen, dass bei einer solchen Untersuchung auch die Rolle der Baiuwaren unter dem Ostgotenregime vor 1500 Jahren noch durchscheinen würde, wie auch die Ostgoten - Sagen im baiuwarischen Gewand deutlich genug erkennen lassen.

Das sehr unterschiedliche Verhalten der Baiuwaren vor 1500 Jahren zu allen völkerwandernden Germanenvölkern in Bezug zum Einwanderungsland, zu den anderen Völkern und vor allem zu der im neuen Land schon vorhandenen Bevölkerung lässt das Volk der Baiuwaren besonders deutlich als nichtgermanisch aufscheinen.

Das Vermächtnis der Baiuwaren

Das in jedem Bayern eingegrabene Vermächtnis unserer vielen und vielfältigen Vorväter und Vormütter kann man recht kurz formulieren: Es ist die Gabe des friedlichen Integrierens verschiedener Menschen, Völker, Ideen, Bräuche und Religionen, nicht der Abschottung und auch nicht der gewaltsamen Eroberung, auch die Gabe des Beharrens auf allen durch viele Generationen erworbenen vielfältigen Erfahrungen. Genauso wie am Anfang ihrer Geschichte bewiesen sie über diese unendlich langen Zeiten hinweg ein Beharrungsvermögen für ihre traditionellen Werte, aber auch die Fähigkeit, Überholtes oder Schädliches zu erkennen und zu ändern. Die Bayern bewahrten über die letzten 1500 Jahre genauso zäh wie die 1500 Jahre vorher ihre eigenständige Kultur, in der die erhaltenswürdigen Werte des Friedens, der Entwicklung in „Gleichheit und Brüderlichkeit" und der größtmöglichen Freiheit des Einzelnen besonders hoch gehalten wurden.

Wie kamen die Baiern zu ihrer schon bei der Einwanderung erforderlichen großen Toleranz und Integrations-Fähigkeit? Die Geschichte gibt die Antwort. Schon beim unfreiwilligen „Sprung in die Geschichte" vor 1.500 Jahren bestand für alle beim Bayern-Mix beteiligten, eine aus vielen Volkssplittern bestehende Bevölkerung, die überlebenswichtige Notwendigkeit, sich mit seinen Nachbarn zu vertragen und zu einem Volk zusammenschweißen zu lassen, und wie man sieht, waren diese Völker teilweise auch schon über Jahrhunderte vorher im Zusammenleben mit anderen Völkern in nächster Nachbarschaft gezwungen gewesen, sich an andere Völker anzupassen, aber trotzdem dabei nicht die eigene Identität zu verlieren. Das Zusammenwachsen der schon ansässigen romanisierten Kelten mit den vielen unterschiedlichen germanisierten Kelten-Stämmen (Baiu-varii), den Romanen und den germanischen Reststämmen am Anfang, den späteren ständigen Einbürgerungen von immer wieder neu Hinzugezogenen, von Romanen, Awaren, Slawen zum Volk der Baiern ist beispielhaft in Europa.

Eine besonders wichtige Rolle für eine erfolgreiche Integration spielt die Sprache. Das Erlernen einer anderen Sprache, wie es schon für die Boier und alle Baiorischen Stämme notwendig war, erfordert eine enorme geistige Anstrengung und fördert dadurch in besonderem Maße die geistige Entwicklung eines ganzen Volkes. Der Effekt war vor 1500 Jahren derselbe, wie er bei den Vereinigten Staaten in der Neuzeit zu beobachten war: Die Baiuwaren zählten in kurzer Zeit im Frankenreich zu den führenden Germanenstämmen in ihrer geistigen Entwicklung, mit einer großen Ausstrahlung auf alle anderen Regionen. Einen ähnlichen, wenn auch nicht so starken, Effekt hat heutzutage die Benützung eines ständig benützten Dialekts wie des bairischen, da die ständige „Übersetzung" ins Hochdeutsche einer nicht unbedeutenden geistigen Anstrengung bedarf. Der positive Aspekt des Sprache- oder Dialekt– Erlernens gilt auch für die später Hinzugekommenen. Die Anstrengung begünstigt das Zusammenwachsen, allerdings mit der Voraussetzung, dass der Ankömmling sich mit der Sprache, der Geschichte und dem kollektiven Gedächtnis des aufnehmenden Volkes identifizieren kann. Lohnend wäre die Erforschung aller für eine erfolgreiche Integration von Zuwanderern erforderlichen Anpassungen an das aufnehmende Volk.

Die Integration von Völkern und Stämmen unterschiedlicher Art und die Anerkennung der politischen Machtstrukturen bei gleichzeitiger Bewahrung der eigenen Identität war den Baiern schon im alten Siedlungsgebiet in Pannonien, dann bei der Umsiedlung – Einwanderung nach Baiern und seit dieser Zeit, also seit 1500 Jahren, durch die immerwährenden Zuwanderungen von außerhalb in die Wiege gelegt worden, ist in das „kollektive Gedächtnis des Volkes" eingebrannt, ist zum „Erbteil" des Volkes geworden, und dieses Erbteil unterscheidet die Baiern von der germanischen Bevölkerung im Westen und Norden Deutschlands. Vielleicht ist dies das Geheimnis des langlebigen Erfolgs, der noch immer sichtbar ist und auch zu einer erfolgreichen Zukunft beitragen wird: Integration aller integrationswilligen Zuwanderer und Aufnahme aller neuen Ideen bei gleichzeitiger Bewahrung der alten Rechte, Sitten und Gebräuche und der bewährten Werte des Lebens. – Der typisch bayrische Konservativismus! Diese Einstellung wird Bayern auch innerhalb der jetzigen großen Einheit Europas überleben lassen.

Ein paar der typischen Eigenheiten sind:

- Die schon am Anfang praktizierte Politik des Sich - Nicht - Einmischens in die Angelegenheiten der Nachbarn,

- Das Nicht – Einmischen – Lassen der anderen, der Nachbarn.

- Die große Kraft und der Wille zur Selbstbehauptung, zum Überleben in Frieden und Freiheit.

- Die große Integrationsbereitschaft für integrationswillige Zuwanderer, aber die Ablehnung von Integrationsunwilligen.

- Die Höherschätzung der individuellen Freiheit gegen das schlecht fassbare, von oben diktierte „Allgemeinwohl" der Herrschenden.

- Die generelle Skepsis gegen die Herrschenden und der individuelle, leichte Hang zur Anarchie, mit einer nicht besonders geschätzten Obrigkeitshörigkeit.

- Das Bescheiden auf die eigenen Bedürfnisse, gepaart mit einem starken Gerechtigkeitsempfinden in sozialer Hinsicht, auf einen möglichst großen Ausgleich zwischen Oben und Unten.

- Eine wenig ausgeprägte Großmannssucht im internationalen Vergleich und das immer feststellbare Bestreben, „sein Licht etwas unter den Scheffel zu stellen".

Auf diese Weise konnte Baiern 1500 Jahre lang bis zum heutigen Tag überleben. Er ist damit der älteste Staat Europas und wird in diesem Sinn auch seine Zukunft formen, seine Zukunft gewinnen.

Ein kleiner Auszug aus dem Buch „999 Worte Bairisch" von Johann Lachner (1895 – 1971) soll den Bayern etwas näher bringen:

„Alleweil rebellisch ist der Baier, wenn er fühlt, dass er etwas zugestehen soll; kaum hat man ihm eine Extrawurst abgejagt, lässt er sich eine neue braten; fünf mal denkt er an sich, bevor er einmal aufs Ganze schaut.; ist kein böser Nachbar, aber ein haariger; einer der immer bereit ist, einen kleinen Aufstand mitzumachen, weil er eine „Gaudi" und das Raufen gern hat, aber er weiß nichts vom Ziel der Rebellion, und wenn's ihn nicht mehr freut, dann geht er heim und denkt sich etwas. Und so ist er schwer zu fassen, obwohl er zwar nicht ganz ohne Schläue, aber weiß Gott nicht gewandt, durchtrieben oder gar falsch ist."

„Aus solcher stammesmäßigen, politischen und kulturellen Einheit durch anderthalb Jahrtausende kann eine ungeheure Kraft der Existenz erwachsen. Eine verdoppelte Kraft zur eigengearteten Existenz, wenn die Haupteigenschaft eines Stammes an und für sich das Nur-Existente, das Dasein-Behauptende, in sich Befriedigte, nach außen nicht Begehrende, sondern Abwehrende immer schon gewesen ist."

SPUREN DER ALTEN SPRACHEN IN ORTSNAMEN

Die Ortsnamen bestätigen teilweise die in den vorherigen Kapiteln aufgestellten Theorien über die Besiedlung des Landes, weshalb wenigstens einige wenige gestreift werden sollen. Da sie im Buch „Die Straßen der Tabula Peutingeriana in Noricum und Raetien" bereits ausführlich behandelt sind, sollen sie hier nicht voll wiederholt werden. Die angesprochenen Ortsnamen sind gebietsmäßig eng gefasst und beziehen sich nur auf den Chiemgau, doch da überall im bairischen Siedlungsraum ähnliche Namen vorkommen, sind sie auf das ganze Gebiet anwendbar.

Ortsnamensforschung wird schon seit über 100 Jahren betrieben. Besonders erwähnenswert ist das Werk „Lexikon bayerischer Ortsnamen" von Wolf-Armin Frhr. v. Reitzenstein, das beispielhaft alle Ortsnamen genau aufschlüsselt. In diesem und anderen Fachbüchern sind keine Fragen offen. Für jeden Namen gibt es eine Erklärung aus dem deutschen Sprachschatz, so dass man glauben möchte, keine anderen Völker als das germanische - deutsche habe hier (wie beispielsweise in Westfalen) gesiedelt und so erscheinen manchmal diese offiziellen Deutungen nur zum Teil glaubwürdig, besonders dann, wenn die Namen allzu trivial erklärt werden oder in keiner Weise zur Landschaft und zur Einbettung in die vorhandenen Kulturschichten passen. Es ist grundsätzlich davon auszugehen, dass Orts- und Flurnamen niemals nichts sagende, allgemeine, triviale oder gar falsche Wörter enthalten, sondern immer einen strengen Bezug zur Landschaft, zur Natur, eventuell auch zum jeweiligen Ortsgründer haben.

Erst vor kurzer Zeit hat der Namensforscher Dopsch im Bereich Salzburg / Oberbayern die Namen in romanische und baiuwarische eingeteilt, hat jedoch dabei viele besonders stark abgeschliffene Wörter aus der Kelten- und Römerzeit nicht erfasst. Je älter ein Wort ist, desto unbekannter ist die ursprüngliche fremdsprachige Bedeutung des Wortes und umso mehr wurde es dem jeweiligen „modernen" Sprachempfinden mit üblichen Wörtern angepasst.

Manche, auf den ersten Blick völlig klar unserer bayrischen Sprache zugehörige Namen haben früher anders geheißen, haben einer anderer Sprache angehört. Je älter die Siedlung ist, um so mehr ist der alte ursprüngliche Name geändert, verwaschen und an die gängige baiuwarische oder später bayrische Umgangssprache angepasst worden. Sogar Reitzenstein geht von mehr römischen Ortsnamen aus als offiziell anerkannt sind, wie z.b. Oberstimm aus Stinno > Stenianum, Peiß bei München aus Bitianum, denkt aber im Übrigen fast nur an germanische Wörter und vor allem an Eigennamen.

Am Ende der Römerzeit hat sicher schon ein großer Teil der Dörfer und dann bis ca. 600 so gut wie die meisten noch vorhandenen Dörfer, natürlich nur mit einer minimalen, sehr kleinen Bevölkerungszahl im Vergleich zu heute, existiert.

Die offizielle Erklärung der Namen wird ausschließlich von der ersten bekannten Schreibweise, z.B. aus dem Arnonischen Güterverzeichnis Salzburgs von 785 abgeleitet. Obwohl viele Namen zu diesem Zeitpunkt bereits viele Jahrhunderte, auch die baiuwarischen bereits ca. 300 Jahre alt waren, erscheinen sie bereits in einem untadeligen Deutsch. Eine offizielle Rechtschreibung gibt es aber erst seit hundert Jahren. So nehme ich an, dass schon damals, um 800 die alten Namen ohne Berücksichtigung ihrer Herkunft in ein klares Beamtendeutsch, vielleicht von einem romanischen Salzburger Beamten, gepresst worden sind. Ihre Namen wurden teils übernommen, teils neu geschaffen. Sicher ist es ein großer Irrtum, anzunehmen, es handele sich bei der Namengebung grundsätzlich um Neugründungen von Ortschaften. Oftmals, ich nehme sogar an, überwiegend wird einer schon alten Ortschaft aus ein paar Häusern oder auch nur einem Siedlungsflecken ein neuer Name oder ein nur teilweise neuer Name in Erinnerung an einen dort lebenden bedeutenden Mann gegeben worden sein, gleichsam als Ehrbezeigung vor dem „Berühmten" oder auch nur zur Unterscheidung zum Nachbardorf. Diese Neubenennungen fanden vor allem in der baiuwarischen Landnahme statt, die ja fast ausschließlich von Individuen, Familien und Sippen getragen worden war und die häufig die vorbaiuwarischen Namen gar nicht kannten. Die Baiuwaren haben die meisten Ortsnamen „erfunden", auch wenn die Dörfer bereits seit langer Zeit existiert haben und es hat sicher später auch noch häufig Umbenennungen gegeben..

Immer wenn die äußeren geografischen Umstände nicht zum jetzigen bayrischen Namen oder zum Namensbestandteil passen oder aber die Erklärung zu banal klingt, muss eine Begründung aus den alten Sprachen gesucht werden, die zu den äußeren Merkmalen passt. Es ist ein Irrtum zu glauben, dass die Ortsnamen nur von einem einzigen Volk, dem zuletzt angekommenen, stammen. Nein, alle am „Bayern-Mix" beteiligten Völker haben ihre deutlichen Sprachspuren in den wichtigsten Benennungen der Flüsse, Berge, Fluren und Ortschaften hinterlassen. Es ist zu beachten, dass die Einteilung niemals perfekt sein kann, da sich die Zeiten, Völker und Sprachen durchdringen und überschneiden. Die Einteilung der Namen in keltische, römische bzw. keltoromanische und baiuwarische Namen ist nur mit Einschränkungen richtig. Besonders in Bereichen Österreichs gehen auch viele Ortsnamen auf andere Völker zurück, auf die Alpenslawen in Niederösterreich und Steiermark, in Kärnten auf die slawischen Karantanen / Windischen / Slowenen, im Burgenland und in Teilen von Niederösterreich auf die Awaren und Ungarn, in Südtirol auf die Ladiner. Diese Namen sind Sprachforschern vorbehalten. Die weit überwiegende Mehrzahl aller Orts- und Flurnamen stammen aus dem baiuwarischen, und gar nicht so wenige auch aus dem keltischen und lateinischen Sprachgebrauch.

Jeder Sprachforscher in seiner Zeit hat auch seine Vorlieben für eine bestimmte Sprache und Volksgruppe, die meistens sehr deutlich zum Vorschein kommt. Bis heute wird vielfach, ja fast ausschließlich, die Ableitung aus dem Germanischen - Deutschen bevorzugt. Bei der unzweifelhaften Problematik dieser Erklärungen ist es unerlässlich, auch manchmal die Phantasie spielen zu lassen und sich auch manchmal auf dünnes Eis zu begeben wie auch Jakob Grimm, einer der Altmeister der deutschen Sprache schreibt:

„Nur mit einem gewissen Aufwand an Phantasie lässt sich das Gewirr der zerrissenen Fäden so verknüpfen, dass der frühere Zusammenhang wieder erkennbar wird"

Bei der Rückführung von Ortsnamen auf alte keltische oder lateinische Wörter muss man beachten, dass alle Endungen (-us, -a, -o, -il, -ac etc.) generell, und die Anfangsvokale auch häufig wegzulassen sind. Doppelte Vokale wurden ursprünglich nicht wie ein heutiger Umlaut gesprochen, sondern einzeln, wie Aenus - nicht Änus. Allerdings entstanden daraus später Umlaute oder einsilbige helle Vokale, z.B. aus ai und ae wurde im Lauf der Zeit ein ä oder e und sogar ein i wie lateinisch Aenus rätoromanisch En   deutsch Inn, aus ui wurde ü oder i, aus oi und oe ein ö oder e. Diese Regel gilt sogar dann, wenn 2 Vokale ursprünglich durch einen Konsonanten getrennt waren (z.B. Arelape – Aerlap - Erlauf und Teriol-is – Teirol – Zirl, aber auch Tirol). Konsonanten können von hart zu weich und umgekehrt wechseln. Bei den lateinischen Wörtern ist nicht die Schreibweise maßgebend, sondern die tatsächliche Aussprache der Wörter, z.B. c wie k (Käsar – nicht Zäsar), i im Anlaut wie j, doch mehr wie gj (Ivavo, Juwawo, Gjbawo, Gabawo...), u vor a und e und nach ng wie w, v immer wie w (Owilia, Windobona), W häufig wie B. Besonders zu beachten sind die mittelalterlichen deutschen Lautverschiebungen. Die geläufigsten sind: p zu pf, t zu z; b+v+w sind auswechselbar, also aus lateinisch „porta" (= Tor) entstand eine „Pforte" und auch ein „Pforz-heim", aber auch ein „Parzing". Etwas ungewöhnlich ist ein bayrischer Lautverschiebungs- Alleingang: „l" (meist im Wortinneren) wird zu „i", (ähnlich wie im Italienischen), z.B. Mei = Mehl, Muich = Milch, oiwei = allweil (immer) etc.

Es ist besonders darauf hinzuweisen, dass bei der über Jahrhunderte erfolgten Umwandlung der alten keltischen und lateinischen Namen in gängige bayrische Formen oftmals profane, einfache bayrische Wörter entstanden sind, die aber keineswegs nur diese einfachen Wörter als Ursprung angenommen werden dürfen, wie Eck als Ecke, Moos als mooriges Gelände, Speck als geräuchertes Fleisch, Reit als Rodung usw., wobei eventuell im einen und anderen Fall tatsächlich auch die einfache bayrische Bedeutung gelten kann, wenn es eine junge Benennung ist. Das wichtigste Kriterium für die richtige Deutung ist die Übereinstimmung des Namens mit der Landschaft, mit der Umgebung, mit der Geschichte.

Ortsnamen aus der keltischen Zeit

Unter den aus der Römerzeit bekannten Ortsnamen gibt es viele mit keltischem Ursprung, die dann schon von den Römern lateinisch umgeformt und später dann nochmals mundgerecht baiuwarisch abgeschliffen wurden.

Ortsnamen aus der keltischen Epoche sind nicht so selten wie man auf den ersten Blick meinen möchte. Sehr alte Namen, die in allen Bestandteilen eindeutig der keltischen Sprache angehören, gibt es im bayrischen und österreichischen Siedlungsraum kaum, während sie im Salzburger Land noch etwas gehäufter vorkommen. Die Kelten verwendeten niemals triviale Namen für ihre Flüsse und Ortschaften, sondern mit Vorliebe die Namen von Göttern oder Helden und meist sehr treffende oder mal auch hochtrabende Namen, die genaue Bezeichnung der Landschaft und der Eigenart ihrer Orte. Je älter die Namen sind, desto sicherer nehmen sie Bezug auf eine Gottheit oder auf die Besonderheit des Platzes. Für die Kelten war die Natur in allen ihren Teilen belebt, ja von einem Gott beseelt und das brachten sie in ihrer Namensgebung zum Ausdruck. Im Duden „Geographische Namen in Deutschland" (von Hans Krahe) wurden viele Flussnamen nicht nur auf die keltische Sprache, sondern auf alteuropäische Namen zurückgeführt.

Die Ableitung von keltischen Wörtern stützt sich vor allem auf die durch eine ungebrochene Tradition noch bekannten irisch-keltischen Götternamen und sind dem Buch „Lexikon der keltischen Mythologie" von Sylvia und Paul F. Botheroyd entnommen. Im Alpenraum dürften sie nur so ähnlich, etwas „wohlgefälliger", gelautet haben, denn eine gesamtkeltische Sprache hat es aller Wahrscheinlichkeit nach nicht gegeben. Ausgesprochen schwierig ist die genaue Erklärung der Zuständigkeit der keltischen Götter. Im Gegensatz zu den römischen und germanischen sind die keltischen Götter überraschend „vielfältig verwendbar", schwammig, mit vielen Aufgaben betraut, die sich wieder mit anderen Göttern überschneiden und außerdem von einer Region zur anderen wechseln können. Offensichtlich wurden die Götter ziemlich individuell verehrt.

Ein weiteres Buch, „das kleine Lexikon der Namen und Wörter keltischen Ursprungs" von Bernhard Maier, in dem viele französische Ortsnamen und dazu Wörter des Alltags auf das vor 2000 Jahren gesprochene Festlandskeltische zurückgeführt werden, gibt ebenfalls manchmal eine wertvolle Hilfe. Sicher wären noch viele weitere keltische Namen bei intensiver Suche zu finden. Sehr häufig sind sie mit trivialen germanischen Wörtern identisch oder wurden, leicht geändert, als „altgermanische" Personennamen erklärt.

Sehr wertvolle Hilfe für die Erklärung von Orts- und Flurnamen kann das Buch „Unser keltisches Erbe" von Inge Resch – Rauter bieten, da es die sicher bei weitem häufigsten Bezeichnungen von Orten, Fluren und Flüssen aus den entsprechenden keltischen Wörtern ableitet. Auch wenn man nicht in allen Punkten der Meinung der Verfasserin dieses Buches sein kann, sollte es als Ergänzung zu den hier vorgestellten Keltischen Göttern dienen.

Im Folgenden sind nur wenige Ortsnamen als Beispiel geschrieben, doch gibt es in Bayern und Österreich zu jedem Namen eine teilweise sehr große Anzahl von Dörfern.

Aed = Feuer, Sonnengott: Adnet bei Salzburg, Adersberg bei Grassau (kaum von den Adern, Nattern oder Ottern), auch Aiterhofen (mit dem Sonnenrad), Aiterbach, Eiting, Aiting (kann sicher nicht von „Euter oder Eiter" abgeleitet werden) und viele andere. Vermutlich stammen auch viele, aber wohl nicht alle Ortschaften mit Ed, Öd, Eden, Öden, von Aed ab. Die übliche Erklärung für Ed geht grundsätzlich von „öde, verlassen, wüst" aus, was sicher auch das eine und andere Mal möglich ist.

Aine = Sonnengott: Aindorf bei Pittenhart, Anning bei Stein/Traun. Der Inn hieß lateinisch Aenus. Der Markt „Endorf" bei Rosenheim, der Weiler „Innthal" (nicht am Inngelegen), Einham, Ensdorf und Ensfelden am Inn bei Kraiburg, Inhausen bei Engelsberg, Enggallenbach bei Taufkirchen und noch viele andere. Manchmal sind Ain und Aed in einem Wort zusammengefasst, wie in Annet, Ainedt, manchmal vielleicht auch das häufige Einöd, (immer gedeutet als Einöde).

Aillil oder Aillen (ein hoher, aber nicht klar definierbarer Gott): Allershausen, Allertsham, Allerding, Allkofen, Allerting, Allmannsberg, Allmannshausen, Allgäu, Allach, auch Alxing bei Grafing,

Apollo, mit Grannus zusammen ein ärztlicher Heilgott: Polling bei Mühldorf, Pullenhofen bei Grafing, Pollmoos bei Grafing

Art = Bär (auch als Gott): Artobriga, Arzberg und Eisenärzt bei Traunstein (in Verbindung zu Erzberg und Eisenerz)

Brig (kein Gott): Burg, Berg oder auch Bruck - Brücke

Bed, Beten = die drei göttlichen Jungfrauen Ambet, Borbet und Wilbet: das Heiligtum Bedaium lag vermutlich auf der Fraueninsel im Chiemsee und die römische Straßenstation Bedaio zuerst in Pettendorf bei Grassau und dann in Seebruck, Petting am Waginger See, Pittenhart nördlich vom Chiemsee, Pietenberg bei Kraiburg, Batterberg bei Endorf, evtl. auch Piesenhausen und Pattenberg bei Grassau und weitere. Auch der sog. „Bitterstein" im Wald bei Traunreut. Die keltischen heiligen drei Jungfrauen, die drei Beten Ambet, Borbet und Wilbet haben bis in die heutige Zeit als „unbekannte christliche heilige Jungfrauen" überdauert (z.b. in Schildthurn bei Eggenfelden und an anderen Orten).

Cel = Zuflucht, Ingcel = personifizierte Vernichtungskraft: Die Stadt Celeja / Cilli / Celje. Inzell bei Traunstein, Zell bei Ruhpolding und zahlreiche andere Zell-Orte, (die ausschließlich als Einsiedlerzellen gedeutet werden.)

Cernunnos (Kern oder Gern) = Gott der Wildtiere: der Berg Hochgern bei Bergen, Maria Gern bei Berchtesgaden, Alzgern bei Neuötting.

Cucullatus = Kapuzentragender Knappe, Bergmann (kein Gott): Kuchl bei Salzburg (Römerstation Cucullae), Kucheln bei Grassau, (eventuell entstand aus genius cucullatus der „Gugullori")

Dun, Duno, Dunum = Einzäunung, eingezäunter Platz, Festung: Gesodunum - Gosau und Goisern am Hallstattsee, (das auch unter „gaisa" einzuordnen ist), Cambodunum = Kempten, Lugdunum = Lyon und noch viele andere.

Duro, Durum = Festung, Tor oder Turm: viele Dürr- und Dirn- Orte wie Dürnberg bei Hallein, Wagner auf der Dürr bei Garching, Dirnreit bei Edling (an der Römerstraße), Dirnberg, der Fluss Dürre Ager.

Epona = Pferdegöttin: Epping bei Altenmarkt, Ebbs bei Kufstein (aus Epis = Pferdebach), evtl. Pongau, Eben im Pongau, Ebene Reichenau. Bad Aibling hieß angeblich in der ersten Erwähnung „Epon - inga".

Esus, ein Hauptgott: Ising bei Seebruck, Isenheim, Esl, Eselberg

Etain oder Ethne: Ettenberg bei Berchtesgaden, Ettendorf bei Traunstein, beide katholische Wallfahrtsorte, Ettenhausen im Achtal am Fuße des Geigelsteins, Ettenham.

Gada = Wache: Berchtesgaden, Gaden bei Waging, Neugaden bei Truchtlaching

Gaiso = keltischer Speer, Gaisati = Speerträger, Schutztruppe: die vielen Geis- Berge und Geis- Ortschaften. Der bekannteste ist der Gaisberg bei Salzburg, dann Geisenhausen im Achtal, Geiersberg bei Engelsberg, Geisreith bei Siegsdorf, Geißing bei Traunstein, Geisbach bei Petting, Iglgeis bei Teisendorf und noch viele andere.

Gallen = Gallier, (Galater), Kelten: Gallenbach bei Taufkirchen, Gallertsham bei Obing, Galling bei Siegsdorf, Gallenbach bei Petting, Berg Hochgall.

Glan = klar, hell, Glanus = Quellgott: Ort und Fluss Glonn bei Grafing, Fluss Glonn bei Dachau, Fluss Glan in Salzburg, in Kärnten, in der Schweiz und in der Bretagne, Gloneck bei Engelsberg und bei St. Veit in Kärnten, Maxglan, Glanegg und Glanbach bei Salzburg.

Goll = Einäugiger Gott und Begleiter des Sonnengottes Aed: der Berg Hoher Göll im Berchtesgadener / Salzburger Land, dazu die Talorte Golling und Adnet (von Aed) im romanischen Flachgau südlich von Salzburg. Der Berg Hochgolling bei Schladming, Gollenshausen bei Seebruck.

Hall = Salz: Bad Reichenhall, Hallein, Hallabruck bei Traunstein, Hallstatt am Hallstatter See im Salzkammergut, Hallthurm bei Berchtesgaden, Hall in Tirol, Hallfurth bei Amerang, Hallwang bei Salzburg.

Is = Das Heilige, der heilige Ort, der heilige Gegenstand, (nicht klar von Esus zu unterscheiden): Ising bei Seebruck, Fluss Ises (Ybbs), evtl. Isunisca, Par-is; Chartres bei Paris, ein Heiligtum seit der Steinzeit, hieß ursprünglich Carnut-is. Der Fluss Isen mit dem Isengau, die Isere in den französischen Alpen, der Fluss Isar, die Göttin Isis (doppel = heiligste) Noreia.

Kai = Gott der Stärke: Kay bei Tittmoning und bei Isen

Kole = junger Stier: Kollmannsberg, Kollberg bei Rosenheim, (immer mit „Kohle" = Herstellung von Holzkohle zu verwechseln)

Lug = Schutzherr der Erfinder und Ratgeber: Luging bei Truchtlaching (gleich neben der keltischen Siedlung in Stöffling), Lug am Tüttensee, Lugstein, Luggau. Die beiden Namen Lug (keltisch) und Lueg (lateinisch) können nicht immer sauber getrennt werden. (häufig als „Ausblick" ohne Fernsicht gedeutet)

Madrona = Muttergöttin: der Berg Madron bei Brannenburg, Matrei am Brenner, Matrei in Osttirol.

Oisin oder Ossian = sehr bekannte (irisch-) keltische Sagengestalt: Osendorf bei Wasserburg, Osenstetten bei Engelsberg, eventuell auch Ossiach in Kärnten (noch andere Erklärungen).

Preun, Prienne, Brienne = Wald: Preinersdorf bei Eggstätt. Die Entstehung des Namens „Prien" am Chiemsee (mit Römerstraße) kann sowohl von Preun, Prienne als auch von Brigenna abgeleitet werden.

Roth, Rott = Rad als Symbol des Sonnengottes: Rott (Ort und Fluss) bei Rosenheim, Rotterstetten, Radl (neben Sonnering) bei Höslwang, Rottau bei Grassau, Roth bei Lampoding am Waginger See.

Rott (lateinisch) kann mit noch mehr Wahrscheinlichkeit von einer vorbeiführenden Römerstraße, also von Via Rupta abgeleitet sein, z.B. Rottenmann in den Ostalpen, Rottmann bei Erding, siehe lateinische Namen.

Side = Sitz der Götter auf einem Hügel: Siedenberg bei Chieming (mit Hügel)

Taranis = einer der keltischen Hauptgötter mit dem Stier und dem Speer als Attribut: die Flüsse Traun in Bayern und in Salzburg, der Traunsee, Traunkirchen am Traunsee, Traunstein, Traunstorf, Traundorf. Der römische Nachfolger war Gott Mars und der christliche Nachfolge – Heiliger war der hl. Georg. Die Georgenberge über der Traun bei Vachendorf und bei Traunstein, auch St. Georgen bei Traunreut, das vor 1000 Jahren das Zentrum der Romanen an der Traun war, hängen vermutlich mit Taranis – Mars – hl. Georg zusammen

Taro, Tarwo (keltisch) (oder lateinisch Taurus) = Stier: Thauernhausen bei Seebruck, Tauernstein bei Siegsdorf, die Hohen Tauern in den Westalpen. Das Taurusgebirge in Kleinasien, Taormina in Sizilien (aus Tauromenion), Turin (aus Augusta Taurinorum), Treviso (aus Tarvisium), Tarvis im Kanaltal, der Stamm der Taurisker in Kärnten.

Teutates oder Toth = einer der keltischen Hauptgötter: Tettenhausen, Tettelham, Tettelberg, alle in der Nähe des Waginger Sees, Tödtenberg bei Vogtareuth und der Tödtenberg nördlich von Kraiburg, Todtenberg bei Nördlingen (mit einem römischen Jupiter – Heiligtum), Tattenhausen und Dettendorf bei Rosenheim, der Tüttensee bei Grabenstätt (mit dem Ort Lug), Tettenmoos bei Erlstätt. Die römische Entsprechung war der Hauptgott Jupiter und die christliche der hl. Michael, oder Jesus der Salvator.

Ortsnamen aus der Römer- und Keltoromanenzeit

Die neuen Namen schufen die Römer im Gegensatz zu den Kelten nur selten aus Götternamen, sondern mehr aus den Funktionen der Straße und des Militärs, auch aus Eigennamen, aus den Besonderheiten des Ortes, nach Flüssen (z.B. Pons Aeni, Adenum, Ad ponte ises), und aus örtlichen Ereignissen und Erlebnissen der ersten römischen Händler oder Soldaten. Nur die seltenen offiziellen Stadtgründungen wurden nach großen römischen Staatsmännern benannt (z.B. Augusta Vindelicu, Augusta Ruracum). Wie die keltischen Namen sind auch die meisten dieser lateinischen Namen gemischtsprachig und weisen zumindest eine germanische Endung auf, doch auch Namensbestandteile können sehr aussagekräftig sein (Augsburg, Augst). Die Baiern übernahmen wieder viele vorhandene Namen, kappten die ursprüngliche lateinische Endung und fügten meist ein germanisches Wort an.

Im südlichen Salzburger Becken und auch stellenweise in Tirol und Südtirol haben besonders viele Namen aus dieser Zeit, auch ohne bairische Zusätze, bis heute überlebt, die jedoch schon ziemlich genau erforscht sind.

Ortsnamen aus den Funktionen der Straße und des Militärs

Castrum = das (kleine) Lager, Fester Platz, Befestigungsanlage: Castrum bei Stöffling mit keltischem Dorf, bei Seebruck

Egg- von eccus (oder equus) = das Pferd: Eggstätt, Eck, Maria Eck, E-cking, Eckering, Eggerhausen, Obereggerhausen, Eggstetten, Egerer bei Chieming und viele andere. Nie hat der Ort mit einer Ecke etwas zu tun, jedoch fast immer mit einer in geringer Entfernung vorbeiführenden Römerstraße. Außerdem ist „Winkl" in Bayern für eine „Landesecke" gebräuchlicher. Vermutlich waren die überlebensnotwendigen Pferdegestüte die Namengeber.

Esbaum, Espann, Eßbaum, Expann, Espannhausen von expandere = ausspannen, also „Ausspannplatz" für die Pferde: bei Teisendorf, bei Bergen, in Erlstätt, in Seebruck, in Prutting, bei Rohrdorf, bei Rimsting, bei Söchtenau, in Rosenheim und noch viele andere.

Goldberg, meistens von collis = der Hügel:

Mais von mansium = Haus, Gästehaus, (einfache) Unterkunft, Herberge: In Tirol und Südtirol, Mais bei Meran und am Brenner, Mais bei Amerang, Maisenberg bei Engelsberg, Mais bei Stein/Traun, Maisbach im Achental, Maisham bei Seebruck, Meisham bei Eggstätt, Mais bei Schonstett, Maisach bei Fürstenfeldbruck, Maising und noch viele andere. Besonders in Südtirol ist die Entstehung aus mansium offenkundig. Das Getreide Mais wurde erst im 18. / 19. Jh. oder noch später bei uns bekannt. (offizielle Erklärung aus „maissen" = roden)

Meil, Mail = Meilenstein: Mail in Kärnten, Mailing bei Rosenheim, bei Höslwang

Moos von mos = Gewohnheit, Herkommen, Brauch, Wille, Vorschrift, Gesetz, (Eigentum nach römischem) Brauch: Hunderte Ortsnamen wie Moosen, Moosburg, Moosham, Mosing, Freutsmoos und sehr viele andere. Nur die Beobachtung der Umgebung einer Ortschaft kann die Unterscheidung zwischen einem moorigen Gelände und einem Eigentum nach römischem Recht, nach römischem Brauch herbeiführen. Meines Erachtens geht ein sehr großer Teil der häufigen „mos"- –Ortsnamen auf das Lateinische „mos" zurück, benannt noch in der romanisch- sprechenden Zeit. (offizielle Erklärung grundsätzlich von Moos = Moor)

Pürn, Pyrn, Birn von (griech.) pyr = Feuer, Feuerzeichen: Phyrnpass, Pürn bei Engelsberg, Birn bei Engertsham, Roßbirn bei Peterskirchen, Birnbaumerwald in Slowenien (= röm. Station Ad Pirum), benannt noch in der romanisch- sprechenden Zeit.

Die vielen Schein- und Schön- Ortsnamen wurden ebenfalls nach den Plätzen für die Feuerzeichen benannt, stammen aber bereits aus der deutsch- sprechenden Zeit.

Roit-, Rott-, Reit-, Ried von (via) rupta = ungepflasterte Straße: Roitham bei Seeon, Roitham bei Obing, Roidham bei Palling und Freutsmoos, Reit bei Wildenwart, Reitham und Unterreit bei Bernau, Raiten im Achental, Zellerreit, Reiterberg und viele andere Reit- und Roitnamen. Vogtareuth bei Rosenheim hieß in der ersten bekannten Schreibweise „Ruite"; ein öffentlicher Viehweg im Inntal hieß noch im 17. Jh. „Viechruat". Mehrere Rott, Rottau, Rottmann und Rottenmann (Tauern) an ursprünglichen Römerstraßen zeigen den Übergang von romanischen zu germanischen Namen.

Schon Schmeller hat die Herkunft von Roit- aus via rupta vermutet. Sehr häufig liegen die Orte in Altrodungsgebieten und können damit nicht mit einer mittelalterlichen Rodung in Verbindung gebracht werden. Im römischen Mutterland Italien waren die meisten Überlandstraßen gepflastert, weshalb die Straße im Italienischen von via strata zu „la strada" wurde, während es in den römischen Provinzen vorwiegend ungepflasterte Straßen (= via rupta) gab: im Spanischen heißt die Straße „la ruta", im Portugiesischen „la rua" und im Französischen „la rue" bzw. „la route". Unsere „Roit-" Namen sind vermutlich noch in der romanisch- sprechenden Zeit entstanden. Sicher kann manchmal auch eine Rodung für den Namen Pate gestanden haben, obwohl dafür mehr der Name „Schwend" oder „Gschwend" verwendet wurde. (offizielle Erklärung grundsätzlich von Roden)

Speck, Spöck, Spiel, Spiegel von specula = Aussichtswarte, Wachtberg, Lauerstellung: Spöck bei Oberteisendorf, Spöck bei Petting, Spöck bei Aschau, Spöck bei Prutting, Speckbach bei Rohrdorf, Spiegelsberg bei Surberg, Spielwang bei Vachendorf, Spieln bei Prutting und Leonhardspfunzen, Spiegelsberg bei Schnaitsee usw. Nur die Lage gibt die Erklärung.

Straß von lat. „via strata" bzw. von italienisch „la strada": Straß, Niederstraß, Oberstraß - alle bei Teisendorf, Straß bei Traunstein, Straßham bei Seebruck, Straß bei Seeon, Straß bei Eggstätt, Straßberg bei Pittenhart, Straß und Edenstraß bei Halfing, Straß, Straßkirchen und Straßöd bei Söchtenau, Straßwend bei Prutting, Endstraß bei Kössen, Straßwalchen und viele andere. Im Gegensatz zu den Roit- Namen aus der noch romanisch- sprechenden Zeit sind die Straß- Namen in der schon deutsch- sprechenden Zeit als Übernahme aus dem Italienischen entstanden.

Ortsnamen aus Eigennamen von Keltoromanen

Aiging: vom römischen Personennamen Ajus

Anning: von dem lateinischen Personennamen Annius, bereits bei Tacitus erwähnt, oder aber vom keltischen Sonnengott Aen.

Gigling, Giglberg: vom römischen Personennamen Julius: der Julierpass im Engadin heißt auf rätoromanisch „Pass dal Güglia". Aus dem (italienischen) Giuglio (= Julius) wird mit dem Abstrich der Endung „io" ein „giugl" und ein „gigl". Orts- und Familiennamen mit gilg und gigl, auch jilg und ilg und gugl gibt es mehrere.

Prutting, Prutdorf bei Wildenwart aus dem Personennamen Brutus:

Rumer- von einem dort ansäßigen „echten" Römer: Rumering, Rimsting (Rumistingen) im Chiemgau, Rumersham bei Obing, Rum bei Innsbruck

Walchen-, Wall-, Wolk-, Woll-, Welsch- Orte für keltoromanisch besiedelte Dörfer: Oberwalchen, Litzlwalchen, Katzwalchen, Roitwalchen und Walchenberg. Außerhalb der Traunregion: Wollmannstetten bei Engelsberg, Wall bei Söchtenau, Wolkersdorf bei Traunstein, Walchen bei Petting, Wollwies bei Grafing, Straßwalchen, Walchensee usw. Die Namen wurden den Altansässigen von den Baiuwaren verliehen.

Wenden-, Winden-, Windisch- Orte für slawisch besiedelte Dörfer: eine Ausnahme ist Windisch in der Schweiz, das sich aus (keltisch) Vindonissa entwickelt hat. Wie die Walchen- wurden auch die Winden-Orte von den Baiuwaren verliehen.

Ortsnamen aus Besonderen Merkmalen des Ortes

Alten- von lat. altus = hoch, und auch von alt = alte Siedlung neben einer neuen Siedlung: Altenham bei Pittenhart = hoch gelegenes Dorf. Altmühldorf bei Mühldorf = hoch gelegenes Dorf über Mühldorf. Altach gegenüber Laufen = hohes Ufer der Salzach). Die Dörfer Altenmarkt im Pongau, Altenmarkt im Gurktal und das slowenische Altenmarkt bei Celje waren „alte Römerstationen" in der Tabula Peutingeriana. Altenmarkt bei Traunstein und bei Neubeuern sind wie Altenbeuern alte Gründungen, benachbart zu neuen Dörfern.

Arlaching am Chiemsee von „ad lacum = Am See":

Bach - Namen von „pagus = Kleingau" oder einfach „Bauerngut" neben Bach = kleiner Fluss: Leitenbach, Igelsbach, Kaltenbach, Langenspach bei Erlstätt, Schweinbach, Lambach, Fembach, Pickenbach, Aiterbach, Rettenbach, Embach, Gallenbach, Bach (allein), Bachham und viele mehr, die mit einem Bach = kleinem Fluss nichts zu tun haben. Häufig gibt es in einem Bach-Ort keinen Bach oder einen Bach mit anders lautendem Namen. Selbstverständlich kann ein Ort auch nach dem vorbeifließenden Bach benannt worden sein.

Burg von „burgus = Burg, Warte oder befestigter Platz". „Burgulus" ist dessen Verkleinerungsform: in Salzburg „Bürglstein", Augsburg, Regensburg, Baumburg

Dobl von Diabolus = Teufel: Orte an für zugezogene Baiuwaren unerklärlich tiefen Hohlwegen: Dobl bei Höslwang, Dobl bei Engelsberg, Dobl bei Waging, Dobl bei Haidbichl an der römischen Innbrücke.

Haus, Holz-hausen, Wald-hausen: Haus bei Eggstätt (mit Römervilla), Waldhausen bei Schnaitsee, Holzhausen bei Traunstein, bei Waging usw. Sie lassen auf ein vorbaiuwarisches Bauwerk schließen.

Irs-, Irsch-, Urs-, Ursch- von „Ursus = der Bär: Irsing bei Traunreut, Irschen in Bernau (Bärenau), Irschenberg bei Bernau, Irschen-ham, Ursch-lag (lacus = kleiner See) bei Halfing, Ursch-alling (evtl. von ursulus = kleiner Bär) bei Prien.

Kampen-, Kampfen- von campus = Feld: der Berg Kampenwand, die Ortschaft Kamping bei Palling, Langkampfen bei Wörgl, eventuell auch Gumpertsham bei Trostberg.

Kas, Kaser von casa = Haus: Kas bei Seeon, die Berghütten im Gebirge heißen heute noch „Kaser".

Kienberg, Chieming, Chiemsee von cinis = Asche (gesprochen kinis): Es gibt viele Orts- und Bergnamen mit Kien-. Vermutlich war ein großer Waldbrand die Ursache für ein großes Aschefeld, das immer günstig für eine neue Siedlung und für den Ackerbau war. Der Name stammt noch aus der romanisch- sprechenden Zeit; in der deutsch- sprechenden Zeit wurden die Orte in verbranntem Gebiet „Aschau" genannt.

Der Chiemsee (phonetisch „Kiemsee) wurde ursprünglich „Kimingsee" geschrieben, erhielt also den Namen von der Ortschaft Chieming und nicht umgekehrt. Das „m" in der Mitte ist vermutlich nur phonetisch bedingt. Chieming wurde auf einem Aschefeld noch in der romanisch- sprechenden Zeit gegründet, vermutlich auch schon in der römischen Zeit so genannt - der römische Name ist unbekannt - und war offensichtlich die Hauptortschaft am See; der Name wurde dann auf den Chiem- See übertragen. (Lacus Bedaium, benannt nach dem römischen Kastell Bedaium in Seebruck ist nicht überliefert.)

Lueg von locus = Ort, Platz, Gegend: Vachenlueg bei Grabenstätt, Vachenlueg bei Teisendorf, Lueg bei Vogtareuth, Lueg am Brenner. Lueg ist nicht streng vom keltischen Gott Lug zu unterscheiden.

Murn-, Mörn-, Mauer- von „murus = Mauer": Mauerkirchen bei Endorf, Mörmoosen, Mörn (Bach), Murn (Bach), Mauer, Mauerriedl, Mauerreuten bei Neukirchen am Teisenberg, Trischlmauer bei Teisendorf, Mauerberg, Mauern bei Kienberg. Es sind Orte, an denen Mauerreste aus der Römerzeit vorhanden waren.

Port, Part-, Parz- von „porta = Tor": Parzing bei Traunreut am Zugang zu den Walchenorten an der Traun, Parting bei Schnaitsee, Parzham bei Altötting, Pforzheim.

Truchtlaching von „trunc-us = Baumstamm, Balken" oder von „trux, (trucis) = wild, grimmig" und „lach" von „lac-us = Wasser, Gewässer, See": Der Ort liegt am ersten wilden, (verbauten) Wasserfall der Alz nach dem bis dorthin fast unbeweglich ruhigen Ausfluss aus dem Chiemsee.

Ortsnamen der Germanen

Dieses und das nächste Kapitel sind nicht streng und klar zu trennen, da beide Gruppen germanische Namen beinhalten und vermutlich erst von der Spätantike bis über die Völkerwanderungszeit entstanden sind. Es ist denkbar, dass diese Namen speziell von germanischen, vielleicht auch speziell arianischen Einwanderern gegründet worden sind. Einige Namen gründen auf romanischen, eventuell ursprünglich germanischen Eigennamen und sind dann vorzugsweise auf ostgotische - italienische Personen zurückzuführen. (z.B. Ewald – Baldo – Baldilo (der kleine Balso) - Baldilinga – Palling).

Brunn- Bronn- Orte: Ober- und Niederbrunn bei Pittenhart, Weisbrunn bei St. Georgen, Ottobrunn bei München, Tyrlbrunn bei Trostberg und noch viele andere. Vermutlich sind es ursprünglich Tauforte der Arianer, da diese Zeremonie ihnen besonders viel bedeutete. Das Weihwassergefäß heißt noch heute bairisch „Weihbrunn". Ein Brunnen zur täglichen Wasserentnahme war nichts besonders und war in allen Siedlungen anzutreffen.

ham - Orte: Es sind nicht eindeutig arianische Siedlungsgründungen, sondern allgemein germanische Orte. Ihr Hauptwort ist sehr unterschiedlich. Ihre Lage in Altrodungsgebieten, häufig benachbart zu ing- Orten, aber sehr häufig ohne Kirche und Pfarrei lässt darauf schließen, dass sie auf die erste Zeit der Landnahme, speziell von Germanen zurückgehen und damit vielleicht vorrangig auf eine arianische (oder heidnische) Bevölkerung, die etwas verspätet katholisch wurde.

Heid-, Haid-Orte: Der Name wurde einem Dorf mit noch heidnischer, das heißt nichtchristlicher Bevölkerung von den umgebenden christlichen Dörfern verliehen: Haidbichl am alten Innübergang, Haid bei Söchtenau und Vogtareuth, Heidenpoint bei Freilassing.

Hien-, Hirn-, Kirn-, Kürn-, Kron-, Krai-, Grien-Orte: von germanisch „Hring" = Befestigung: Krinning bei Trostberg, Grünweg bei Seeon, Hirnsberg bei Endorf lassen das alte Wort „hring" noch gut erkennen. Auch die „Kron"- Orte wie Kronberg bei Höslwang, Kronberg bei Bergen, Kronstauden bei Prutting, sowie der „Krai"- Orte wie Kraimoos bei Erlstätt, Kraiburg am Inn sind vermutlich ebenfalls aus „hring" in einer sehr frühen Zeit von Germanen geschaffen worden.

Öd- oder Ed- Orte: vom deutschen Wort „öde = leer" bei untergegangenen Gehöften und Orten bzw. vom keltischen Gott Aed.

Stetten, -stätt – Namen: Eggstätt mit einem Pferdegestüt, Erlstätt mit einem Erlengestrüpp (bei den römischen Ruinen). Grabenstätt (älteste Schreibweise Crapnastat) mit einem großen Graben, also einem markanten Straßenhohlweg. Es sind Orte, in denen bei der Besiedlung durch die Baiuwaren schon etwas Auffallendes aus der vorbaiuwarischen Zeit, bei der Erstbesiedlung vorhanden war.

Tauf- und -Kirchen – Orte: Dörfer als Zentren der Katholisierung der germanischen oder keltischen Heiden oder auch der Arianer, die in den Augen der Katholiken ebenfalls zu den Heiden gerechnet wurden. Taufkirchen bei München (öfters), Neukirchen am Teisenberg, Oberneukirchen, Unterneukirchen, Burgkirchen, Rattenkirchen, Peterskirchen, Rampertskirchen bei Kienberg (ohne Kirche) und noch viele andere.

Weis-, Wies-, Weichs-, Wiechs- Orte aus gotisch „weihe = heilig" (dagegen „Sankt" für katholische romanische Orte): Weisham und Weisbrunn, beide bei St. Georgen im Trauntal, Weisham bei Eggstätt, Weihenstephan bei Freising = „Sankt Stefan", Weihmichl = Sankt Michael, Wajon bei Tacherting von „Weihe - Johann" = „Heiliger Johann" (ein Taufort an der Alz), Weiß bei Taufkirchen, Weichs bei Dachau, Weichslehen bei Engelsberg, Weichselbaum und Weichslbad bei Schonstett, Weißachen bei Bergen, Beiderwies, Wollwies (= Walchenwies); vielleicht auch Weiher in bestimmten Fällen wie in Höslwang und Schonstett. Diese Orte dürften besonders typisch für die (gotischen, allgemein germanischen) Arianer gewesen sein. Manchmal wird „weis" auch auf lateinisch vicus = Dorf zurückgeführt und kann beide Bedeutungen beinhalten.

Ortsnamen der keltogermanischen Baiuwaren

Die Namen der Baiuwaren, also der germanisierten keltischen Zuwanderer am Ende der Haupt - Völkerwanderungszeit sind die häufigsten Namen in Noricum und Raetien. Die bekannteste Namensgruppe dieser Siedler ist die mit der Endung -ing. Das „-ing" bedeutet nichts weiter als „die Leute von"..., „die Sippe des betreffenden Mannes" oder auch „die Sippe am... ...oder bei..."(bekanntem Platz).

Ihre Ortsnamen, (entweder aus den eigenen Reihen oder) von Nachbardörfern verliehen, wählten die Baiuwaren häufig nach ihren Anführern oder Sippenältesten mit der angehängten Endung –ing, was dann „die Leute von..." bedeutet. Allgemeine Endungen lauten auf –ham, –hausen und –dorf. Vorbaiuwarische, romanische und rätoromanische Namenselemente wurden auch zwanglos in diese neuen baiuwarischen Formen gegossen und integriert. Die meisten Ortsnamen mit –ing, im schwäbischen Siedlungsbereich - ingen gehen auf einen Personennamen zurück, jedoch nicht ausschließlich. Durch diese mehr oder weniger uniformen Namensendungen können sehr wohl Rückschlüsse auf den Namen des eventuellen Sippengründers, des Führers (Bürgermeisters), des übergeordneten Fürsten oder auch nur des bekanntesten Mannes der Ortschaft gezogen werden. Die -ing- Orte sind immer stärker personenbezogen als die anderen Orte, sogar dann, wenn sie nicht auf einen Personennamen zurückgehen oder auf vordeutschen Wörtern basieren. Die dort siedelnde Sippschaft hat sich den Namen häufig nicht selbst verliehen, jedoch vollkommen mit dem Sippengründer oder mit den vorhandenen Gegebenheiten personifiziert und hat damit der Ortschaft ihren unverwechselbaren Stempel aufgedrückt, bzw. er ist ihr von den Nachbarn aufgedrückt worden. Bei allen anderen Ortsnamen treten die Personen in den Hintergrund oder gründen von vorne herein auf anderen Merkmalen, vor allem auf Geländeeigenschaften, manchmal auch auf besonderen Ereignissen.

Die Bildung mit Personennamen ist ein deutlicher Hinweis darauf, dass diese baiuwarische Einwanderung in Familienverbänden und nicht auf Anordnung eines Adeligen stattgefunden hat. Die Anlage ihrer Dörfer, durchwegs individualistische ungeregelte Haufendörfer ohne System und Linie, sagt dasselbe aus. Diese Familienverbände hatten also in bester keltischer Manier keine Führer, Fürsten, Herzöge, ganz im Gegensatz zu allen echten germanischen Stämmen, deren Dörfer häufig gerade Straßendörfer sind. Sie waren eben im Grunde ihres Herzens Kelten mit einem germanischen Firnis und der angenommenen germanischen Sprache.

Die späten Neugründungen vom 9. bis 12. Jahrhundert sind mehr als amtliche Anerkennung einer Siedlung zu verstehen oder es sind Umbenennungen schon alter Ortschaften, manchmal auch echte neue Siedlungen. Alle relativ jungen Ortschaften sind mit einem eindeutigem Namen, meistens einem allgemein üblichen Personennamen und mit nachvollziehbarer Historie leicht zu erkennen.

BIBLIOGRAPHIE und FOTOS

Kelten

Keltische Mythen, Augsburg 1997	Ingeborg Clarus
Lexikon der keltischen Mythologie, München 1996	Sylvia und Paul F. Botheroyd
Das Zeitalter der Kelten, Düsseldorf 1996	Simon James
Das keltische Jahrtausend, Mainz 1993	Hermann Dannheimer und Rupert Gebhard
Die Kelten und ihre Geschichte, Bergisch Gladbach 1980	Barry Cunliffe
Die Kelten, Ravensburg 1994	Christiane Éluére
Mythologie der Kelten, Essen 1997	Timothy R. Roberts
Die Kelten, Augsburg 1996	Gerhard Herm
Die Kelten in Bayern u. Österreich I-II, Rosenheim 1992	Rudolf Reiser
Heiligtümer und Opferkulte der Kelten, Stuttgart 1995	Alfred Haffner
Die Lebenswelt der Kelten, Augsburg 1998	Dr. Phil.Juliette Wood
Die Druiden, Augsburg 1996	Jean Markale
Alter Bergbau in Deutschland, Hamburg 2000	Heiko Steuer und Ulrich Zimmermann
Archäologie beiderseits der Salzach, Salzburg 1996	Eva Maria Feldinger u.a.
Die Kelten und ihre Vorfahren, Augsburg 1999	Otto Schertler
Die Indoeuropäer, Bergisch Gladbach 2004	Reinhard Schmoeckel
Unser keltisches Erbe, Wien 1993	Inge Resch - Rauter

Römer

Römische Straßen der Tabula Peutingeriana in Noricum und Raetien, Büchenbach 2005	Johannes Freutsmiedl
Die Römer in Bayern, München 1924	Friedrich Wagner

Die Römer in Bayern, Stuttgart 1995	Wolfgang Czysz u.a.
Tabula Peutingeriana – Kommentar, Graz 1976	Ekkehard Weber
Via Strata, Roman der Straße, Wiesbaden 1987	Hermann H. Gläser
Opus Caementitium, Düsseldorf 1993	H.-O. Lamprecht
Topogaphia Norici I + II + III, Steyr 1980	Franz Ertl
Römersteine zw. Inn und Salzach, Freilassing 1974	August Obermayr
Die römischen Straßen und Meilensteine in Noricum – Österreich, Stuttgart 1985	Gerhard Winkler
Die römischen Wasserleitungen nach Köln, Bonn 1972	Waldemar Haberey
Die römischen Straßen und Meilensteine in Raetien, Stuttgart 1983	Gerold Walser
Der Donaulimes in Österreich, Stuttgart 1990	Kurt Genser
Der Limes zwischen Rhein und Donau Heft 44, Stuttgart 2001	Arch. Inform. aus Baden-Württemberg
Von Augustus bis Attila, Stuttgart 2000	Limesmuseum Aalen
Die Sigillatatöpfereien von Westerndorf und Pfaffenhofen, Stuttgart 1973	Hans-Jörg Kellner
Führer zu vor- und frühgeschichtlichen Denkmälern Band 6 + 18 + 19, Mainz 1971	Verlag Philipp von Zabern
Die Römerzeit im Kreis Traunstein, Erlstätt 1967	Karl Schefczik
Funde aus der Römerzeit, Grabenstätt 1982	Christian Soika
Kultstätten, Römerlager und Urwege, München 1994	Martin Bernstein
Caesar – Tacitus: Berichte über Germanen und Germanien, Essen	Herausgeber Alexander Heine
Germania, Historien, Annalen, Essen 1986	Cornelius Tacitus
Der gallische Krieg: Essen 1986	Gaius Julius Caesar
Caesar Der Gallische Krieg, München 1962	Georg Dorminger
Archäologie in Deutschland – Monatshefte	Theiss – Verlag
Archäologie in Deutschland – Sonderhefte	Theiss – Verlag
Severin, Enns 1982	Ausstellungskatalog Enns 1982

Bayern und Salzburg um Christi Geburt, München 2001	Rudolf Reiser
Abenteuer Römerstraße – Bregenz – Salzburg, Eching 2000	Rosemarie Schwarz
Abenteuer Römerstraßen – Salzburg – Adria, Eching 2000	Rosemarie Schwarz
Mächtiges Rom, Bergisch Gladbach 1986	Reader's Digest
Römer und Bajuwaren an der Donau, Regensburg 1988	Thomas Fischer
Die Römer in Deutschland, Stuttgart 1999	Thomas Fischer
Noricum, Mainz 2002	Thomas Fischer
Römische Straßen in ihrer Landschaft, Mainz 1997	Arnold Esch
Schatzkammer Alpen, Erlangen 2001	Dieter Maier
Römer zwischen Alpen und Nordmeer, Mainz 2000	Katalog Rosenheim
Die Technik in der antiken Welt, Augsburg 1999	John Gray Landels
Die Römer in Kärnten, Klagenfurt 1989	Gernot Piccottini
Festschrift für Gernot Piccottini, Klagenfurt 2001	Carinthia Romana
Cambodunum – Kempten, Mainz 2000	Gerhard Weber
Via Claudia Augusta, Landsberg 1998	Wolfgang Czyzs
Geologie und Bergbau in der Antike , Leipzig 1984	Boris Rbrik
Alte Wege nach Rom, Innsbruck 1999	Francesco Dufour
Geographica, Übersetzung Forbiger, Wiesbaden 2005	Strabo

Baiuwaren, Germanen

Frühgeschichte Bayerns, Stuttgart 1990	Wilfried Menghin
Bayerische Geschichte, München 1980	B. Hubensteiner
Geschichte Bayerns, München 1983	Andreas Kraus
Die Geschichte Bayerns, München 2003	Henric L. Wuermeling

Die Geschichte Bayerns, München 2001	Friedrich Prinz
Bayern, München 1967	Bernhard Ücker
Das unterirdische Bayern, Stuttgart 1998	Christlein – Braasch
Die Bajuwaren – Ausstellungskatalog, München 1988	Salzburg / Rosenheim/ Mattsee
Wer waren die Bajuwaren, München 1988	MPZ Juniorkatalog
Die Bajuwaren, München 1976	Hans F. Nöhbauer
Die Völkerwanderung, München 1988	Hans Riehl
Archäologie beiderseits der Salzach, Salzburg 1996	Euregio
Wesenszüge des Bairischen, Prackenbach 1985	Michael Kollmer
Lexikon bayerischer Ortsnamen, München 1991	Wolf-Armin Frhr.v. Reitzenstein
Die bayerischen Ortsnamen, München 1925	B. Eberl
Deutsches Namenbüchlein, Berlin 1930	Ferdinand Khull
Geographische Namen in Deutschland, Mannheim 1999	Dieter Berger
Die Ortsnamen des Bezirks Laufen, Traunstein 1932	Josef Bauer
Die Völkerwanderung,Berlin 1977	Felix Dahn
Wer waren die Nibelungen wirklich,Berlin 2006	Mario Bauch
Ostgotisches Militär in Kärnten, Klagenfurt 2003	Franz Glaser
Die Langobarden, Stuttgart	Wilfried Menghin
Europas Urahnen, Augsburg 1999	Karin Feuerstein – Praßer
Die ersten Deutschen, Locarno 1975	S. Fischer-Fabian
Getaufte Götter, München 1992	Lore Kufner
Archäologie und Felsbildforschung, Liezen 1999	Verein Anisa Austria
Jordanis Gotengeschichte - Übersetzung Wilhelm Martens, Essen	Jordanes
Jordanes – Bearbeitung Mommsen (ca. 8. Jh. - 1882)	Wikipedia
Jordanes – Bamberger Handschrift (ca. 1000)	Staatsbibliothek Bam-

	berg
Jordanes – Codex 226 (ca. 1000)	Staatsbibliothek Wien
Textanalytische Gedanken zur Gotengeschichte des Jordanes (ca. 2007)	Christian Michael Zottl
Grundlagen und Anfänge, Deutschland bis 1056, München 1985	Friedrich Prinz
Bavaria Antiqua	Thomas Fischer u. S. Rieckhoff-P.
Vor- und Frühgeschichte Rosenheim, Rosenheim 1959	Walter Torbrügge
Neue Erkenntnisse zur Bayerischen Vor- und Frühgeschichte, Vortrag in Rottach Egern, 1976	Karl Bosl
Bevor es Deutschland gab, Bergisch Gladbach 2004	Reinhard Schmoeckel
Drent und herent, Euregio 2007	Hannes Scheutz
Sphinx- Die Hunnen, Bergisch Gladbach 1994	Jens Behrend – Eike Schmitz
Die sieben Töchter Evas, Lübbe-Verlag 2003	Bryan Sykes
Keine Zukunft für Adam, Lübbe-Verlag 2006	Bryan Sykes
Die Germanen, Wien 2005	Emil Nack
Römer und Bajuwaren an der Donau, Regensburg 1988	Thomas Fischer
Severin zwischen Römerzeit und Völkerwanderung, Katalog Enns 1982	Ausstellg. des L. Oberösterreich
Zeitschrift Bayerische Archäologie Heft 1/2007: Das Bajuwarenpuzzle, u.a.	Hubert Fehr u.a.
Archäologie in Bayern: Hubert Fehr „Das frühe Mittelalter, Regensburg 2006	Gesellschaft für Archäologie in Bayern e.V. 2006
Zeitschrift Bayerische Archäologie Heft 4/2007: die sprechenden Toten von Altenerding	Susanne Hakenbeck
Der Ursprung der Geschichte	Jan Assmann / Klaus E. Müller
Goldohrring und Bajuwarenschwert, Bruckmühl 2007	Grietje Suhr – Hubert Fehr
Religion und kulturelles Gedächtnis, München 2004	Jan Assmann

Zeitschrift Archäologie in Deutschland, Theiss-Verlag. Jahrbücher in Bayern	Gesellschaft für Archäologie in Bayern
Reitervölker im Frühmittelalter: Hunnen, Awaren, Ungarn von Bodo Anke, László Révész, Tivadar Vida, 2008	Sonderheft PLUS der Archäologie in Deutschland
Der Baierwein, Augsburg 2001	Theodor Häußler
Die deutschen Sprachinseln in Oberitalien, Bozen 1973	Bernhard Wurzer

Fotos

Umschlagentwurf: H.G.Lehmann, mit dem Springenden Löwen auf dem Baiuwaren-Schild von Ischl bei Seebruck am Chiemsee, 5. bis 6. Jahrhundert: mit freundlicher Genehmigung der Archäologischen Staatssammlung München (Frau Dr. Haas-Gebhart)

Seite 15   Keltischer Kopf, Keltisches Ehepaar, Jüngling vom Magdalensberg, Keltisches Liebespaar: Fotos des Verfassers

Seite 29   Hemmaberg: Foto des Verfassers

Seite 29   Wulfila Bibel: Codex Argenteus: aus Wikipedia – Wikimedia Commons (This Image....its copyright has expired

Seite 46+87   Jordanes Getica: mit freundlicher Genehmigung der Staatsbibliothek Bamberg MSC.Hist.3 fol 104-133 (Gerald Raab Foto)

Seite 60   Vita S. Martini von Venantius Fortunatus: aus „Die Bajuwaren" Rosenheim / Mattsee 1988

Seite 76   Grabmal Theoderichs in Ravenna: aus Wikipedia / Wikimedia Commons. RavennaMausoleum.jpg - GNU Free Dok. License

Seite 76   Justinian I. San Vitale Ravenna vor 547, aus wikipedia- Wikimedia Commons - GNU Free Dokumentation License

Seite 104   Landkarte „Westrom zwischen 450 und 476", von Gustav Droysen 1886: Wikipedia – Wikimedia Commons (Die Schutzdauer ...ist abgelaufen. Es ist deshalb gemeinfrei)

Seite 104   Der ungarische Bezirk Syrmien in der k.k. Zeit: aus Wikipedia-Wikimedia Commons „SzeremCountyMap.jpg" (This image ...its copyright has expired)

ibidem-Verlag

Melchiorstr. 15

D-70439 Stuttgart

info@ibidem-verlag.de

www.ibidem-verlag.de
www.ibidem.eu
www.edition-noema.de
www.autorenbetreuung.de

999915

Printed in Great Britain by
Amazon.co.uk, Ltd.,
Marston Gate.